よくわかる

看護・医療系学校 社会人入試の

一般常識・一般教養

看護学校受験専門スクール　アルファゼミナール【著】

弘文社

はじめに

　ここ数年，高校や大学の入学試験は多様化し，さまざまな方法で生徒・学生を選抜するようになりました。同様に，看護学校や医療系学校でも社会人入試やAO入試を行うところが増えてきました。

　これらの入試では，面接や小論文のほかに『一般教養（一般常識）』の試験を課されることがよくあります。しかし，一般教養・一般常識試験といっても，実際はその出題範囲は広く，どの単元をどこまで掘り下げて勉強するかについては非常に悩むところです。

　私たちも，看護学校や医療系学校を受験される生徒さんから，「一般教養の試験に向けて何を勉強すればよいでしょうか？」という相談を受けることが多くなってきました。以前は高校生向けの就職試験用一般常識問題集やSPIテスト（総合適性検査）対策の問題集などを薦めたりしていましたが，実際の試験とはレベルや内容が一致していないことも多く，また，国語・数学分野以外に英語・理科・社会に関しては別途に対策をする必要がありました。

　そこで私たちは，「なにか少しでも一般教養の勉強に役立つ本は作れないか？」「一冊で英語・数学・国語・理科・社会の各分野の勉強ができる本は出せないか？」と考えました。

　この本で紹介している問題については，過去の一般教養入試問題から頻出単元のものを選んだだけでなく，傾向に沿った予想問題を新しく作成して補うようにしました。

　この本一冊，多くの看護・医療系学校の社会人入試教養試験の出題傾向やパターンを知っていただくことができると思いますので，今後ご自分で勉強を進めてゆかれるための指針となれば幸いです。

著者一同

●●●●●●●● 本書の使い方 ●●●●●●●●

　本書では看護学校・医療系学校入試の『一般教養（一般常識）』試験の過去問題に基づき，最低限おさえておきたい英語・数学・国語・理科・社会の知識について扱っています。

　皆さんに効率の良い勉強をしていただけるよう，本書の使い方を紹介します。

まず，『一般教養（一般常識）』試験には大きく分けて二つのパターンがあります。

①　英語の単語や会話，数学の計算や単位換算，国語の漢字やことわざなど，基礎学力や一般常識をはかるために実施するもの
②　英語・数学・理科など複数の学科試験をそれぞれおこなう代わりに，一つの試験科目としてまとめて実施するもの

　上記①の試験では小学校高学年～中学校で学習するレベルの内容をメインに出題されます。本書で扱っている問題の多くがこのレベルとなっています。

　また，上記②の試験では高校レベルの内容までが主体となっています。本書では【レベルB】としています。

　実際の入試では設問は，四択であったり，穴埋め式であったり，あるいは記述式であったりします。この本でも科目によっては同様の形をとっています。

　また，数学のように，基本事項の説明や例題に一通り目を通してから問題を解き進んでいただくものと，その他の科目のように，ひとまず知識問題を解いたあとに解答解説の方を熟読して暗記につとめていただくものがあります。

学習の手順

1．受験される学校の傾向を調べよう！

　皆さんが受験される学校の試験は，上記①・②のどちらの形式でしょうか？これを知るには各学校の入試過去問題を見ておく必要があります。学校主催の入試説明会やオープンキャンパスに参加するか，学校案内を請求をすることで，入試過去問を入手できます。また，学校案内の入試要項ページに『一般教養試験』の出題範囲が明記されていることも多いです。

２．基礎的な内容のチェックから！

　出題範囲がわかれば，今度は基礎的な内容を確認してゆきましょう。例題や解答解説を見ながらでも構いませんので問題を解いてゆきます。出来なかった問題はくり返し解いて，しっかり定着させましょう。

３．基礎が出来たら…

　必要であれば高校内容の【レベルB】へと進みましょう。ここには一問を解くのに時間がかかるものも含まれています。

４．必ず復習を。

　暗記事項は何度も繰り返すことで覚えられます。試験直前に一気に詰め込んで試験に臨むのではなく，苦手な箇所や新しく覚えた事項を数回おさらいをして，しっかり定着させた状態で受験をしたいものです。そのためには一夜漬けではなく，時間の余裕をもって計画的に取り組んでください。

も く じ

一般教養試験によく出題される　英　語

一般教養試験によく出題される　数　学

一般教養試験によく出題される　国　語

一般教養試験によく出題される　理　科

一般教養試験によく出題される　社 会

著者から読者へのアドバイス

英語が嫌いで苦手な方へ

　英語が嫌いで苦手な受験生から「英語の（受験）勉強で一番大事なのは，単語・熟語・文法・会話・長文（読解）のうちのどれですか？」とよく聞かれます。もちろん，どれも大事なのですが，「受験英語」に限って言うと，文法が一番大事だと言えます。特に中学範囲の文法は英語学習の基礎（＝土台）となります。この土台がしっかりしていなければ，何も上に積み上げることができません。英語が苦手な方は焦らずにまず基礎を固めて下さい。

　Slow but steady wins the race.（ゆっくりでも着実なものが競争に勝つ⇒急がば回れ）です。

英語が得意な方へ

　英語が得意な方にとっては中学範囲の文法（＝本書のレベル）はかなり易しく感じると思いますが，Even Homer sometimes nods.（ホメロスも居眠りする［しくじる］ことがある⇒弘法も筆の誤り）ということがないように基礎の確認も怠らないようにして下さい。

一般教養試験によく出題される

英 語

　確認問題と要点（見開き2ページ），解答と解説で構成しています。解答と解説では，基本事項の確認や発展・応用内容として要点の補充をつけた章もあります。基本事項は必ず確認し，発展・応用については不必要と思われる場合はとばしてください。

　また，本書の目的である中学範囲の文法の復習をしやすくするため，一部の単語や問題に和訳，ヒントをつけています。実際の入試では和訳やヒントはついていません。

第1章

名詞・形容詞・副詞

確認問題 解答はP.38に

問題1　次の単語を複数形にしなさい。

① friend （　　　）　② dish　（　　　）　③ watch　　（　　　）
④ leaf　（　　　）　⑤ city　（　　　）　⑥ Japanese （　　　）
⑦ sheep （　　　）　⑧ child （　　　）　⑨ foot　　（　　　）
⑩ tooth （　　　）　⑪ man　（　　　）　⑫ mouse　（　　　）

問題2　質問の答えをA〜Jから選び記号で答えなさい。

① Who made your lunch ?　　　　　　　A　Every day .

② When will the next train arrive ?　　B　By credit card .
　　　　　　　　　　　　（着く）

③ How long will you stay here ?　　　　C　It was really difficult .
　　　　　　　（いる，とどまる）

④ How often do you use your car ?　　　D　Business .

⑤ How would you like to pay ?　　　　　E　I jog every morning .
　　　　　　　　　　（支払う）

⑥ How was the math test ?　　　　　　　F　In Osaka .

⑦ What do you do to keep in shape ?　　G　In ten minutes .
　　　　　　　（体調を維持する）

⑧ What's your purpose of your trip ?　　H　Monday .
　　　　　　　（目的）

⑨ Where were you brought up ?　　　　　I　My sister did .
　　　　（育てられた⇒育った）

⑩ What day is it today ?　　　　　　　　J　For about ten minutes .

問題3　次の英文の（　）内に与えられた文字で始まる適切な単語を書きなさい。

　　　　　　　　　　　　　　　　　　　　　　　（ヒント）

① August is the month that comes after（J　　　）．（7月）

② An（a　　　）is a sister of your mother or father .（おばさん）

③ We usually cook in the（k　　　）．　　　　（台所）

④ We see many animals in the（z　　　）．　　（動物園）

要　点

名　詞：数えられる名詞［可算名詞］と数えなれない名詞［不可算名詞］がある
形容詞：名詞を修飾する（形容詞＋名詞の形）
副　詞：名詞以外を修飾する（時，場所，理由，方法，程度などを表す）

（１）**可算名詞［決まった形があるもの］の複数形**
1）語尾に s, es をつけるもの　　　　　　　　　　　　問題１（①〜⑤）
2）単数形と同じ形のもの　　　　　　　　　　　　　　問題１（⑥⑦）
3）単数形と形がかわるもの　　　　　　　　　　　　　問題１（⑧〜⑫）

（２）**数を表す形容詞 ＋ 可算名詞**
many friends　　　（多数の友達⇒友達がたくさんいる）
a few friends　　　（少数の友達⇒友達が少しいる）
few friends　　　　（少数の友達⇒友達がほとんどいない）
（※）a があるときは，肯定的な意味合い，ないときは否定的な意味合い

（３）**不可算名詞［決まった形がないもの］は複数形にしない**
water（水）　　coffee（コーヒー）　　paper（紙）　　bread（パン）
news（ニュース）　　information（情報）　　advice（助言）　　fun（楽しみ）

（４）**量を表す形容詞 ＋ 不可算名詞**
much water　　　　（大量の水⇒水がたくさんある）
a little water　　　（少量の水⇒水が少しある）
little water　　　　（少量の水⇒水がほとんどない）
（※）a があるときは，肯定的な意味合い，ないときは否定的な意味合い

（５）**数にも量にも使える形容詞**
a lot of　　　　　（friends, water）　　（友達がたくさんいる，水がたくさんある）
some［any］　　　（friends, water）　　（友達が何人かいる，水がいくらかある）
no　　　　　　　（friends, water）　　（友達が一人もいない，水が全然ない）

（６）**how ＋ 形容詞［副詞］（どのくらいの〜）**
How old（年齢）　　　How long（長さ）　　　How tall（身長）
How far（距離）　　　How big（大きさ）　　　How much（値段）
How often（頻度）　　　How many times（回数）
※ early（時刻の早さ）　　late（時刻の遅さ）　　soon（開始/終了までの時間）
How ［early / late］ are you open every day？（毎日 ［何時から / 時まで］ 開いているんですか？　（お店などで）
How soon are you leaving？（あとどのくらいで ［何分くらいで］ 出発ですか？

英語

13

第2章 動詞(be, do, have)

確認問題 解答はP.40に

問題1 （ ）内から日本語に合うものを選び記号で答えなさい。

① Tom and I （　　） good friends.（トムは私といい友達です。）
　　（ ㋐ be　　㋑ is　　㋒ am　　㋓ are ）

② （　　） cold today.（今日は寒い。）
　　（ ㋐ There is　㋑ This is　㋒ It is　㋓ They are ）

③ All children （　　） different.（子供はみんな違う。）
　　（ ㋐ is　　㋑ was　　㋒ are　　㋓ were ）

④ Where （　　） your mother?（お母さんはどこにいるの?）
　　（ ㋐ be　　㋑ is　　㋒ are　　㋓ does ）

⑤ （　　） quiet, please.（静かにして下さい。）
　　（ ㋐ Do　　㋑ Have　　㋒ Be　　㋓ Are ）

⑥ （　　） you busy last week?（先週は忙しかったですか?）
　　（ ㋐ Was　　㋑ Were　　㋒ Are　　㋓ Do ）

⑦ What do your parents （　　）?（ご両親のお仕事は何ですか?）
　　（ ㋐ do　　㋑ have　　㋒ are　　㋓ work ）

⑧ Do you （　　） any questions?（何か質問はありますか?）
　　（ ㋐ do　　㋑ have　　㋒ are　　㋓ answer ）

⑨ （　　） your homework?（宿題はしましたか?）
　　（ ㋐ Did you　㋑ Did you do　㋒ Do you did ）

⑩ How many brothers do you （　　）?（兄弟は何人いますか?）
　　（ ㋐ are　　㋑ be　　㋒ have　　㋓ has ）

問題2 各問の文がほぼ同じ意味になるように（ ）内に適切な語を入れなさい。

① A week has seven days.（一週間は7日ある。）
　　（　　）（　　） seven days in a week.

② （　　） a year （　　） twelve months?（一年は12カ月ありますか?）
　　（　　）（　　） twelve months in a year?

14

要　点

原形	現在形	過去形	過去分詞	現在分詞	意味
be（※）	am/is are	was were	been	being	～である ～にいる/ある
do（※）	do(es)	did	done	doing	～をする
have（※）	have/has	had	had	having	～をする/持っている

（※）be：進行形（be + 現在分詞）や受動態（be + 過去分詞）でも使われます。
　　do：一般動詞の否定文や疑問文でも使われます。
　　have：完了形（have + 過去分詞）でも使われます。

be（～である，～にいる/ある）

（1）（主語は）～だ

My sisters are（all）nurses.　　姉達は（みんな）看護師です。
（They）

One of my cats is all black.　　うちの猫（たち）の一匹は全身真っ黒です。
（It）

（2）（主語は）～にいる/ある［～いた/あった］

Mother is in the kitchen.　　母は台所にいます。
（She）

（3）（There is/are + 主語 + 場所）～に（主語が）いる/ある

There was a cat at the door.　　玄関（のところ）に猫がいた。
　　　　　　（it）

do（する）

What are you doing?　　　（今）何をしていますか？
　　（助）　　（動）

What do you do?　　　（普段）何をしますか？⇒お仕事は何ですか？
　　（助）　　（動）

have（持っている）

Do you have a car?　　車を持っていますか？⇒車を所有していますか？
（助）　　（動）

I have a cold.　　風邪を持っている。⇒風邪を引いている。
　（動）

We had a good time.　　楽しい時を持った。⇒楽しかった。
　　（動）

We are having a good time.　（一時的に）楽しい時を持っている。⇒楽しんでいる。
　　（助）　（動）

第3章

動詞(基本時制)

確認問題　解答はP. 41に

問題1　( )内から日本語に合うものを選び記号で答えなさい。

① The earth ( ) around the sun.（地球は太陽の周りをまわっている。）
（ ⑦ go ⑦ is going ⑨ going ⑨ goes ）

② My father ( ) carefully.（父は慎重に運転する。）
（ ⑦ drive ⑦ is driving ⑨ drives ⑨ driving ）

③ He ( ) to the tennis club.（彼はテニス部に所属している。）
（ ⑦ belongs ⑦ is belonging ⑨ has belonged ⑨ belong ）

④ She ( ) dark hair and brown eyes.（彼女は黒髪で茶色い目をしている。）
（ ⑦ have ⑦ is having ⑨ has had ⑨ has ）

⑤ If it ( ) tomorrow, I'll stay home.（明日，雨が降ったら家にいる。）
（ ⑦ rains ⑦ rain ⑨ will rain ⑨ be raining ）

⑥ I ( ) at home at that time.（その時，私は家にいた。）　※ be (at) home（家にいる）
（ ⑦ am ⑦ was ⑨ have been ⑨ will be ）　　　　　　　　at は省略可

⑦ ( ) home at this time tomorrow.（明日の今頃は家にいる。）
（ ⑦ I'm ⑦ I was ⑨ I've been ⑨ I'll be ）

⑧ She ( ) have a baby next month.（彼女は来月出産予定だ。）
（ ⑦ will ⑦ will be ⑨ is going to ⑨ will go to ）

⑨ I ( ) be 25 next Monday.（私は来週の月曜日で25歳になる。）
（ ⑦ will ⑦ will become ⑨ is going to ⑨ will go to ）

⑩ I'll wait until he ( ) back.（彼が戻って来るまで待ちます。）
（ ⑦ will ⑦ comes ⑨ will come ⑨ will be ）

問題2　( )内の語を並び替えて英文を完成させなさい。（文頭の語も小文字にしています。）

① 父の運転は慎重です。（問題1の②と同意）
（ a my is driver father careful ）

② イギリスは4つの国からできている。
The United Kingdom (of nations four consists ）

③ お仕事は何ですか？（2語不要）
（ are doing you do do what ? ）

16

要　点

動詞の形によって３つの基本時制［過去形・現在形・未来形］がありますが，この３つの時制と現実の時間は一致しません。特に現在形は，現在形が示す「時」を確認して下さい。

（１）**現在形（原形(s)）：現時点の一時的な状況だけでなく過去も未来も含んだ「時」を示す**
　　１）いつでも成り立つこと　（（いつでも常に）〜だ）　　　　　　　　　　（①）
　　２）普段の習慣や一時的ではない状態　（（普段）〜している，〜だ）　（②③④）
　　３）時・条件の副詞節の中は未来の事でも現在形を使う　　　　　　　（⑤⑩）
　　　時の副詞節：when（〜する時）　　while（〜する間）
　　　　　　　　　　before（〜する前に）　as soon as（〜するとすぐに）
　　　　　　　　　　after（〜した後で）　until[till]（〜まで）など
　　　条件の副詞節：if（もし〜なら）　once（一旦〜したら）　unless（〜でない限り）など

（２）**過去形（原形(ed)）：すでに終わった過去のこと（で現在の状況は含まない）**
　　　過去を表す副詞語句があれば動詞は過去形　　　　　　　　　　　　（⑥）
　　　at that time（あの時）　〜 ago（（今から）〜前）　last 〜（この前の〜）
　　　yesterday　など

（３）**未来形（will + 原形）：これから先の未来のこと（で現在の状況は含まない）**
　　　未来を表す副詞語句を伴うことが多い　　　　　　　　　　　　　（⑦⑧⑨）
　　　tomorrow，next 〜　（今度の〜）　など

be going to 〜と will の違い

be going to 〜
　　１）すでに決めてあった予定や計画（〜する事になっている，〜するつもりだ）
　　２）すでに何かが起こりそうな徴候が見えること（（確実に）〜しそうだ）　（⑧）

will 〜
　　１）人の意思に関係なく，そうなること　　　　　　　　　　　　　　（⑨）
　　２）すでに予定として決めてあったのではなく，単に「そうしよう」と思っている
　　　（だけの）ことや，今（この瞬間）「そうしよう」と思ったこと　　（⑦⑩）

第4章 動詞（進行形，完了形）

確認問題 解答はP. 42に

問題1 （ ）内から日本語に合うものを選び記号で答えなさい。

① "What （ ） you doing ?" "I'm studying."（「何してるの？」「勉強」）
 （ ⑦ were ⑦ do ⑦ have ⑦ are ）

② She （ ） to be a nurse.（彼女は看護師を目指して勉強している。）
 （ ⑦ is studying ⑦ was studing ⑦ has studying ⑦ study ）

③ You look different. （ ） you lost weight ?（見違えたよ。痩せたんじゃない？）
 （ ⑦ Do ⑦ DId ⑦ Have ⑦ Had ）

④ We （ ） each other since childhood.（私達は子供の頃からの付き合いがある。）
 （ ⑦ are knowing ⑦ have known ⑦ know ⑦ knew ）

⑤ At this time yesterday, I （ ） TV.（昨日の今頃はテレビを見ていた。）
 （ ⑦ watched ⑦ was watching ⑦ am watching ⑦ had watched ）

⑥ At this time tomorrow, I （ ） TV ?（明日の今頃はテレビを見ているだろう。）
 （ ⑦ am watching ⑦ will be watching ⑦ will watching ⑦ watching ）

⑦ I （ ） the movie before, so I don't want to see it again.
 （その映画は前に見た事があるので，もう見るのは嫌だ。）
 （ ⑦ saw ⑦ had seen ⑦ have seen ⑦ will have seen ）

⑧ I （ ） the movie before, so I knew how it ended.
 （その映画は前に見た事があったので，結末を知っていた。）
 （ ⑦ saw ⑦ had seen ⑦ have seen ⑦ will have seen ）

⑨ If I see the movie again, I （ ） it three time.
 （もう一度その映画を見たら三度見た事になる。）
 （ ⑦ saw ⑦ had seen ⑦ have seen ⑦ will have seen ）

問題2 ①〜④の文がほぼ同じ意味になるように（ ）に適切な語を入れなさい。

① My grandfather （ ） ten years ago.
② My grandfather （ ） （ ） （ ） for ten years.
③ Ten years （ ） （ ） since my grandfather died.
④ It （ ） ten years since my grandfather died.

18

要　点

進行形　（be ＋ 現在分詞）：「一時的」な状況を表します。
　　　　　　　　　　　　→その状況が進行中（完了していない）
完了形　（have ＋ 過去分詞）：「一定期間内」の状況を表します。
　　　　　　　　　　　　→その状況が完了している

（1）**現在進行形**(am/are/is ＋ 〜ing)：現時点で「一時的」な状況
　　1）（今（この瞬間））　　　〜している　［進行］　　　　　　　　　　（①）
　　2）（今は（当面の間））　　〜している　［進行］　　　　　　　　　　（②）
　　※（今，この瞬間に）〜しているとは限らない

（2）**現在完了形**(have/has ＋ 〜ed)：「過去のある時点から現時点までの間」の状況
　　1）（過去のある時点に始まった事が，今）〜した，〜してしまった　［完了］［結果］
　　　　　　　　　　　　　　　　　　　　　　　　　　　　　　　　　　（③）
　　2）（過去のある時点から今までの間ずっと）〜している　　　［継続］　（④）
　　3）（過去のある時点から今までの間に）〜したことがある　［経験］　（⑦）

（3）**過去進行形**(was/were ＋ 〜ing)：過去のある時点で「一時的」な状況（⑤）

（4）**過去完了形**(had ＋ 〜ed)：過去のある時点までの間の状況　　　（⑧）

（5）**未来進行形**(will be ＋ 〜ing)：未来のある時点で「一時的」な状況　（⑥）

（6）**未来完了形**(will have ＋ 〜ed)：未来のある時点までの間の状況　（⑨）

（7）**状態動詞**は，「一時的でない状態」を表すので，原則進行形（「一時的な状態」）にならない。
　　I <u>know</u> him．　　　　　　　　　　　彼を（これからもずっと）知っている。
　　　現在形
　　I <u>have known</u> him <u>for ten years</u>．　彼を（一定期間）10 年前から知っている。
　　　現在完了形　　　　（一定期間）

（8）**動作動詞の進行形，完了形，完了進行形**
　　It <u>rains</u> a lot in June．　　　　　（昔もこれからも）6 月は雨が多い。
　　　現在形
　　It <u>is raining</u> hard．　　　　　　（今だけ一時的に）雨が激しく降っている。
　　　現在進行形
　　It <u>has rained</u> for a week．　　　（一定期間）一週間雨が降った。（完了（または継続））
　　　現在完了形
　　It <u>has been raining</u> for a week．（一定期間，一時的に）一週間雨が降っている。（継続）
　　　現在完了進行形

第5章 受動態

確認問題　解答はP.44に

問題1　（　）内から日本語に合うものを選び記号で答えなさい。

① English（　　）all over the world.（英語は世界中で話されている。）
（　⑦ is spoken　④ was spoken　⑨ are spoken　① be spoken　）

② Students have to（　　）how to use dictionary.（学生に辞書の使い方を教えるべきである。）
（　⑦ taught　④ are taught　⑨ be taught　① be teaching　）

③ That house（　　）more than 100 years ago.（あの家は100年以上前に建てられた。）
（　⑦ built　④ is built　⑨ was built　① be built　）

④ This house（　　）by my grandfather.（この家は祖父によって建てられた。⇒祖父が建てた。）
（　⑦ built　④ was built　⑨ was building　① had built　）

⑤ Some day all the work will（　　）by machines.（そのうちに仕事は全部機械がするようになるだろう。）
（　⑦ do　④ be doing　⑨ being done　① be done　）

⑥ He was（　　）by a young doctor.（彼は若い医者の手当てを受けた。）
（　⑦ taking care　④ taken care　⑨ taken care of　① cared of　）

問題2　（　）内に適切な前置詞を入れなさい。

① The woman is known（　　）an able surgent.　（その女性は優秀な外科医として知られている。）

② Paper is made（　　）wood.　　　　　　（紙は木材から作られる。）

③ I'm satisfied（　　）my new job.　　　　（私は新しい仕事に満足している。）

④ I was surprised（　　）the news.　　　　（私はその知らせに驚いた。）

⑤ I'm interested（　　）Japanese history.（私は日本史に興味がある）

⑥ He is scared（　　）dogs.　　　　　　　（彼は犬を怖がっている。）

問題3　（　）内の語を並び替えて，英文を完成させなさい。（文頭の語も小文字にしています。）

① オーストラリアでは何語が話されていますか？
（ Australia　language　what　spoken　in　is ）？

② 私はパーティーに招待されなかった。
（ I　party　the　invited　was　to　not ）

③ この写真は誰に撮られましたか？（⇒ 誰が撮りましたか？）
（ this　by　was　picture　taken　whom ）？

20

要　点

受動態　：　S＋be＋過去分詞（＋by 行為者）
　　　　　　（Sは（行為者によって）～される，～されている）

（1）**行為者が「重要じゃないとき」は by ～ は省略される。**
　　1）行為者が漠然と一般の人々のとき　　　　　　　　　　　　　　（問題1①）
　　2）行為者が誰なのか言われなくてもわかるとき　　　　　　　　　（問題1②）
　　3）行為者が不明，または言いたくないとき　　　　　　　　　　　（問題1③）

（2）**行為者が「重要なとき」は by ～ を省略しない**　　　（問題1④⑤⑥）
　　1）行為者を強調するとき
　　2）行為者を言わなければ，文が成り立たないとき

（3）**行為者を表さないときは by 以外の前置詞を使う**　　　　（問題2）

be known ┌ to ～　～に知られている　　　be made ┌ from ～　～から作られる(原料)
　　　　　├ as ～　～として知られている　　　　　　　├ of ～　　～でできている(材料)
　　　　　└ for ～　～で知られている　　　　　　　　　└ into ～　(原材料が加工されて)～になる

be ┌ satisfied ┐ with ～　～に満足する　　　be ┌ surprised ┐ at ～　～に驚く
　　└ pleased　 ┘ 　　　　～が気に入る　　　　　└ excited 　┘ 　　　　～に興奮する

be ┌ interested　in ～ ┐　～に興味がある　　　be ┌ scared　　 ┐ of ～　～を恐れる
　　├ caught　　　　　 │　～(雨など)にあう　　　　└ frightened ┘
　　└ killed 　　　　　┘　～(戦争など)で死ぬ

be born　　　 生まれる　　　be spoken to (by ～)　　　 (～に)話しかけられる
be injured　 けがをする　　be taken care of (by ～)　 (～に)世話をされる
be moved　　 感動する　　　be laughed at (by ～)　　　 (～に)笑われる
be seated　　席に着く

（4）受動態は be ＋ 過去分詞なので，疑問文や否定文は be 動詞の疑問文※，否定文
　　と同じ。
　　1）疑問文は be を主語の前に出す
　　2）否定文は be の後ろに not を置く

第6章 助動詞①

確認問題 解答はP.45に

問題1 （ ）内から日本語に合うものを選び記号で答えなさい。

① He looks very pale. He （ ） be sick.（彼は顔色がとても悪い。病気に違いない。）
　（ ⑦ can　④ can't　⑦ must　① is ）

② You （ ） smoke here.（ここで煙草をすってはいけません。）
　（ ⑦ mustn't　④ don't have to　⑦ haven't　① needn't ）

③ You （ ） see a doctor.（医者に見て貰った方がいいよ。）
　（ ⑦ ought　④ should　⑦ better　① may ）

④ I （ ） to attend the meeting yesterday.（昨日，会議に出なければいけなかった。）
　（ ⑦ must　④ should　⑦ had　① have ）

⑤ （ ） talk to you for a moment?（ちょっとお時間よろしいですか？）
　（ ⑦ Do I　④ Will I　⑦ Will you　① Can I ）

⑥ She said that it （ ） rain.（雨が降るかもしれないと彼女は言った。）
　（ ⑦ may　④ might　⑦ will　① can ）

⑦ There （ ） be a bank around here.（昔，この辺に銀行があった。）
　（ ⑦ was　④ would　⑦ used　① used to ）

⑧ We （ ） often play tennis for hours.（昔はよく何時間もテニスをした。）
　（ ⑦ used to　④ would　⑦ should　① were ）

問題2 次の①〜⑦にはそれぞれ間違いがあります。間違いを訂正し，正しい文を書きなさい。

① He is used to drive in the city.　　　（彼は都会での運転に慣れている。）

② You have to not go there.　　　（君はそこへ行く必要はない。）

③ I won't can see you today.　　　（今日はお会いできません。）

④ You ought to not eat between meals.　　　（間食をしない方がいいですよ。）

⑤ You had not better go.　　　（君は行かない方がいい。）

⑥ I will must take the first train tomorrow.（明日は始発に乗らなくてはいけない。）

⑦ He used to working here.　　　（彼は以前ここで働いていた。）

22

要　点

助動詞は動詞（の原形）の前において，動詞に推量やその他さまざまな意味を加えるものです。文法上の注意点は次の２つです。
（１）助動詞の後の動詞は原形　　　　　（must is　→　must be ）
（２）助動詞を２つ並べることはできない（will can　→　will be able to ）

（１）will（would）　　｜きっと～だ（推量）　　　必ず～するつもりだ（意志）
　　　　　　　　　　　　｜↓
（２）must　　　　　　｜～に違いない（推量）　　～しなければいけない（義務）　　（①）
　　　　　　　　　　　　｜↓
（３）should　　　　　｜～のはずだ（推量）　　　～すべきだ，～した方が良い（助言）（③）
　　　　　　　　　　　　｜↓
（４）may（might）　　｜～かもしれない（推量）　～してもよい（許可）　　　　　　（⑦）
　　　　　　　　　　　　｜　　　　　　　　　　　（話し手が与える許可）
（５）can（could）　　｜～でありえる（推量）　　～できる（能力），～してもよい（許可）（⑥）
　　　　　　　　　　　　｜↓　　　　　　　　　　（状況的にしてもよい）
（６）can't　　　　　　｜～のはずがない（推量）　～できない（能力），～してはいけない（不許可）

　　　　　　　　　※（推量）の確信度は（１）～（６）で下がっていきます。

（７）used to　　　　　　　　　　　　　昔は～だった，昔は（よく）～した（≒ would（often））
　　　　　　　　　　　　　　　　　　　　　　　　　　　　　（⑦⑧，問題２⑦）
（８）be used to ～ing　　　　　　　　　～することに慣れている　（＝＝２①）

助動詞の同意表現
（１）will ≒ be going to
（２）must ≒ have to（≒ 命令文 ≒ had better ）　　　　　（④，問題２⑥）
　　　　must not　～してはいけない（≒ Don't ～ ≒ had better not ）（②，問題２⑤）
　　　　don't have to　～する必要がない（≒ don't need to ）　　　（問題２②）
（３）should ≒ ought to
　　　　should not ＝ ought not to　　　　　　　　　　　　　　　（問題２④）
（４）may ≒ be allowed to
（５）can ≒ be able to　　　　　　　　　　　　　　　　　　　　　（問題２③）
（６）can't ≒ be not able to

第7章

助動詞②

確認問題　解答はP.46に

問題1　各問の文がほぼ同じ意味になるように（　）内に適切な語を入れなさい。

① Do you want me to drive you home ?（車で家まで送ってあげましょうか？）
（　　）（　　）drive you home ?

② Let's go shopping this afternoon.（今日の午後，買い物に行きませんか？）
（　　）（　　）go shopping this afternoon ?
（　　）（　　）we go shopping this afternoon ?
（　　）（　　）going shopping this afternoon ?

③ Will you pass me the salt ?（塩を取って下さい。）
Pass me the salt,（　　）.

④ Will you <u>have</u> some more coffee ?（コーヒーをもう少しお飲みになりますか？）
（　　）you（　　）<u>to have</u> some more coffee ?
（　　）you <u>have</u> some more coffee ?

⑤ How about a little more coffee ?（コーヒーをもう少しいかがですか？）
（　　）you（　　）a little more coffee ?

⑥ Do I need to go there ?（私はそこへ行く必要がありますか？）
（　　）I（　　）there ?

⑦ You don't need to go there.（あなたはそこへ行く必要がない。）
You（　　）（　　）go there.
It isn't（　　）for you to go there.
You don't（　　）（　　）go there.

要　点

助動詞を使った提案・依頼・勧誘表現は主語に注意する。
Shall I ／ we ～ ?
Will（Would）you ～ ?
Can（Could）you ～ ?

(1) **Shall I ～?（提案）** ≒ Do you <u>want</u> me to ～?（～の部分は動詞の原形）
（私が）～しましょうか？ <u>Would</u> you <u>like</u> me to ～?

(2) **Shall we ～?（提案）** ≒ Let's ～ .
（一緒に）～しませんか？ Why don't we ～?
How about ～ing?

(3) **Will you ～?（依頼）** ≒ Can you ～?
（Would you ～?） （Could you ～?）
～してくれませんか？ I <u>want</u> you to ～
（I <u>would like</u> you to ～）
Please ～ .

(4) **Will you ～?（勧誘）** ≒ <u>Would</u> you <u>like</u> to ～?
～しませんか？ Won't you ～?

(5) **Would you like …?（勧誘）** How about …?（…の部分は名詞か動名詞が入る）
…はいかがですか？ ≒ What about …?

(6) **need は疑問文と否定文の時のみ助動詞として使うこともあります。**
<u>Need</u> S <u>～</u>? ≒ <u>Does</u> S <u>need</u> to <u>～</u>.
［助］　動詞（原形） ［助］ ［動］
S は～する必要がありますか？
S <u>need</u> <u>not</u> <u>～</u>. ≒ S <u>does not</u> <u>need</u> to <u>～</u>.
［助］　動詞（原形） ［助］ ［動］
S は～する必要はありません

第8章　不定詞

確認問題　解答はP. 46に

問題1　（　）内の語を並び替えて，日本語に合う英文を完成させなさい。（余分な語が一語入っています。）

① 彼にとって，このかばんを運ぶ事は簡単だ。
　　It is easy（　carry　bag　of　him　to　this　for　）
② 手伝って下さって，ありがとうございます。
　　It is kind（　to　you　for　of　me　help　）
③ 宿題を忘れたのは君が不注意だった。
　　It was careless（　to　you　your　for　of　forget　homework　）
④ 君があの山を登る事は不可能だ。
　　It（　mountain　is　that　impossible　of　you　for　climb　to　）
⑤ 他人に親切にする事は良い事だ。
　　It（　good　others　is　kind　for　to　be　to　）

問題2　各問の文の意味が同じになるように（　）内に適切な語を入れなさい。

① Shall I help you ?　＝　Do you（　　）（　　）（　　）help you ?
　　　　　　　　　手伝いましょうか？
② I said to him, "Will you help me ?　＝　I（　　）（　　）（　　）help me.
　　　　　　　　　「手伝って下さい。」と私は彼に言った。
③ She said to him, "Clean your room."　＝　She（　　）（　　）（　　）clean his room.
　　　　　　　　　「部屋を片付けなさい。」と彼女は彼に言った。
④ I said to them, "Don't play here."　＝　I（　　）（　　）（　　）（　　）play here.
　　　　　　　　　「ここで遊んではいけない。」と私は彼らに言った。

問題3　各問の文の意味が同じになるように（　）内に適切な語を入れなさい。

① I am（　　）busy（　　）watch TV.　　私は忙しすぎてテレビを見る事ができない。
　　I am（　　）busy（　　）（　　）（　　）watch TV.
② This bag is（　　）heavy（　　）me（　　）carry. このかばんは重すぎて私には運べない。
　　This bag is（　　）heavy（　　）（　　）（　　）carry it.
③ She was kind（　　）（　　）help me.　　彼女は親切にも私を手伝ってくれた。
　　She was（　　）kind（　　）she（　　）me.

26

要　点

不定詞（ to + 動詞の原形 ）は文中での働きにより，次の３つの用法がある。
　名詞用法(〜すること)：文の中で主語，補語，目的語になる
　形容詞用法：直前の(代)名詞を修飾する
　副詞用法：名詞以外を修飾する

名詞用法(「〜すること」)：文中で主語，補語，目的語になる。

（1）形式主語の It (to 〜 が真の主語)
　　1）It is … to 〜「〜することは…だ」(一般論：誰にとっても〜することは…だ)　（問題１⑤）
　　2）It is … for A to 〜「A にとって〜する事は…だ」　　　　　　　　　　　（問題１①④）
　　3）It is … of A to 〜「〜するなんて A は…だ」(…の部分は「人の性格を表す形容詞」)（問題１②③）

（2）want/ask/tell + A + to 〜
　　1）want＋A＋(not) to 〜「A に〜して(〜しないで)欲しい」　　　　　　　（問題２①）
　　2）ask＋A＋(not) to 〜「A に〜して(〜しないで)くださいと頼む」　　　（問題２②）
　　3）tell A＋(not) to 〜「A に〜しなさい(〜してはいけない)と言う」（問題２③④）
　　※不定詞の部分を否定するときは not to 〜 （「〜しない」）

副詞用法：名詞以外(動詞，形容詞，副詞)を修飾する。

（1）I got up early to catch the first train. 始発に乗るために早起きした。(目的)
　　[動]

　　　　　　　　　　　　　　※「目的」を強調するために in order to 〜(〜するために)とすることもある。
（2）I was surprised to hear the news.　　私はその知らせを聞いて驚いた。(感情の原因)
　　　　　[動]
（3）It's kind of you to help me.　　　　手伝ってくれるなんて，あなたは親切だ。(判断の根拠)
　　　　　[形]
（4）This water is not good to drink.　　この水は飲むのに適さない。
　　　　　　　　　　　[形]
（5）A is too … to 〜(= A is so … that A can't 〜)　　　「A は…すぎて〜できない」(問題３①)
（6）too … for A to 〜(= so … that A can't 〜)　「…すぎて A には〜できない」(問題３②)
（7）A is … enough to 〜(= A is so … that A (can) 〜)　「A は…なので〜する(〜できる)」(問題３③)

27

第9章 動名詞（と不定詞）

確認問題　解答はP.48に

問題1　（　）内の語を適切な形にしなさい。（不定詞か動名詞です）

① I have enjoyed (talk) with you.

② I hope (see) you again soon.

③ I'm looking forward to (see) you again.

④ I'm planning (visit) London next month.

⑤ He stopped (smoke).

⑥ I decided (go) as scheduled.

⑦ Would you mind (help) me ?

⑧ She failed (keep) her promise.

⑨ I tried (talk) to her, but I couldn't.

⑩ I tried (talk) to her, but she ignored me.

（無視した）

⑪ Don't forget (meet) me at the station.

⑫ I'll never forget (meet) you for the first time.

⑬ Do you remember (visit) this place two years ago ?

⑭ Please remember (post) this letter on your way.

⑮ Thank you for (invite) me to the party.

⑯ She went out of the room without (say) goodbye to me.

問題2　（　）内の語を並び替えて英文を完成させなさい。（文頭の語も小文字に
しています）

① 彼はコンピュータの使い方を知らない。

（ know to a he use not does how computer ）

② 私に何をしたらいいか教えて下さい。

（ me what do tell to ）

28

要　点

不定詞 (to + 動詞の原形)の名詞用法と動名詞
　　　不定詞 (to ～)は「(これから)～すること」（まだ「していない」）
　　　動名詞 (～ing)は「(実際に)～すること」（すでに「した」「している」）

（１）**不定詞だけを目的語にとる動詞はプラスイメージの動詞が多い。**

hope			望む	（②）
plan	to ～	（これから)～することを	計画する	（④）
decied			決める	（⑥）

　　　　　　他にも wish（望む），promise（約束する），agree（同意する）など
　　※意味的にはマイナスイメージの fail ，refuse ，decline ，hesitate なども
　　　　「(これから)～すること」を 怠る　拒否する　　断る　　　ためらう　　（⑧）

（２）**動名詞だけを目的語にとる動詞はマイナスイメージの動詞が多い。**

stop			やめる	（⑤）
mind			嫌がる	（⑦）
finish	～ing	（実際に)～することを	終える	
put off			延期する	
avoid			避ける	

　　※意味的にはプラスイメージの enjoy ，look forward to なども　　（①③）
　　　　「(実際に)～すること」を 楽しむ　　楽しみに待つ

（３）**不定詞も動名詞も目的語にとる動詞。**

try	～ing	（試しに)～してみる	（⑨）
	to ～	～しようとする	（⑩）
forget	～ing	～したことを忘れる	（⑪）
	to ～	～することを忘れる ⇒ ～し忘れる	（⑫）
remember	～ing	～したことを覚えている	（⑬）
	to ～	～することを覚えている ⇒ 忘れずに～する	（⑭）

（４）**前置詞の目的語になるのは動名詞のみ。**

Thank you for ～ing	～してくれてありがとう	（⑮）
look forward to ～ing	～を楽しみに待つ	（③）
be fond of ～ing	～するのが好きだ	
be used to ～ing	～するのに慣れている	
wihtout ～ing	～せずに	（⑯）
How about ～ing	～するのはいかがですか？	

29

第10章 分詞 (と不定詞)

確認問題 解答はP. 50に

問題1 ( )内の語を適切な形にしなさい。(不定詞か分詞です)

① Give me something (drink).

② Who is the lady (talk) to him ?

③ It's a book (write) in French.

④ Kyoto has many places (see).

⑤ Look at the robot (operate) that machine.
（動かす）

⑥ What are the languages (speak) in Canada ?

問題2 ( )内の語を並び替えて日本語に合う英文を完成させなさい。(余分な
語が一語入っています)

① 書くためのペンをください。

Please give me a pen (with to writing write).

② 手紙を書いている少年は誰ですか？

Who is the boy (letter written a writing) ?

③ 私は昨日，英語で書かれた手紙をもらった。

I got a letter (English writing in written) yesterday.

問題3 ( )内に入る適切なものを選び，記号で答えなさい。

① I want a chair ( ).

(⑦ sitting on ④ to sit on ⑦ sat on)

② That is a car ( ) Japan.

(⑦ making in ④ made by ⑦ made in)

③ The boy ( ) the bus is Tom.

(⑦ to wait ④ waiting for ⑦ waited for)

④ A man is ( ) by the company he keeps. （ことわざ）

(⑦ knowing ④ known) 付き合う仲間を見れば,その人の人柄がわかる

⑤ What's ( ) cannot be undone. （ことわざ）

(⑦ done ④ doing) 後悔先に立たず

要　点

現在分詞（動詞 ing）：〜している　　（進行），〜する　（能動）
（動名詞と同じ形）　　　　　※　　　　　↕　　　　　　↕　※中学範囲で扱うのは
過去分詞（動詞 ed）：〜し（てしまっ）た（完了），〜された（受動）　主にこの2つです。
（不規則変化あり）　　　　　　　　　　　※

（1）**不定詞の形容詞用法：後ろから(代)名詞を修飾する。（[〜する（ための/べき）] …）**

places [to visit]　　　　　　　　　　[訪れる（べき）] 場所

something [to drink]　　　　　　　　[飲む（ための）] もの

a chair [to sit on]　　　　　　　　　[（上に）座る（ための）] 椅子

something [to write on]　　　　　　　[（上に）書く（ための）] もの（⇒紙，メモなど）

somethig [to write with]　　　　　　[（使って）書く（ための）] もの（⇒ペンなど）

time [to talk with you]　　　　　　　[あなたと話す] 時間

someone [to help me]　　　　　　　　[私を手伝ってくれる] 人

（2）**分詞の形容詞用法　：　(代)名詞を修飾する。（[〜している] …，[〜された] …）**

　　1）分詞一語で名詞を修飾するときは前から修飾

　　　　a [sleeping] baby　　　　　　　[眠っている] 赤ちゃん

　　　　a [broken] cup　　　　　　　　[割られた] コップ（⇒割れたコップ）

　　2）分詞が他の語句を伴うときは後ろから修飾

　　　　the lady [talking to him]　　　　[彼と話している] 女性

　　　　the robot [operating that machine]　[あの機械を動かしている] ロボット

　　　　a book [written in French]　　　[フランス語で書かれた] 本

　　　　the languages [spoken in Canada]　[カナダで話されている] 言葉

（3）**分詞は形容詞用法以外に動詞（の一部）にもなる。**

　　1）現在分詞

　　　　be ＋ 現在分詞で動詞（進行形），be ＋ 過去分詞で動詞（受動態）

　　2）過去分詞

　　　　have ＋ 過去分詞で動詞（完了形）

第11章

比較級・最上級

確認問題　解答はP.50に

問題1　日本文に合うように（　）内に適切な語を入れなさい。

① この本は，あの本の2倍の重さがある。

This book is (　　) as (　　) as that one.

② コーヒーと紅茶では，どちらが好きですか？

Which do you like (　　), coffee (　　) tea ?

③ 彼はクラスの中で一番背が高い生徒です。

He is the (　　) student (　　) his class.

④ 日本のビールはドイツのビールより3倍高い。

Japanese beer is three times (　　)(　　) than German beer.

⑤ 私はコーヒーよりも紅茶の方が好きだ。

I (　　) tea (　　) coffee.

⑥ 私はボールをできるだけ遠くへ投げようとした。

I fried to throw the ball as far as (　　)(　　).

⑦ エベレスト山は世界で一番高い山だ。

Mt. Everest is the highest mountain (　　) all mountains (　　) the world.

問題2　各問の文がほぼ同じ意味になるように（　）内に適切な語を入れなさい。

① This is the (　　) interesting book that I have (　　) read.

I have (　　)(　　) such an interesting book.

I have (　　) read a (　　) interesting book than this.

② Mt. Fuji is (　　)(　　) mountain in Japan.

Mt. Fuji is (　　) than (　　)(　　)(　　) in Japan.

No (　　)(　　) in Japan is (　　)(　　) Mt. Fuji.

③ My sister is not (　　) tall as I (　　).

I'm (　　)(　　) my sister.

My sister is (　　)(　　) me.

要　点

原級(もとの形)	比較級(-er/more ～)	最上級(-est/most ～)
tall	taller	tallest
expensive	more expensive	most expensive

（1）as + 原級 + as …　　　　　　　と同じくらい～

　　　not as[so] + 原級 + as …　　　ほど～ない

　　　≈ <u>times</u> as + 原級 + as …　　の≈倍の～　　　　　　　　　　　　　（①）

　　　≒(≈ <u>times</u> 比較級 + than …)　「2倍」のときは twice as ～ as …　　（④）

　　　as + 原級 + as ⌈ possible　　　できるだけ～　　　　　　　　　　　　（⑥）
　　　　　　　　　　⌊ can

（2）比較級 + than …　　　　　　　　より～だ

　　　Which[Who] … 比較級, A or B ?　AとBではどちらの方がより～ですか？（②）

　　　比較級 + than any other + (単数)名詞　他のどんな…よりも～(≒最上級)

　　　比較級 + and + 比較級　　　　　ますます～, だんだん～

（3）the + 最上級 ⌈ in + (単数)名詞　の中で最も～だ　　　　　　　　　　（③⑦）
　　　　　　　　　 ⌊ of + (複数)名詞　　　　　　　　　　　　　　　　　　（⑦）

　　　Which[What, Who] + 最上級 + in[of] … ?

　　　　　　　　　　　　　　　　　の中で最も～なのはどれ「何, 誰」ですか？

　　　one of the + 最上級 + (複数)名詞

　　　　　　　　　　　　　　　　　最も～な…のうち1つ[一人]

注意すべき比較級, 最上級

　　I like summer ⌈ <u>very much</u>.　　　　　　　　夏が<u>とても</u>好きだ
　　　　　　　　　 │ <u>better</u> than winter.　　　　　冬<u>より</u>夏の方が好きだ
　　　　　　　　　 ⌊ <u>(the) best</u> of the four seasons.　四季の中で夏が<u>一番</u>好きだ

<u>like</u> A <u>better</u> than B (BよりAの方が好き)　≒　<u>prefer</u> A to B　　　（⑤）

⌈ good [形]よい			⌈ bad [形]悪い		
│ well [形]元気な [副]上手に	better - best	⇔	│ ill [形]病気の badly [副]下手に	worse - worst	
⌈ many 多数の much 大量の	more - most	⇔	⌈ few 少数の - fewer - fewest little 少量の - less - least		

第12章 関係代名詞

確認問題　解答はP.51に

問題1　（　）内に入る適切なものを選び記号で答えなさい。

① I have a sister（　　　）goes to college.
　（　⑦ which　④ who　⑨ whose　① whom　）

② This is the girl（　　　）father is a doctor.
　（　⑦ which　④ who　⑨ whose　① whom　）

③ Kyoto is a city（　　　）has a lot of temples.
　（　⑦ which　④ who　⑨ whose　① whom　）

④ The building（　　　）you see over there is our school.
　（　⑦ which　④ who　⑨ whose　① whom　）

⑤ The house（　　　）roof you see over there is mine.
　（　⑦ which　④ who　⑨ whose　① whom　）

⑥ Please show me the picture（　　　）you took yesterday.
　（　⑦ which　④ who　⑨ whose　① whom　）

⑦ I have a friend（　　　）uncle is a famous journalist.
　（　⑦ which　④ who　⑨ whose　① whom　）

⑧ The house（　　　）he was looikng for was on the main street.
　（　⑦ which　④ where　⑨ what　① in which　）

⑨ This is the most interesting book（　　　）I have ever read.
　（　⑦ which　④ who　⑨ what　① that　）

⑩ Who（　　　）has ever visited China can forget its beautiful scenery？
　（　⑦ which　④ who　⑨ what　① that　）

問題2　（　）内の語を並び替えて英文を完成させなさい。（余分な語が一語入っています。）

彼女は目の青い猫を飼っている。

She has a cat 　①（　blue　whose　which　eyes　has　）
　　　　　　　　②（　blue　whose　which　eyes　are　）
　　　　　　　　③（　blue　whose　eyes　with　）

34

要　点

先行詞 ＼ 格	主格	所有格	目的格
人	who [that]	whose	whom [that/who]
人以外	which [that]		which [that]
人+人以外	that	−	that

（1）[関係代名詞から始まる節]は直前の名詞（先行詞）を修飾する

　　　I have a friend [who lives in Okinawa.]　私には[沖縄に住んでいる]友達がいる
　　　　　　　　先行詞

（2）関係代名詞の格（主格，所有格，目的格）は[関係代名詞から始まる節]の中で決まる

　　　1）先行詞 ＋ [主格 ＋ 動詞 〜]　　　　　a sister [who gose to college]
　　　　　　　　　　　(S)　　(V)　　　　　　　先行詞　主格 (V)
　　　　　　　　　　　　　　　　　　　　　　　[大学に通っている]妹

　　　2）先行詞 ＋ [所有格 ＋ 名詞 ＋ 動詞 〜]　the girl [whose father is a doctor]
　　　　　　　　　　　(S)　　　　　(V)　　　　先行詞　所有格　 (S) (V)
　　　　　　　　　　　　　　　　　　　　　　　[医者の父親をもつ]女の子

　　　3）先行詞 ＋ [目的格 ＋ 主語 ＋ 動詞 〜]　the picture [which you took yesterday]
　　　　　　　　　　　(O)　　(S)　　(V)　　　　先行詞　　目的格 (S) (V)

　　　※目的格の関係代名詞は省略可　　　　　　[あなたが昨日撮った]写真

（3）関係代名詞の that は先行詞（人／人以外）が何であれ，主格（who/which），目的格（whom/which）で使えるが，特に次のような場合はふつう that を使う

　　　1）先行詞が人 ＋ 人以外のとき
　　　　　the boy and the dog [that are over there]　　　[あそこにいる]少年と犬
　　　　　　　　　　　　　　　 (S) (V)

　　　2）先行詞が「唯一」（最上級，序数，the only，any などの）とき
　　　　　the most interesting book [that I have ever read]
　　　　　　　　　　　　　　　　　 (O)(S)　　 (V)
　　　　　　　　　　　　　　　　 [私が今までに読んだ本の中で]一番おもしろい本

　　　3）先行詞が「全部」（all，every，（everything，everybody），no（nothing，nobody）などの）とき
　　　　　everything [that I know about him]　[彼について私が知っていること]全部
　　　　　　　　　　　 (O)(S)(V)

　　　4）先行詞が who，which のとき
　　　　　who [that has ever visited China]　　　　[中国を訪れたことのある]人
　　　　　　　 (S)　　 (V)　　　　　 (O)

35

第 13 章

接続詞と前置詞

確認問題 解答はP. 53に

問題1　（　）内の正しい語を選びなさい。

① Get up early，(and/or) you'll catch the train.

② Hurry up，(and/or) you'll miss the train.

③ He is very old，(or/but) he is strong.

④ I missed the train，(so/for) I got up late.

⑤ I was tried，(so/for) I went to bed early.

問題2　（　）内に適切な語を入れなさい。（[1]の①〜⑤に対応しています）

① (　　　) you get up early, you'll catch the train.

② (　　　) you (　　　) hurry up, you'll miss the train.

③ (　　　) he is very old, he is strong.

④ I missed the train (　　　) I got up late.

⑤ I was so tired (　　　) I went to bed early.

問題3　（　）内に適切な語を入れなさい。

① (　　　) you (　　　) I are wrong.　あなたも私も間違っています

② (　　　) you (　　　) I am wrong.　あなたと私のどちらかが間違っています

③ (　　　) you (　　　) I am wrong.　あなたも私も間違っていません

問題4　（　）内に入る適切なものを選び記号で答えなさい。

① Wait here (　　　) four o'clock.

（ ㋐ by 　㋑ for 　㋒ to 　㋓ till ）

② My sister moved to this town (　　　) 2009.

（ ㋐ in 　㋑ for 　㋒ on 　㋓ at ）

③ I was in the hospital (　　　) two weeks last month.

（ ㋐ in 　㋑ for 　㋒ during 　㋓ on ）

④ (　　　) his stay in Australia, he studied English very hard.

（ ㋐ Among 　㋑ For 　㋒ During 　㋓ While ）

要　点

前後を対等に結ぶ接続詞は，文と文だけではなく語句と語句も結ぶ（6）～10））
前置詞の後ろには(代)名詞がくる

（1）前後を対等に結ぶ接続詞（と，その書きかえに使われる接続詞）

1）～, and …　～しなさい。そうすれば…（条件）　　（＝ If～, …/… if～）①
　　　　　　　（命令文）　　　　　　　　　　　もし～なら

2）～, or …　～しなさい。そうしないと…（条件）（＝ If not～, …/… if not～）②
　　　　　　　（命令文）　　　　　　　　　　　もし～でないなら

3）～, but …　～だ。しかし/けれども…（対照）（＝ Though～, …/…though～）③
　　　　　　　　　　　　　　　　　　　　　　　～だけれども

4）～, for …　～だ。というのは…だからだ。（理由）（＝ Because～, …/… because～）④
　　　　　　　　　　　　　　　　　　　　　　　～なので

5）～, so …　～だ。それで/だから…（結果）　　　（＝ so～that …）⑤
　　　　　　　　　　　　　　　　　　　　　　　（～）だから…

6）not only A but also B　　A だけでなく B も　（＝ B as well as A）
7）both A and B　　　　　　A も B も　（両方とも）
8）either A or B　　　　　　A か B か　（どちらか一方）
9）neither A nor B　　　　　A も B も　（どちらも）～ない
10）not A but B　　　　　　A ではなく B

（2）主な前置詞

at （(地/時)点）	at the station 駅で[に]	at 9:00 9 時に
on （接触/(曜)日）	on the wall 壁に	on Monday [April 1] 月曜日[4月1日]に
in （空間/月，年，季節）	in the room 部屋(の中)に[で]	in April [2015/summer] 4月[2015年/夏]に
for （方向/期間の長さ）	leave for Kyoto 京都(の方)へ向かう	for a week 一週間(の間)
during （特定の期間）		during the vacation 休暇中に
from （起点）to（到達点）	drive from Osaka to Kyoto 大阪から京都まで車で行く	from Monday to Friday 月曜日から金曜日まで
by （近接/期限）	by the river 川のそばに[で]	be there by six 6時までにはそこに(来て)いる
till （継続）		be there till six 6時まで(ずっと)そこにいる

37

〈英語─解答と解説〉

第1章　名詞と形容詞と副詞

問題1　①　friend(friends)　②　dish(dishes)　③　watch(watches)
解答　　④　leaf(leaves)　⑤　city(cities)　⑥　Japanese(Japanese)
　　　　⑦　sheep(sheep)　⑧　child(children)　⑨　foot(feet)
　　　　⑩　tooth(teeth)　⑪　man(men)　⑫　mouse(mice)

基本事項の確認 ✐

名詞の複数形のつくり方

（1）ふつうはそのまま s をつける

pens　　books　　desks　　boys　　girls　　cars　cats　　days

（2）語尾が s, sh, ch, x, o のときは es をつける

buses（バス）　　dishes（皿）　　　　watches（腕時計）

boxes（箱）　　tomatoes（トマト）　　potatoes（じゃがいも）

heroes（英雄）

※例外）photos(写真)　　pianos(ピアノ)　　radios(ラジオ)

（3）語尾が f, fe のときは f, fe を v にかえて es をつける

leaf（葉）⇒ leaves　　life（命）⇒ lives　　wife（妻）⇒ wives

※例外）roof（屋根）⇒ roofs

（4）語尾が〈子音 + y〉のときは y を i にかえて es をつける

baby（赤ちゃん）⇒ babies　　story（話）⇒ stories

city（都市）⇒ cities

（5）不規則変化をするもの

　1）単数と複数の形が同じもの

fish（魚）⇒ fish　　sheep（ひつじ）⇒ sheep　　deer（鹿）⇒ deer

Japanese（日本人）⇒ Japanese　　Chinese（中国人）⇒ Chinese

　2）形がかわるもの

man（男）⇒ men　　　　　woman（女）⇒ women

foot（足）⇒ feet　　　　　tooth（歯）⇒ teeth

goose（ガチョウ）⇒ geese　　child（子供）⇒ children

ox（雄牛）⇒ oxen　　　　mouse（ネズミ）⇒ mice

問題2	①	I	誰があなたのランチを作ったの？	姉です。
解答	②	G	次の電車はいつ着きますか？	10分後です。
	③	J	ここに（この後）どれくらいいますか？	10分くらいいます。
	④	A	どのくらいの頻度で車を使いますか？（車をよく使いますか？）	
				毎日です。
	⑤	B	どのようにお支払しますか？（支払い方法はどうしますか？）	
				クレジットカードで。
	⑥	C	数学のテストはどうだった？	本当に難しかった。
	⑦	E	体調維持のために何をしていますか？	毎朝走っています。
	⑧	D	旅行の目的は何ですか？	仕事です。
	⑨	F	どこで育ちましたか？	大阪です。
	⑩	H	今日は何曜日ですか？	月曜日です。

基本事項の確認

（1）（疑問）代名詞

who（誰が）　　whose（誰の，誰のもの）　　whom（誰に［を］）

what（何が，何を）　　which（どちら［どれ］が，どちら［どれ］を）

（2）（疑問）形容詞

which bag（どちらのかばん）　　what color（何（の）色）

（3）（疑問）副詞

when（いつ）　　where（どこ）　　why（なぜ）　　how（どのように）

問題3	①	July	8月は7月の次にくる月です。
解答	②	aunt	おば（というの）は母親か父親の姉妹です。
	③	kitchen	ふつう台所で料理します。
	④	zoo	動物園では多くの動物が見られます。

第 2 章　動詞 (be, do, have)

基本事項の確認

be 動詞

（1）主語が一人称単数（ I ）のときと，三人称単数(he, she, it)のとき以外
　　は全て現在形は are，過去形は were

　　　（ I ）　　　am ［was］

　　　（ He, She, It ）　　is ［was］

　　　（We, You, They ）　　are ［were］

（2）否定文は be + not 　　　　　（ I'm not a student. ）

（3）疑問文は　1）be + 主語 ～ ?　　　　（Are you a student ?）

　　　　　　　2）be + there + 主語 ～ ?（Was there a cat ～ ?）

一般動詞

（1）主語が三人称単数(He, She, It)で現在形のとき，動詞の語尾に-(e)s
　　をつける

　　do → does，play → plays，study → studies

　　（不規則変化をするのは have → has）

（2）過去形は主語の人称に関わらず動詞の語尾に-(e)d をつける(不規則変
　　化あり)

　　play → played，study → studied

　　（do → did，have → had 以外にも不規則変化をする動詞はたくさん
　　あります）

（3）否定文は do(es)［did］+ not + 動詞の原形

　　（ I didn't do my homework. ）

（4）疑問文は Do(es)［Did］+ 主語 + 動詞の原形

　　（Did you do your homework ?）

問題1　①　エ　　主語は Tom and I（= We）で複数

解答　②　ウ　　時間，天候，距離などの主語は It（三人称単数）

　　　③　ウ　　主語は All childen（= They）で複数

　　　④　イ　　主語は your mother（= She）で三人称単数

　　　⑤　ウ　　命令文は動詞の原形を使う。Be quiet で静かである（ようにしな

さい)

⑥　イ　　主語は you，　last week（先週）は過去

⑦　ア　　主語は your parents（＝ they）で複数。do 〜（〜をする）の部分
　　　　が疑問詞の what。直訳すると「あなたの両親は何をします
　　　　か？」となります。動詞の時制が現在形なので「普段，何をして
　　　　いるか」を尋ねています。

⑧　イ　　have 〜（〜を持っている）　have questions（質問を持ってい
　　　　る）で「質問がある」

⑨　イ　　一般動詞（過去）の疑問文。Did ＋ 主語 ＋ 動詞の原形の形になり
　　　　ます。

⑩　ウ　　have brothers（兄弟を持っている）で「兄弟がいる」

問題2　①　　（There）　（are）seven days in a week.
解答　　②　　（Dose）a year（have）twelve months ?
　　　　　　　　（代名詞にすると it）
　　　　　　（Are）（there）twelve months in a year ?

第3章　動詞（基本時制）

問題1　①　エ　　主語は The earth（＝ It ）。いつでも成り立つことなので現在形
解答　　　　　　　≒ The earth ⎡ moves ⎤ around the sun
　　　　　　　　　　　　　　　 ⎣ revolves ⎦

　　　②　ウ　　普段の習慣（いつも〜だ）

　　　③　ア　　「いつからいつまで」所属している，という「時」の制限があり
　　　　　　　ません。「所属している（belong）」という動詞は（漠然と）過
　　　　　　　去も未来も含むので現在形

　　　④　エ　　黒髪も茶色い目も生まれつきのもので，一時的なのもではな
　　　　　　　いので現在形

　　　⑤　ア　　時・条件の副詞節の中は未来のことでも現在形を使う

　　　⑥　イ　　at that time（あのとき）は過去

　　　⑦　エ　　tomorrow（明日）は未来

　　　⑧　ウ　　来月出産する予定ということは，明らかな徴候がありますよね。

　　　⑨　ア　　next Monday（今度の月曜日）は未来です。歳をとるのは
　　　　　　　「人の意志」とは関係ありません。

　　　⑩　イ　　時・条件の副詞節

問題2　①　My father is a careful driver.（≒ My father drives carefully.）

解答　②　The United Kingdom consists of four nations.

　　　③　What do you do?（(普段)何をし(てい)ますか? ⇒ お仕事は何ですか?）

発展・応用内容 ✎

動作動詞

　文字通り「動き」を表す動詞です。「動き」には「始まり」と「終わり」があります。この「始まり」から「終わり」までの「動き」（= 動作）が「一時的」なものが，進行形（be + 〜 ing）です。動作動詞を現在形で使うと，その動作が「一時的」なものではなく，何度も繰り返し行われる「習慣」や「いつでも成り立つこと」を表します。

状態動詞

　「動き」を表さないので「終わり」がはっきりわからないのが状態です。「動き」がないので，ふつう進行形にはしません。状態動詞を現在形で使うと「一時的」ではない状態を表します。（［1］の③④，［2］の①②］）

［1］	③	belong(to 〜)	(〜に)所属している	
	④	have	(〜を)持っている	「いつ終わる」のかわからないので
［2］	①	is	(〜)だ	(「終わり」のある)進行形にできない
	②	consist(of 〜)	(〜から)成る	

　　　　　他にも I <u>like</u> cats. や I <u>know</u> him. など

第4章　動詞(進行形，完了形)

問題1　①　エ　「(今，この瞬間)勉強している」ので現在進行形

解答　②　ア　「(今，この瞬間)勉強している」とは限りませんが「(今，当面の間)勉強が続いていく」ので現在進行形

　　　③　ウ　「一定期間」の間に徐々に痩せていって(その結果)「(今)見違える」ほどになったんです。

　　　④　イ　子供の頃から「今」までの「期間」なので現在完了

　　　⑤　イ　「昨日(のこの時間に)見ていた」ので過去進行形

　　　⑥　イ　「明日(のこの時間に)見ている」ので未来進行形

　　　⑦　ウ　「(今までの間に)見たことがある」ので現在完了形

⑧　イ　　「結末を知っていた（過去）」のは，それより以前に「見たこと
　　　　　があった（過去完了）」からです。

⑨　エ　　「（今後）もう一度見た」時点（未来）での「経験」なので未来完了
　　　　　形

問題2
解答　①　（died）　　　　　　　　ten years <u>ago</u>（10年前）は過去

②　（has）（been）（dead）<u>for</u> ten years（（今までの）10年間）は現在完了

③　（have）（passed）　　<u>since</u> he died
　　　　　　　　　　　　　（（彼が亡くなって）<u>から</u>（今まで））は現在完了

④　（ is ）　　　　　　　<u>since</u> he died
　　　　　　　　　　　　　（（彼が亡くなって）から（今まで））は現在完了

　　　　　　　主語が It のときは It <u>has been</u>/<u>is</u> ～ since … の両方可

（訳）
①　祖父は10年前に死んだ。

②　祖父は10年間死んでいる ⇒ 祖父が死んで10年になる。

③　祖父が死んでから10年が過ぎた。

④　祖父が死んでから10年だ。

発展・応用内容 ✎ ─────────────────────────────

（1）「～（し）ている」は現在進行形とは限らない

１）現在形

I <u>have</u> two cars.　　　　　　　　　車を二台<u>持っている</u>

I <u>know</u> him well.　　　　　　　　　彼をよく<u>知っている</u>

I <u>work</u> for a bank.　　　　　　　　銀行で<u>働いている</u>

２）（現在/未来）進行形

I'm <u>having</u> a good time.　　　　　　（今）<u>楽しんでいる</u>

I'<u>m working</u> on this problem.　　　　（今）この問題に<u>取り組んでいる</u>

I'<u>ll be having</u> dinner at this time tomorrow.
　　　　　　　　　　　（明日の今頃）夕食を<u>とっている</u>（だろう）

３）（現在/未来）完了形，完了進行形

I <u>have known</u> him for ten years.　彼を10年間（= 10年前から）<u>知っている</u>

I'<u>ve been working</u> on this problem since yesterday.
　　　　　　　　　　　この問題に昨日から<u>取り組んでいる</u>

I'<u>ll have had</u> dinner by nine.　　　夕食は9時には<u>終わっている</u>

４）受動態

I'<u>m invited</u> to the party.　　　　　パーティーに<u>招待されている</u>

英語
解答と解説

I'm very pleased with my new job. 新しい仕事がとても気に入っている

Smoking is not allowed. 喫煙は禁止されている

（2）have gone to と **have been to** の違いに注意（副詞語句がヒントです）

He has gone to China. 彼は中国に行ってしまった
（今ここにいない）

He has been to China (many times). 彼は中国へ（何回も）行ったことがある
（今ここにいる）

I have (just) been to the post office. 私は（ちょうど）郵便局へ行ってきたところだ
（今ここにいる）

第 5 章　受動態

問題 1
解答

①	ア	主語は English (= It)なので is spoken，by ～（の～は一般の人々）は省略
②	ウ	助動詞(have to)の後は原形なので be taught，by ～（の～は先生で言われなくてもわかる）は省略
③	ウ	主語は That house (= It)。～ ago(～前)があるので was built，by ～(の～は不明)は省略
④	イ	主語は This house (= It)，祖父に建てられて(過去)なので was built by my grandfather で祖父が建てたことを強調
⑤	エ	助動詞(will)の後は原形なので be done。by machines を省略すると誰が仕事をするのかわからないので文が成立しない
⑥	ウ	take care of ～ (～の世話をする)で一つの動詞なので，受動態は be taken care of　この文も by a young doctor がないと文が成立しない

問題 2
解答

①	as	be known as ～	～として知られている
②	from	be made from ～	～から作られている（原料）
③	with	be satisfied with ～	～に満足している
④	at	be surprised at ～	～に驚く
⑤	in	be interested in ～	～に興味がある
⑥	of	be scared of ～	～を恐れ（てい）る

問題 3　① What language is spoken in Australia ?

解答		

Is English spoken in Australia ?　　オーストラリアでは英語が話されていますか？

⇩　　　　　　　　　　　　　　　⇩

What language is spoken in Australia ?オーストラリアでは何語が話されていますか？

　　疑問文(what(〜))は文頭に出る

② I was not invited to the party.

③ By whom was this picture taken ?

第6章　助動詞①

問題1　① ウ　must 〜　　　　〜に違いない(推量)
解答　② ア　mustn't 〜　　　〜してはいけない(禁止)
　　　③ イ　should 〜　　　　〜した方がいい(助言)
　　　④ ウ　had to 〜　　　　〜しなければならなかった(義務の過去)
　　　⑤ エ　Can I 〜 ?　　　〜してもいいですか？(許可)
　　　⑥ イ　might　　　　　said(言った)は過去なので，時制を一致させる
　　　⑦ エ　used to 〜　　　以前(昔)は〜だった
　　　⑧ イ　would (often) 〜　昔は(よく)〜した

問題2　① He is used to driving in the city.
解答　　　be used to 〜ing　　　　　〜することに慣れている
　　② You don't have to go there.
　　　　don't have to 〜　　　　　〜する必要はない(≒ don't need to 〜)
　　③ I won't be able to see you today.　〜することができる
　　　　be able to 〜 (≒ can)　　　(助動詞を二つ並べることはできない)
　　④ You ought not to eat between meals.〜すべき(ではない)
　　　　ought (not) to 〜
　　⑤ You had better not go.　　　　〜(しない)方がいい
　　　　had better (not) 〜
　　⑥ I will have to take the first train tomorrow.〜しなければならない
　　　　have to 〜　　　　　　　(助動詞を二つ並べることはできない)
　　⑦ He used to work here.　　　　以前[昔]は(よく)〜した，〜だった
　　　　used to 〜

第 7 章　助動詞②

問題 1　①　(Shall)（I）drive you home ?

解答　②　(Shall)（we）go 〜 ?

　　　　　　(Why)（don't）we go 〜 ?

　　　　　　(How)（about）going 〜 ?

　　　③　Pass me the salt,（please）.

　　　④　(Would) you（like）to have 〜 ?

　　　　　　(Won't) you have 〜 ?

　　　⑤　(Would) you（like）a little 〜 ?

　　　⑥　(Need) I（go）there ?

　　　⑦　You（need）（not）go there.

　　　　　　It isn't（necessary）for you 〜 .

　　　　　　You don't（have）（to）go 〜 .

第 8 章　不定詞

問題 1　①　It is easy（for him to carry this bag）.　　　　　　（of が余分）

解答　②　It is kind（of you to help me）.　　　　　　（for が余分）

　　　　　　≒　Thank you for helping me.

　　　　　　≒　Thank you for your help.

　　　③　It was careless（of you to forget your homework）.（for が余分）

　　　　　　≒　You were careless to forget your homework.

　　　④　It（is impossible for you to climb that mountain）.（of が余分）

　　　⑤　It（is good to be kind to others）.　　　　　　（for が余分）

問題 2　①　Do you（want）（me）（to）help you ?

解答　　　あなたは私に手伝って欲しいですか？

　　　　　　（手伝いましょうか？）

　　　②　I（asked）（him）（to）help me.

　　　　　　私は彼に手伝って下さいと頼んだ

　　　③　She（told）（him）（to）clean his room.

　　　　　　彼女は彼に部屋を片付けなさいと言った

　　　④　I（told）（them）（not）（to）play here.

　　　　　　私は彼らにここで遊んではいけないと言った

問題3　① I am (too) busy (to) watch TV.
解答　　　I am (so) busy (that) (I) (can't) watch TV.
　　　② This bag is (too) heavy (for) me (to) carry.
　　　　　This bag is (so) heavy (that) (I) (can't) carry it.
　　　③ She <u>was</u> kind (enough) (to) help me.
　　　　　She <u>was</u> (so) kind (that) she (helped) me.

　　　　　　　過去 ───────────→ 過去

　　　　　　　（時制を一致させること）

発展・応用内容 ◢

　（文法上の）主語，形式主語，真主語は動詞に対応するもので，主語が代名詞の場合，主格（ I , you, he, she, it など）を使います。不定詞の意味上の主語は，不定詞の部分の行為者を表すものです。不定詞の意味上の主語は代名詞の目的格で表されていることもよくあります。

① <u>I</u> want 〈to be a nurse〉.　　　　　　　　　　（文法上の主語は I ）
　主語
　　私は〈（私が）看護師になること〉を望む　⇒　看護師になりたい

　（<u>私</u>が看護師になる（こと）なので不定詞（to be）の意味上の主語は I ）
　　(S)　　　　　　　(V)

② <u>I</u> want 〈you〉 〈to be a nurse〉.　　　　　　　（文法上の主語は I ）
　主語
　　私は〈〈あなたが〉〈看護師になること〉〉を望む
　　　⇒　私はあなたに看護師になって欲しい

　（<u>あなた</u>が看護師になる（こと）なので不定詞（to be ～）の意味上の主語は you ）
　　(S)　　　　　　　(V)

③ <u>It</u> is easy for him 〈to carry this bag〉.　　　（文法上の主語は It
　形式主語　　　　　　　　　　真主語　　　　　　　 = to carry this bag ）
　　このかばんを運ぶことは簡単だ
　　　⇒　彼にとってこのかばんを運ぶことは簡単だ

　（<u>彼</u>がかばんを運ぶ（こと）なので不定詞（to carry ～）の意味上の主語は him ）
　　(S)　　　　　(V)

④　It is good ⟨to be kind to others⟩.　　　（文法上の主語は It
　　形式主語　　　　　　真主語　　　　　　　　　　＝ to be good others ）
　　他人に親切にすることは良いことだ

　　(? が親切にする(こと)で不定詞の意味上の主語が文の中にないときは一般論です
　　 (S)　　　 (V) 不定詞の意味上の主語は「一般の人々」(＝誰にとっても)になります
⑤　It was careless of you ⟨to forget your homework⟩.　（文法上の主語は It)
　　形式主語
　　宿題を忘れたのは君の不注意だった
　　（＝ You ware careless to forget your homework．）
　　(この文では careless(不注意な)のも不定詞(to forget 〜)の意味上の主語も you です)

　　It is … of A to 〜
　　　　　　↓
　　　A is … (to 〜)（〜するなんて A は…だ　のときは of を使う）

第9章　**動名詞（と不定詞）**

問題1　①　talking　　お話できて楽しかったです。
解答　　　　　　　　　（enjoy 〜ing　〜して楽しむ）
　　　②　to see　　近いうちにまたお目にかかれたらいいですね。
　　　　　　　　　　（hope to 〜　〜したいと思う，〜する事を望む）
　　　③　seeing　　またお会いできることを楽しみにしています。
　　　　　　　　　　（look forward to 〜ing　〜することを楽しみにする）
　　　④　to visit　　来月ロンドンに行くつもりだ。
　　　　　　　　　　（plan to 〜　〜するつもりだ，〜する計画をたてる）
　　　⑤　smoking　彼はたばこを吸うのをやめた。
　　　　　　　　　　He stopped ⟨to smoke⟩とすると「彼は(たばこをすう
　　　　　　　　　　ために)立ち止った」
　　　⑥　to go　　私は予定通り行くことにした。（decied to 〜　〜する
　　　　　　　　　　ことを決める）
　　　⑦　helping　手伝って頂けませんか？
　　　　　　　　　　（mind 〜ing？　〜するのは嫌ですか？）
　　　　　　　（Would you mind 〜ing？　〜していただけませんか？）

⑧ to keep　彼女は約束を守れなかった。
　　　　　　（fail to ～　（これから）～することを怠る⇒～しない，
　　　　　　～できない）

⑨ to talk　私は彼女に話しかけようとしたが出来なかった。
　　　　　　（try to ～　～しようと試みる）

⑩ talking　私は彼女に話しかけてみたが無視された。
　　　　　　（try ～ing　（試しに）～してみる）

⑪ to meet　忘れずに迎えに来てね。
　　　　　　（don't forget to ～　忘れずに～する）
　　　　　　（＝ remember）

⑫ meeting　あなたに初めて会ったときのことは忘れません。
　　　　　　（forget ～ing　～したことを忘れる）

⑬ visiting　二年前にこの場所に来たことを覚えていますか？
　　　　　　（remember ～ing　～したことを覚えている）

⑭ to post　外出するときは忘れずにこの手紙を出してね。
　　　　　　（remember to ～　忘れずに～する）

⑮ inviting　パーティーに招待してくれてありがとう。
　　　　　　（前置詞（for）の目的語は～ing）

⑯ saying　彼女は私にさよならも言わずに部屋から出て行った。

問題2　① He dose not know how to use a computer.
解答　　② Tell me what to do.

　　　　疑問 + to ～
　　　　　what to ～　何を～したらよいか
　　　　　how to ～　どうやって～したらよいか/～の仕方
　　　　　when to ～　いつ～したらよいか
　　　　　where to ～　どこへ[で]～したらよいか
　　　　　which to ～　どちらを～したらよいか

第 10 章　分詞（と不定詞）

問題 1　① to drink　飲む（ための）物（⇒飲み物）をください。
解答　　　　　　　　something hot to drink だと（暖かい飲み物）
　　　　② talking　彼と話している女性は誰ですか？
　　　　③ written　それはフランス語で書かれた本です。
　　　　④ to see　京都には見るところがたくさんあります。
　　　　⑤ operating　あの機械を動かしているロボットを見てごらん。
　　　　⑥ spoken　カナダで話されている言葉は何ですか？
問題 2　① Please give me a pen (to write with).　　（writing が余分）
解答　　② Who is the boy (writing a letter)?　　　（written が余分）
　　　　③ I got a letter (written in English) yesterday.（writing が余分）
問題 3　① イ　私は座る（ための）イスが欲しい。　　　（sit on a chair）
解答　　② ウ　これは日本で作られた車です。　　　　（made in Japan）
　　　　③ イ　バスを待っている少年はトムです。　　（wait for the bus）
　　　　④ イ　know A by B（B で A がわかる）の受動態　（A is known by B）
　　　　⑤ ア　undo（[動]〜を元に戻す）の受動態　　　（be undone）
　　　　　　　（してしまったことは元には戻せない）

第 11 章　比較級・最上級

問題 1　① This book is (twice) as (heavy) as that one.
解答　　　　twice as heavy as …　　…の二倍の重さがある
　　　　② Which do you like (better), coffee (or) tea?
　　　　③ He is the (tallest) student (in) his class.
　　　　④ Japanese beer is three times ⎡ (more) (expensive) than
　　　　　　　　　　　　　　　　　　　　⎣ 　　as expensive as
　　　　　　　　　　　　　　　　　　　　　　　　　German beer.
　　　　⑤ I ⎡ (prefer) tea (to) coffee.
　　　　　　⎣ like tea better than coffee.　（≒ prefer ≒ like better）
　　　　⑥ I tried to throw the ball as far as ⎡ (I) (could).
　　　　　　過去　　　　　　　　　　　　　　⎣ possible.
　　　　　　　　tried が過去形なので時制を合わせて could にする
　　　　⑦ Mt. Everest is the highest mountain

$\underline{(of)}$ all mountains $\underline{(in)}$ the world.

$$of + （複数）名詞 \qquad in + （単数）名詞$$

問題2 ① This is the (most) interesting book that I have (ever) read.
解答 これは私が今までに読んだ本の中で一番おもしろい本だ。

I have (never) (read) such an interesting book.
私は今までこんなにおもしろい本を読んだことがない。

I have (never) read a (more) interesting book than this.
私は今までにこれよりおもしろい本を読んだことがない。

② Mt. Fuji is (the) (highest) mountain in Japan.
富士山は日本で一番高い山です。

Mt. Fuji is (higher) than (any) (other) (mountain) in Japan.
　　　　　　　　　　　　　　　　　※ mountain は単数形

富士山は日本の他のどの山よりも高い。

No other (mountain) in Japan is (higher) (than) Mt. Fuji.
　　　　　　　　　　　　　　　　　※ mountain は単数形

日本の他のどの山も富士山よりは高くない。

③ My sister is not (as) tall as I am.
　　　　　　　　　　　　(= me)

妹は私ほどの身長はない。

I'm (taller) (than) my sister.
私は妹より背が高い。

My sister is (shorter) (than) me.
妹は私より背が低い。

第12章　関係代名詞

問題1 ① イ　a sister [who gose (to collage)]
解答 　　　　　　　　(S) (V)

私には[大学に通っている]妹がいる。

② ウ　the girl [whose father is a doctor]
　　　　　　　　(S) 　　(V) (C)

あれ(あの子)が[医者の父親をもつ]女の子だ。

③ ア　a city [which has a lot of temples]
　　　　　　　(S) (V) 　　(O)

京都は[たくさんの寺がある]都市だ。

④ ア The buiding [which you see (over there)]
　　　　　　　　　　(O)　(S)　(V)　　　※ which(目的格)は省略可

[(あそこに)見える]建物は私達の学校です。

⑤ ウ the house [whose roof you see (over there)]
　　　　　　　　(O)　　　　(S)　(V)

[(あそこに)屋根が見える]建物は私の家です。

⑥ ア the picture [which you took (yesterday)]
　　　　　　　　　　(O)　(S)　(V)　　　※ which(目的格)は省略可

[あなたが昨日撮った]写真を見せて下さい。

⑦ ウ a friend [whose uncle is a famous journalist]
　　　　　　　　　(S)　　(V)　　　　(O)

私には[有名なジャーナリストの叔父をもつ]友達がいる。

⑧ ア The house [which he was looikng for]
　　　　　　　　(O)　(S)　　(V)　　　※ which(目的格)は省略可

[彼がさがしている]家はメインストリートにあった。

⑨ エ the most interesting book [that I have ever read]
　　　　　　　　　　　　　　(O)(S)　　(V)

　　　　　　　　　　　　　　　※ that(目的格)は省略可
　　　　　　　　　　　　　　　※ look for～　～をさがす

これは[私が今までに読んだ本の中で]一番おもしろかった本だ。

⑩ エ who [that has ever visited China]
　　　(S)　　　　　(V)　　　　(O)

[中国を訪れたことがある]人で，その美しい風景を忘れることができる人がいるだろうか

問題2
解答

She has a cat ┌ ① which has blue eyes.　　(whose が余分)
　　　　　　　　　　(S)　(V)　(O)
　　　　　　　├ ② whose eyes are bule.　　(which が余分)
　　　　　　　　　　(S)　　(V)(C)
　　　　　　　└ ③ with bule eyes.　　(whose が余分)
　　　　　　　　　※ with ～　[前置詞]～を持っている

52

第13章　接続詞と前置詞

問題1	①	and	早く起きなさい。そうすれば電車に間に合うよ。
解答	②	or	急ぎなさい。そうしないと電車に乗り遅れるよ。
	③	but	彼はとても年をとっているが力が強い。
	④	for	私は電車に乗り遅れた。(というのは)寝坊したからだ
	⑤	so	私は疲れていた。だから早く寝た。
問題2	①	If	早起きしたら電車に間に合うよ。
解答	②	If, don't	急がないと電車に乗り遅れるよ。
	③	Though	彼はとても年をとっているが力が強い。
	④	because	寝坊して電車に乗り遅れた。
	⑤	that	私はとても疲れていたので早く寝た。
問題3	①	Both, and	(動詞(の数)は常に複数形)
解答	②	Either, or	(動詞(の数)は or の後(ここでは I)に合わせる)
	③	Neither, nor	(②と同じで動詞(の数)は nor の後(ここでは I)に合わせる)
問題4	①	エ	4時までここで待ちなさい。　　　　　　　　　　(継続)
解答	②	ア	妹は 2009 年にこの町に越してきた。　　　　　　　(年)
	③	イ	私は先月二週間入院した。　　　　　　　(期間(の長さ))
	④	ウ	オーストラリアに滞在している間, 彼は英語を一生懸命勉強した。　　　　　　　　　　　　　　　　(特定の期間)

覚えておきたいことわざ

①	明日は明日の風が吹く	Tomorrow is another day.
②	明日の百より今日の五十	A bird in the hand is worth two in the bush.
③	雨降って地固まる	After a storm comes a calm.
④	言うは易く行うは難し	Easier said than done.
⑤	急がば回れ	More haste, less speed / Slow but steady wins the race.
⑥	魚心あれば水心	You scratch my back and I'll scratch yours.
⑦	嘘も方便	The end justifies the means.
⑧	鬼の居ぬ間に洗濯	When the cat's away, the mice will play.
⑨	蛙の子は蛙	Like father, like son.
⑩	可愛い子には旅をさせよ	Spare the rod and spoil the child.
⑪	木を見て森を見ず	You can't see the forest for the trees.
⑫	光陰矢の如し	Time flies like an arrow.
⑬	郷に入っては郷に従え	When in Rome, do as the Romans do.
⑭	転ばぬ先の杖	Look before you leap.
⑮	歳月人を待たず	Time and tide wait for no man.
⑯	去る者は日日に疎し	Out of sight, out of mind.
⑰	三人寄れば文殊の知恵	Two heads are better than one.
⑱	正直は最善の策	Honesty is the best policy.
⑲	急いては事を仕損じる	Haste makes waste.
⑳	多芸は無芸	Jack of all trades and master of none.
㉑	蓼食う虫も好き好き	There is no accounting for tastes.
㉒	便りの無いのは良い便り	No news is good news.
㉓	鉄は熱いうちに打て	Strike the iron while it's hot / Make hay while the sun shines.
㉔	転石苔むさず	A rolling stone gathers no moss.
㉕	捕らぬ狸の皮算用	Don't count your chickens before they are hached.
㉖	泣き面に蜂	It never rains but it pours.
㉗	習うより慣れよ	Practice makes perfect.
㉘	馬子にも衣裳	Fine clothes make the man.
㉙	よく学びよく遊べ	All work and no play makes Jack a dull boy.
㉚	類は友を呼ぶ	Birds of a feather flock together.

一般教養試験によく出題される

数 学

　看護学校入試の一般教養試験では，面積の公式や単位の換算などの『一般常識』のほか，計算や割合・確率など，小学校～高校１年で学習する内容が幅広く出題されています。また，SPI（総合適性検査）に準じる試験を行う学校も多くあります。そのため，実際の試験では，解答方法に穴埋め・四択・記述式などさまざまな形式のものが見られます。

　本書では，過去の数多くの試験問題のなかから，『最低限これだけはできるようにしておきたい』ものをピックアップして，必要なものには適宜解説や例題を加えてあります。

※レベルBの表記のある問題は高校内容または難問です。不必要と思われる場合はとばして先に進んで下さい。

第１章　**計算問題**
第２章　**単位の換算**
第３章　**方程式に関する問題**
第４章　**割合に関する問題**
第５章　**食塩水の問題**
第６章　**場合の数・確率の問題**
第７章　**各種文章題**

　一般教養試験だけでなく，通常の学科試験でも必ず出題されるのが計算問題です。

　計算問題は短時間にこなさなければならないものであると同時に，一番落ち着いて取り組まなければならないものです。なぜならば，試験中には意外に簡単なところで点数を落としている人があまりにも多いからです。

基本的な計算

まずは，基本的な計算問題から解いてみましょう。

ゆっくり落ち着いて，しかも手際よく解くことが大切です。

〈問題1-1〉

次の計算をせよ。

(1) $-15-9+14+12$

(2) $7-3\times5$

(3) $3\times4-(-2)$

(4) $0.625+(-0.25)\times2-0.65\times0.25\times2$

(5) $182+18\times19+202+21\times22+222$

(6) 0.16×50

(7) $6\div\dfrac{2}{3}$

(8) $\dfrac{5}{6}\times\dfrac{2}{3}+\dfrac{2}{9}$

(9) $\dfrac{7}{12}\div\left(\dfrac{5}{9}-\dfrac{2}{3}\right)\times\dfrac{4}{21}$

(10) $\left(-\dfrac{5}{9}\right)+\left(-\dfrac{1}{6}\right)-\left(-\dfrac{2}{3}\right)+\left(-\dfrac{1}{2}\right)$

(11) $8-(-1)^3\times(-2)^3\div(-4)$

(12) $\dfrac{3a-5b}{4}-\dfrac{2a-4b}{3}$

(13) $2(4x+y)-3(x-2y)$

(14) $18xy \times x^2y \div (-3x)^2$

(15) $2a^2b \div 12a^3b^4 \times (-3ab)^2$

因数分解

　一般教養試験では，式の展開や因数分解の問題も出題されることが多いです。ただし，一般入試に出題されるような高校の数学Ⅰレベルのものよりも，公式にあてはめて短時間で解くものがほとんどです。

因数分解の公式······················

① $ab+ac = a(b+c)$

② $x^2+(a+b)x+ab = (x+a)(x+b)$

③ $a^2+2ab+b^2 = (a+b)^2$

④ $a^2-2ab+b^2 = (a-b)^2$

⑤ $a^2-b^2 = (a+b)(a-b)$

例　$x^2+5x = x(x+5)$　　　　　　　$3x^2-6xy+9xz = 3x(x-2y+3z)$ ···①

　　$x^2+7x+10 = (x+2)(x+5)$　　$x^2-x-6 = (x+2)(x-3)$　　　···②

　　$x^2+6x+9 = (x+3)^2$　　　　　$x^2-8xy+16y^2 = (x-4y)^2$　···③④

　　$x^2-25 = (x+5)(x-5)$　　　　$49x^2-121 = (7x+11)(7x-11)$ ···⑤

〈問題 1-2〉

次の式を因数分解せよ。

(1) $ab-3a$

(2) xy^2+3x^2y

(3) x^2+15x

(4) x^2+5x+6

(5) $x^2+10x+24$

(6) $x^2+21x+110$

(7) x^2-x-6

(8) $x^2-8xy+15y^2$

(9) a^2+6a+9

(10) $x^2+100x+2500$

(11) $m^2-4mn+4n^2$

(12)　x^2-400

(13)　$9x^2-16$

(14)　$a^2-\dfrac{16}{25}b^2$

(15)　$121s^2-169t^2$

たすきがけの因数分解　レベル B ·········

　因数分解の問題で，公式にあてはめることが難しいものは，以下に紹介する
『たすきがけ』の方法で解きます。

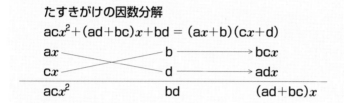

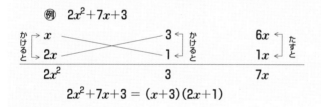

$$2x^2+7x+3 = (x+3)(2x+1)$$

〈問題 1-3〉レベル B

次の式を因数分解せよ。

(1)　$2x^2+5x+2$

(2)　$4x^2-16x+15$

(3)　$4x^2-x-5$

(4)　$6x^2+5xy-6y^2$

(5)　$2x^2-23xy+56y^2$

第2章 単位の換算

解答は P. 104〜

　看護・医療系学校の教養試験で計算の次によく出題されるのが，単位の換算です。長さや面積・体積の単位換算は小学校で学習するものですが，日常あまり使うことがない単位もあり，多くの人が苦手としている単元です。

　看護・医療系学校の入学後は，圧力や濃度など，さらになじみのない単位に出くわすことになります。そのためにも，基本的な単位計算はいまから慣れておく必要があります。

重さの単位

1 t（トン） = 1000 kg　　t を kg にするには 1000 をかける

1 kg = 1000 g　　kg を g にするには 1000 をかける

1 g = 1000 mg（ミリグラム）　　g を mg にするには 1000 をかける

1 kg = 0.001 t　　kg を t にするには 1000 で割る（0.001 をかける）

1 g = 0.001 kg　　g を kg にするには 1000 で割る（0.001 をかける）

1 mg = 0.001 g　　mg を g にするには 1000 で割る（0.001 をかける）

〈問題 2-1〉

次の（　）にあてはまる数を答えよ。

(1)　2 t = （　　　　）kg

(2)　0.5 t = （　　　　）kg

(3)　3 kg = （　　　　）g

(4)　20 kg = （　　　　）g

(5)　0.3 kg = （　　　　）g

(6)　4 g = （　　　　）mg

$$\text{t} \underset{\div 1000}{\overset{\times 1000}{\rightleftarrows}} \text{kg} \underset{\div 1000}{\overset{\times 1000}{\rightleftarrows}} \text{g} \underset{\div 1000}{\overset{\times 1000}{\rightleftarrows}} \text{mg}$$

(7) $1.2\,\text{g} = ($ $)\,\text{mg}$

(8) $0.02\,\text{g} = ($ $)\,\text{mg}$

(9) $200\,\text{kg} = ($ $)\,\text{t}$

(10) $130\,\text{kg} = ($ $)\,\text{t}$

(11) $1700\,\text{kg} = ($ $)\,\text{t}$

(12) $2000\,\text{g} = ($ $)\,\text{kg}$

(13) $1200\,\text{g} = ($ $)\,\text{kg}$

(14) $850\,\text{g} = ($ $)\,\text{kg}$

(15) $3500\,\text{mg} = ($ $)\,\text{g}$

(16) $600\,\text{mg} = ($ $)\,\text{g}$

(17) $7\,\text{mg} = ($ $)\,\text{g}$

(18) $0.01\,\text{t} = ($ $)\,\text{g}$

(19) $0.3\,\text{kg} = ($ $)\,\text{mg}$

(20) $250000\,\text{mg} = ($ $)\,\text{kg}$

長さの単位

1 km = 1000 m	km を m にするには 1000 をかける
1 m = 100 cm	m を cm にするには 100 をかける
1 cm = 10 mm	cm を mm にするには 10 をかける

1 m = 0.001 km	m を km にするには 1000 で割る（0.001 をかける）
1 cm = 0.01 m	cm を m にするには 100 で割る（0.01 をかける）
1 mm = 0.1 cm	mm を cm にするには 10 で割る（0.1 をかける）

〈問題 2-2〉

次の(　)にあてはまる数を答えよ。

(1) $2\,\text{km} = ($ $)\,\text{m}$

(2) $15\,\text{km} = ($ $)\,\text{m}$

(3) $0.3\,\text{km} = ($ $)\,\text{m}$

(4) $2\,\text{m} = ($ $)\,\text{cm}$

(5) $13\,\text{m} = ($ $)\,\text{cm}$

(6) $0.4\,\text{m} = ($ $)\,\text{cm}$

$$\text{km} \underset{\div 1000}{\overset{\times 1000}{\rightleftarrows}} \text{m} \underset{\div 100}{\overset{\times 100}{\rightleftarrows}} \text{cm} \underset{\div 10}{\overset{\times 10}{\rightleftarrows}} \text{mm}$$

(7) 5 cm = (   )mm

(8) 0.7 cm = (   )mm

(9) 3.2 cm = (   )mm

(10) 3000 m = (   )km

(11) 1700 m = (   )km

(12) 630 m = (   )km

(13) 300 cm = (   )m

(14) 850 cm = (   )m

(15) 35 cm = (   )m

(16) 60 mm = (   )cm

(17) 7 mm = (   )cm

(18) 0.015 m = (   )cm = (   )mm

(19) 125000 mm = (   )cm = (   )m = (   )km

(20) 250000 cm = (   )km

面積の単位

以下に正方形の面積の単位を示してゆきます。皆さんがなじみのある，cm^2（平方センチメートル）や m^2（平方メートル）だけでなく，a（アール）や ha（ヘクタール）という単位についても換算ができるようにしてください。

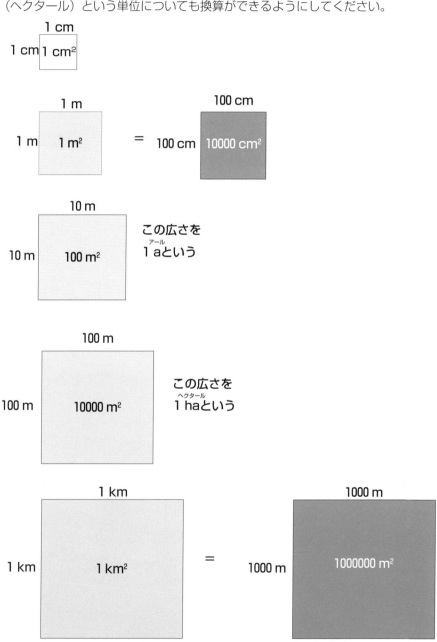

$$1\,km^2 = 100\,ha \qquad km^2\,をhaにするには100をかける$$
$$1\,ha = 100\,a \qquad haをaにするには100をかける$$
$$1\,a = 100\,m^2 \qquad aをm^2にするには100をかける$$
$$1\,km^2 = 1000000\,m^2 \qquad km^2\,をm^2にするには1000000をかける$$
$$1\,m^2 = 10000\,cm^2 \qquad m^2\,をcm^2にするには10000をかける$$

〈問題 2-3〉

次の(　)にあてはまる数を答えよ。

(1)　$5\,km^2 = ($　　　　$)ha$

(2)　$0.35\,km^2 = ($　　　　$)ha$

(3)　$3\,ha = ($　　　　$)a$

(4)　$12.5\,ha = ($　　　　$)a$

$$km^2 \underset{\div 100}{\overset{\times 100}{\rightleftarrows}} ha \underset{\div 100}{\overset{\times 100}{\rightleftarrows}} a \underset{\div 100}{\overset{\times 100}{\rightleftarrows}} m^2 \underset{\div 10000}{\overset{\times 10000}{\rightleftarrows}} cm^2$$

(5)　$7\,a = ($　　　　$)m^2$

(6)　$1.2\,a = ($　　　　$)m^2$

(7)　$8\,m^2 = ($　　　　$)cm^2$

(8)　$0.04\,m^2 = ($　　　　$)cm^2$

(9)　$3\,km^2 = ($　　　　$)m^2$

(10)　$0.02\,km^2 = ($　　　　$)m^2$

(11)　$5\,ha = ($　　　　$)m^2$

(12)　$0.45\,ha = ($　　　　$)m^2$

(13)　$2\,a = ($　　　　$)m^2$

(14)　$0.35\,a = ($　　　　$)m^2$

(15)　$600\,ha = ($　　　　$)km^2$

(16)　$58\,ha = ($　　　　$)km^2$

(17)　$26000\,a = ($　　　　$)km^2$

(18)　$5100\,a = ($　　　　$)km^2$

(19)　$3200\,a = ($　　　　$)ha$

(20)　$6000000\,m^2 = ($　　　　$)km^2$

(21)　$70000\,m^2 = ($　　　　$)km^2$

(22)　$550000\,m^2 = ($　　　$)a = ($　　　　$)ha$

(23)　$3500\,m^2 = ($　　　$)a = ($　　　　$)ha$

(24)　$80000\,cm^2 = ($　　　　$)m^2$

(25)　$4200\,cm^2 = ($　　　　$)m^2$

体積・容積の単位

　体積・容積を表す単位には，cm^3（立方センチメートル）や m^3（立方メートル）のほか，dL（デシリットル）や L（リットル）がよく使われます。下の図のように一辺が 1 cm の立方体（さいころ）の体積が $1\ cm^3$ ですが，これが 100 個集まったものが 1 dL，1000 個集まったものが 1 L です。

※リットルを'ℓ'あるいは'l'と表す場合もあります。

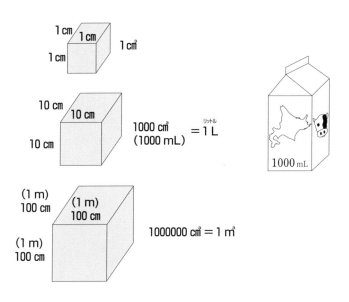

$1\ m^3 = 1\ kL = 1000\ L$　　m^3や kL を L にするには 1000 をかける

$1\ L = 1000\ cm^3$　　　　　L を cm^3にするには 1000 をかける

$1\ m^3 = 1000000\ cm^3$　　m^3を cm^3にするには 1000000 をかける

$1\ cm^3 = 1\ mL = 1\ cc$　　cm^3と mL と cc は同じ

〈問題 2-4〉

次の( )にあてはまる数を答えよ。

(1) $2\,\mathrm{m}^3$ = ( )L

(2) $0.12\,\mathrm{m}^3$ = ( )kL = ( )L

(3) $3\,\mathrm{L}$ = ( )cm^3 = ( )mL = ( )cc

(4) $0.8\,\mathrm{L}$ = ( )cm^3 = ( )mL = ( )cc

(5) $0.023\,\mathrm{m}^3$ = ( )cm^3 = ( )mL = ( )cc

(6) $12000\,\mathrm{L}$ = ( )m^3

(7) $4500\,\mathrm{L}$ = ( )m^3

(8) $300\,\mathrm{L}$ = ( )m^3

(9) $3500\,\mathrm{mL}$ = ( )cm^3 = ( )L

(10) $435000\,\mathrm{cm}^3$ = ( )L = ( )m^3

$$\begin{array}{c}\mathrm{m}^3\\\mathrm{kL}\end{array}\underset{\div\,1000}{\overset{\times\,1000}{\rightleftarrows}}\mathrm{L}\underset{\div\,1000}{\overset{\times\,1000}{\rightleftarrows}}\begin{array}{c}\mathrm{cm}^3\\\mathrm{mL}\\\mathrm{cc}\end{array}$$

1 L = 10 dL	L を dL にするには 10 をかける
1 dL = 100 mL	dL を mL にするには 100 をかける
1 L = 1000 mL	L を mL にするには 1000 をかける

〈問題 2-5〉

次の( )にあてはまる数を答えよ。

(1) $3\,\mathrm{L}$ = ( )dL

(2) $0.16\,\mathrm{L}$ = ( )dL

(3) $10\,\mathrm{dL}$ = ( )mL

(4) $0.125\,\mathrm{dL}$ = ( )cc

(5) $1.53\,\mathrm{L}$ = ( )mL

(6) $0.027\,\mathrm{L}$ = ( )cm^3

(7) $70\,\mathrm{dL}$ = ( )L

(8) $75\,\mathrm{mL}$ = ( )dL

(9) $300\,\mathrm{cc}$ = ( )dL = ( )L

(10) $1210\,\mathrm{cc}$ = ( )L

$$\mathrm{L}\underset{\div\,10}{\overset{\times\,10}{\rightleftarrows}}\mathrm{dL}\underset{\div\,100}{\overset{\times\,100}{\rightleftarrows}}\begin{array}{c}\mathrm{cm}^3\\\mathrm{mL}\\\mathrm{cc}\end{array}$$

水の重さ‥‥‥‥‥‥‥‥‥‥‥‥‥‥‥‥‥‥

　水温 4 ℃ のとき，水 1 cm^{3}の重さは 1 g です。このことから，水の体積から重さを知ることができます。

水の体積	1 mL (1 cm^3)	1 dL (100 cm^3)	1 L (1000 cm^3)	1 m^3 (1000000 cm^3)
重さ	1 g	100 g	1 kg	1 t

〈問題 2-6〉

次の数量を（　）内に指定された単位で答えよ。

⑴　0.2 kg の箱に 40 g のお菓子を 30 個つめたときの全体の重さ(kg)

⑵　縦 50 cm・横 90 cm の花だんの面積(m^2)

⑶　0.9 ha の土地を 10 等分した面積(a)

⑷　1.5 L のペットボトルのジュースを 150 cc ずつ 6 人が飲んだ時の残り(L)

⑸　水が 3 m^3 入っている水槽から，1 分間に 30 L の割合で 1 時間続けて水を抜いた時の水の残り(m^3)

第 3 章

方程式に関する問題

解答は P. 110〜

> 方程式の問題は，解を求める問題だけでなく，金額・速さ・年齢に関する文章題もあわせてよく出題されます。
> 文章題はつるかめ算のような小学校の算数の応用で解くよりも，方程式で解いたほうが間違いが少なく確実に解答できます。

方程式の計算

方程式の計算問題といっても一次方程式や連立方程式だけでなく，中学 3 年以降に習う二次方程式の問題も出題されています。方程式の文章題を解く基本となりますので，二次方程式までしっかりと解いておきましょう。

一次方程式・連立方程式の計算………
〈問題 3-1〉
次の方程式を解け。

(1) $x+5 = 12$

(2) $6x = 18$

(3) $0.5x = 14$

(4) $\dfrac{2}{5}x = 20$

(5) $3x-3 = x-15$

(6) $3(x-5) = -(x-1)$

(7) $0.2x-0.28 = -1-0.16x$

(8) $0.5(0.3x-0.8) = 0.18x-0.13$

(9) $15 : x = 3 : 7$

(10) $\dfrac{1}{2} : \dfrac{1}{3} = 2x : 4$

(11) $x+\dfrac{1}{2} = -\dfrac{1}{3}$

(12)　$-\dfrac{2x-1}{12}+\dfrac{x}{8}-1=\dfrac{x+2}{6}$

(13)　$\begin{cases} 3x+2y=20 \\ x+y=9 \end{cases}$

(14)　$\begin{cases} 3x-2y=1 \\ 5x-3y=2 \end{cases}$

(15)　$\begin{cases} 0.3x-0.5y=-2.1 \\ \dfrac{1}{3}x+\dfrac{1}{2}y=\dfrac{5}{6} \end{cases}$

(16)　$x+y=2x-y=3x-4y+2$

二次方程式の計算····················

　二次方程式の計算のもっとも簡単なものは，$x^2=\mathrm{A}$ の形から $x=\pm\sqrt{\mathrm{A}}$ として解を求めます。

㋑　$x^2=10$　　　　　　　　← x は 10 の平方根

　　$x=\pm\sqrt{10}$　答

　二次方程式の多くは，因数分解を使った方法で計算します。

㋑　$x^2+5x+6=0$

　　$(x+2)(x+3)=0$　　　　　←因数分解する

　$x+2=0$ または $x+3=0$

　$x=-2,\ x=-3$　答

　因数分解が難しい場合は，解の公式にあてはめて計算します。

解の公式·································

> **二次方程式 $\mathrm{a}x^2+\mathrm{b}x+\mathrm{c}=0$　の解は**
>
> $$x=\frac{-\mathrm{b}\pm\sqrt{\mathrm{b}^2-4\mathrm{ac}}}{2\mathrm{a}}$$

例 $x^2+4x-3=0$　　　　　←因数分解できない

$$x = \frac{-4 \pm \sqrt{4^2 - 4 \times 1 \times (-3)}}{2}$$　←解の公式に a = 1, b = 4, c = −3 を代入

$$= \frac{-4 \pm \sqrt{28}}{2}$$

$$= \frac{-4 \pm 2\sqrt{7}}{2}$$

$$= -2 \pm \sqrt{7}　\boxed{答}$$

〈問題 3-2〉

次の二次方程式を解け。

(1)　$x^2 + 2 = 7$

(2)　$7x^2 = 28$

(3)　$x^2 + 7x + 12 = 0$

(4)　$x^2 - 8x - 48 = 0$

(5)　$x^2 - 21x + 110 = 0$

(6)　$x^2 = -10x - 16$

(7)　$(x-2)(x+2) = 3x$

(8)　$(2x-3)(x+1) = (x+2)^2 - 1$

(9)　$2x^2 - 9x + 5 = 0$（解の公式で）

(10)　$x^2 + 4x - 3 = 0$（解の公式で）

方程式の文章題

　方程式の文章題は，一次方程式をたてて解くものだけでなく，二次方程式や連立方程式で考えるものがあります。特に，速さ・平均・増減・食塩水などは試験によく出題されます。

基本的な一次方程式の文章題……

　求める数を x とおき，関連する数量を x を使って表します。問題の文章の中で等しいものを見つけて等式にします。

　方程式が解ければ，それが問題でたずねられている答えにふさわしいか確認します。

姉は 6300 円，弟は 1800 円所持金があった。姉が弟に何円か渡したところ，姉の所持金が弟のちょうど 2 倍になった。姉は弟に何円渡したか答えなさい。

解説　姉から弟に x 円渡すとすると，姉の所持金は $6300-x$ 円，弟の所持金は $1800+x$ 円となるので，

$$6300-x = (1800+x)\times 2$$
$$x = 900$$

答　900 円

〈問題 3-3〉

姉は 6300 円，弟は 1800 円の貯金があった。姉は毎月ここから 300 円ずつ使い，弟は毎月 200 円ずつ貯金することにした。この場合，二人の貯金の額が等しくなるのは何か月後か。

〈問題 3-4〉

現在父は 33 歳で，3 人の子どもはそれぞれ 1 歳，3 歳，5 歳である。3 人の子どもの年齢の合計が父親と等しくなるのはいまから何年後か。

〈問題 3-5〉

重さの異なる 4 個のおもりがあり，A・B・C・D の順に 180 g ずつ重くなってゆきます。4 個のおもりの合計が 1,200 g のとき，D の重さは何 g であるか。

〈問題 3-6〉

紅茶と牛乳を 5：6 の割合で混ぜてミルクティーを作りたい。牛乳が 210 ml あるとき，紅茶は何 ml 用意すればよいか。

速さに関する問題……………………

　速さに関する問題は，距離（道のり）・速さ（速度）・時間の 3 つの関係をきちんと理解していれば実は難しいものではありません。出題される問題も意外にパターン化されていますので，解法をしっかり身につけておけば得点源になるのではないでしょうか。

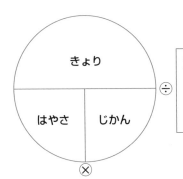

距離（道のり）・速さ（速度）・時間の関係
距離 ＝ 速さ×時間
早さ ＝ 距離÷時間
時間 ＝ 距離÷速さ

㊟ 時速 80 km の自動車が 2 時間かかって進む距離は　80×2 ＝ 160（km）

1.2 km 離れた学校まで秒速 2 m で走ると，かかる時間は

　　1200÷2 ＝600（秒） ＝ 10（分）

秒速 15 m で走る電車が 450 m 進むのにかかる時間は

　　450÷15 ＝ 30（秒）

例題

自宅から 600 m 離れた駅まで，初めは分速 60 m で歩き，途中から分速 100 m で走ったら 8 分で到着した。歩いた時間は何分か。

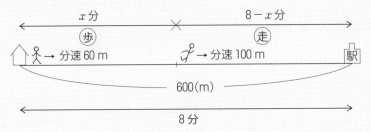

解説

歩いた時間を x 分とすると，走った時間は $8-x$ 分となるので，距離の式を作ると

　　$60x+100(8-x) ＝ 600$

これを解いて，

　　$x ＝ 5$　　答　5分

※**歩いた時間を x 分，走った時間を y 分として連立方程式**

$$\begin{cases} x+y ＝ 8 \\ 60x+100y ＝ 600 \end{cases}$$

を立てて解くこともできます。

〈問題 3-7〉

1200 m 離れた友人宅へ行くのに，初めは分速 150 m で走り，途中から分速 60 m で歩いたら 11 分で到着した。歩いた距離は何 km か。

〈問題 3-8〉

195 km 離れた実家に自家用車で帰省するのに，まず一般道路を 20 分走り，そのあと高速道路をしばらく走り，また一般道路を 10 分走って到着した。一般道路は時速 30 km，高速道路は時速 80 km で走ったとすると，高速道路は何時間走ったことになるか答えよ。

考え方 20 分＝ $\dfrac{20}{60}$ 時間

〈問題 3-9〉

A・B の両地点を往復するのに，行きは時速 6 km，帰りは時速 4 km の速さで歩いたので，往復に 4 時間 10 分かかった。A・B 間の距離はいくらか。

〈問題 3-10〉

周囲が 1350 m ある池の周りの遊歩道を，A さんと B さんが反対方向に歩き始めた。A さんは分速 60 m，B さんは分速 90 m で歩くとき，二人は何分後に出会うか答えよ。

連立方程式の文章問題…………

　多くの文章題は一次方程式で解けますが，中には連立方程式を立てないと解けないものがあります。次の例題はその典型ですが，連立方程式で解く問題は文章を読むとその中に二つの条件が述べられていることがわかります。

例題

ある店では缶コーヒー 20 本とコーラ 10 本で 3900 円，缶コーヒー 10 本とコーラ 20 本で 4200 円だった。缶コーヒー 1 本，コーラ 1 本の値段はそれぞれいくらか。

解説

缶コーヒー 1 本 x 円，コーラ 1 本 y 円とすると

$$\begin{cases} 20x + 10y = 3900 \\ 10x + 20y = 4200 \end{cases}$$

これを解いて，

$$\begin{cases} x = 120 \\ y = 150 \end{cases}$$

答 缶コーヒー 1 本 120 円 コーラ 1 本 150 円

〈問題 3-11〉

兄と弟の年齢の和は 32 歳である。10 年前は兄の年齢は弟の年齢の 3 倍であったという。現在兄は何歳か答えなさい。

〈問題 3-12〉

あるスーパーで，小麦粉 500 g とそば粉 1 kg の代金の合計は 850 円，小麦粉 1.5 kg とそば粉 500 g の代金の合計は 750 円だった。このとき，それぞれ 100 g の値段を求めなさい。

〈問題 3-13〉

図の表のすべての x，すべての y にはそれぞれ同じ数が入る。また，縦，横どの列も数の合計は同じである。x，y に入る数を答えなさい。

x	x	y
6	x	5
5	y	3

二元一次方程式の文章問題　レベル B ……………………………

　x と y を使った方程式を立てて解く問題であるにもかかわらず，方程式が一つしか作れず，連立方程式の形にならない場合があります。この場合は，下の例題のように

・x と y の方程式（二元一次方程式）一つ

・x，y の満たす条件

からこれを満たす x と y の値を探してゆくことになります。

例題

$3x + 5y = 25$ をみたす自然数 x と y の値を求めよ。

解説

$3x + 5y = 25$ より　$y = \dfrac{25 - 3x}{5}$

x，y は自然数より x と y の関係を調べてゆくと，

x	1	2	3	4	5	6	7	8	9	…
y	$\dfrac{22}{5}$	$\dfrac{19}{5}$	$\dfrac{16}{5}$	$\dfrac{13}{5}$	2	$\dfrac{7}{5}$	$\dfrac{4}{5}$	$\dfrac{1}{5}$	$-\dfrac{2}{5}$	…
	×	×	×	×		×	×	×	×	

となる。

このうち，$3x + 5y = 25$ を満たす x と y が自然数となっているのは，

$x = 5$，$y = 2$ のときのみ。

答 $x = 5$，$y = 2$

〈問題 3-14〉　レベル B

52 円の切手と 82 円の切手を何枚かずつ使って 730 円になるようにするには，それぞれ何枚ずつ使えばよいか。

〈問題 3-15〉　レベル B

次の図のように，弁当店で買いものをしたときのレシートを汚してしまい，3 種類の商品をそれぞれ何個ずつ買ったかがわからなくなってしまった。ただし 3 つの商品のうち，高菜弁当の個数が一番少なかったことだけは覚えている。このとき，次の問いに答えよ。

うますぎ！弁当

学校前店

領収証書
毎度ありがとうございます

2 月 26 日 12:15
担当：馬杉

特選幕の内弁当 税込¥810 × 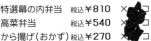 コ
高菜弁当 税込¥540 × コ
から揚げ（おかず）税込¥270 × コ

計 10 コ

合計税込 ¥5.670

現金 ¥6.000

おつり ¥330

上記正に領収いたしました

(1) 特選幕の内弁当の個数を x，高菜弁当の個数を y とするとき，から揚げ（おかず）の個数を x と y を使って表せ。

(2) (1)の結果を用いて金額と個数の関係の式を作ると，
$$810 \times x + 540 \times y + 270 \times \boxed{} = \boxed{}$$
になった。
アとイにあてはまる数または式を答えよ。

(3) (2)の式を整理して簡単にすることにより，特選幕の内弁当，高菜弁当，から揚げ（おかず）をそれぞれ何個ずつ買ったかを調べよ。

第4章 割合に関する問題

割合に関する問題は，数量計算のほか，金額や人口の増減を扱う問題がメインとなっています。百分率（％）や歩合（割・分・厘）を理解して，割引・割増の計算ができるようにしておかなければなりません。

割合の表し方

まずは，割合を分数であらわすことから始めましょう。

百分率と歩合

・百分率…%(パーセント)を使って表した割合。

$$1\% = \frac{1}{100}$$

⑩ 100 円の 15 ％は $100 \times \frac{15}{100} = 15$(円)

・歩合…割・分・厘などを使って表した割合。

$$1 割 = \frac{1}{10} = 10\%,\ 1 分 = \frac{1}{100} = 1\%,\ 1 厘 = \frac{1}{1000} = 0.1\%$$

⑩ **1500 円の 2 割は** $1500 \times \frac{2}{10} = 300$(円)

〈問題 4-1〉
次の割合を分数を使って表せ。

(1) 37 ％

(2) 6 割

(3) 7 割 5 分

(4) 170 ％

76

割引・割増･･･････････････････････

・**割引 (%)**

　ある品物の値段を x %引にすると，その金額はもとの値段の（100 − x）%になるので，『割引後の金額はもとの金額の $\dfrac{100-x}{100}$ 倍』となることから，

$$x\text{％引の金額} = \text{もとの金額} \times \left(\frac{100-x}{100}\right)$$

を計算すればよいことになります。

たとえば 200 円の 30 ％引は，『200 円の 70 ％』になることですから

$200 \times \dfrac{70}{100} = 140$ （円）　となります。

・**割増 (%)**

　ある品物の値段を x %増にすると，その金額はもとの値段の（100 + x）%になるので，

$$x\text{％増の金額} = \text{もとの金額} \times \left(\frac{100+x}{100}\right)$$

で計算できます。

たとえば，500 円の 20 ％増は，『500 円の 120 ％』になることですから

$500 \times \dfrac{120}{100} = 600$ （円）　となります。

〈問題 4-2〉

次の金額はいくらか。

(1)　1000 円の 19 ％

(2)　1500 円の 6 ％引

(3)　x 円の 20 ％増

(4)　a 円の 2 割引

割合に関する文章題

　割合に関する文章題でよくみかけるのが利益の問題です。

利益……………………………………

物の値段には 3 種類あります。それは原価・定価・売価です。

原価…商店がその品物を仕入れた値段（仕入れ値）

定価…一定の利益（もうけ）を見込んで，原価に利益分を上乗せして決めた値段

売価…実際に商店がお客さんに売った値段

たとえば，

・花屋さんが 1 本 100 円でバラの花を仕入れてきました。

・このバラ 1 本につき 30 円のもうけが出るようにしたいと考え，130 円でお店に並べました。

しかし，

・このバラを今日中に売り切らなければいけなかったので，10 円引きの 120 円で販売しました。

この場合，最初に期待した（見込んだ）利益は 30 円でしたが，実際に得た利益は，

120 － 100 ＝ 20（円）

となりました。このことから，

実際の利益 ＝ 売価－原価

であることがわかります。

例題

次の問いにそれぞれ答えよ。

(1) 原価 200 円の野菜に 40 ％の利益を見込んで定価をつけると，定価はいくらか。

(2) 定価 400 円の品物がある。売れないので 25 ％引きにして販売した。販売価格はいくらか。

(3) 原価 2000 円の品物に 3 割の利益を見込んで定価をつけたが実際にはこれの 2 割引きにして販売した。このとき，利益は何円か。

解説

(1) $200 \times \dfrac{140}{100} = 280$（円）…答

(2) $400 \times \dfrac{75}{100} = 300$（円）…答

(3) 定価は $2000 \times \dfrac{130}{100} = 2600$（円），売価は $2600 \times \dfrac{80}{100} = 2080$（円）

  実際の利益 ＝ 売価－原価　で計算できるので，利益は 80（円）…答

〈問題 4-3〉

次の金額を答えよ。

(1) 原価 300 円の商品に 35 ％の利益を見込んで定価をつけるといくらになるか。

(2) 定価 1800 円の品物がある。売れないので 4 割引にして販売した。販売価格はいくらであったか。

(3) ある商品を原価 12000 円で仕入れ，40 ％高くして定価をつけた。しかし，実際はこれの 25 ％引きにして販売した。このとき，利益は何円になったか。

増減……………………………………

　増減に関する問題は昨年・今年あるいは先月・今月など，変化するものをまず表に整理します。そして表をもとに連立方程式を立てることで解を求めます。

例題
　あるデパートの物産展の来場者数は昨日は合計 4200 人であった。今日は昨日に比べて男性は 8 ％の増加，女性は 5 ％の減少で，合計 4250 人となった。このとき，次の問いに答えよ。

(1) 昨日の男性の来場者数を x 人としたときの，今日の男性の来場者数を表せ。

(2) 昨日の女性の来場者数を y 人としたときの，今日の女性の来場者数を表せ。

(3) 連立方程式を作り，昨日の男性・女性の来場者数をそれぞれ求めよ。

解説

(1) 今日の男性の来場者数は $x \times \dfrac{108}{100} = \dfrac{27}{25}x$（人）…答

	男性	女性	合計
昨日	x 人	y 人	4200 人
今日	$\dfrac{27}{25}x$ 人（8 ％増）	$\dfrac{19}{20}y$ 人（5 ％減）	4250 人

(2) 今日の女性の来場者数は $y \times \dfrac{95}{100} = \dfrac{19}{20}y$（人）…答

(3) 以上より来場者数を表に整理すると

これを連立方程式にして

$$\begin{cases} x+y = 4200 \\ \dfrac{27}{25}x+\dfrac{19}{20}y = 4250 \end{cases}$$ これを解いて $\begin{cases} x = 2000 \\ y = 2200 \end{cases}$

よって昨日の来場者数は 男子 2000（人）女子 2200（人）…答

〈問題 4-4〉
あるコンサートの観客動員数は，二日目は初日より 22％多く，初日と二日目の合計は 14985 人であった。このとき，初日の観客動員数を答えよ。

〈問題 4-5〉
ある会社の社員数は昨年は男女合わせて 500 人だった。今年は男子が 10％減って女子が 20％増えたので全体で 13 人増加した。今年の男子社員は何名か。

〈問題 4-6〉
ある飲料メーカーの自販機向け商品の 6 月の売上金額は，5 月に比べて紅茶は 40％の減少，炭酸飲料は 20％の増加で，2 つの合計金額は 5％の増加となり，1470 億円であった。このとき，6 月の紅茶と炭酸飲料の売上金額はそれぞれ何億円であったか。

第5章

食塩水の問題

解答は P. 122〜

　単元名を聞いただけで，即座に「苦手です。」という答が返ってくる確率の高いものの一つに，食塩水の問題があります。実際，受験生のみなさんの多くが濃度の意味や計算方法，割合の扱い方などをしっかりと理解する機会がなく，その結果「苦手」で「後回し」にしてしまう単元となってしまっているようです。

　しかし逆に考えると，基本を理解して解き方のコツさえつかんでしまえば，意外にたやすく周囲の受験生に差をつけることができるのではないでしょうか。

食塩水の基本

　まずは，食塩水の基本からです。

食塩水の濃度

　食塩水の濃度（濃さ）とは，『食塩水全体の中に食塩がどれだけの割合で溶けているか』を表すもので，%を使って表します。

$$食塩水の濃度（\%）= \frac{食塩の量（g）}{食塩水全体の量（g）} \times 100$$

　たとえば，180 g の水に 20 g の食塩を溶かして作った食塩水の濃度は，

$$\frac{20}{180+20} \times 100 = 10（\%）　となります。$$

〈問題 5-1〉

次の問いに答えよ。

⑴　300 g の食塩水の中に 60 g の食塩が含まれているとき，この濃度は何%か。

⑵　90 g の水に食塩 10 g を溶かした食塩水の濃度は何%か。

食塩の量‥‥‥‥‥‥‥‥‥‥‥‥‥‥‥‥‥‥

食塩水の中に溶けている食塩の量（g）は，次の式で計算できます。

$$食塩の量（g）＝食塩水全体の量（g）\times \frac{食塩水の濃度（\%）}{100}$$

たとえば，濃度 5 ％の食塩水 300 g の中に溶けている食塩の量を求めるとき，

$300 \times \dfrac{5}{100} = 15$ （g）　となります。

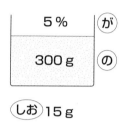

これは，

300g の 5% が しおの量　ですから，

の を×（かけ算），が を＝（イコール）におきかえてみると覚えやすいかもしれません。

〈問題 5-2〉
次の問いに答えよ。
(1)　7 ％の食塩水 300 g の中に食塩は何 g 含まれているか。
(2)　10 ％の食塩水 x g に含まれる食塩は何 g か。

よく出る食塩水の問題

濃度や食塩の量の次は，いよいよ食塩水を混ぜる問題です。

一見難しそうですが，溶けている食塩の量さえ間違えずにしっかり方程式を作れば，あとはこれを解いてゆくだけです。

例題

10 ％の食塩水 200 g に 5 ％の食塩水を混ぜて 7 ％の食塩水をつくりたい。5 ％の食塩水は何 g 混ぜればよいか。

考え方

求める 5 ％の食塩水の量を x g とし，それぞれの食塩水に含まれている食塩の量を計算します。それぞれ，

200 g の 10 ％ が しおの量

x g の 5 ％ が しおの量

$(200 + x)$ g の 7 ％ が しおの量

です。

10 ％の食塩水，5 ％の食塩水，7 ％の食塩水の中にそれぞれ含まれる食塩の量の関係より方程式をつくります。

しお　$200 \times \dfrac{10}{100}$ g　　$x \times \dfrac{5}{100}$ g　　$(200 + x) \times \dfrac{7}{100}$ g

解説

5 ％の食塩水の量を x g とする。

$$200 \times \frac{10}{100} + x \times \frac{5}{100} = (200 + x) \times \frac{7}{100}$$

$$x = 300$$

答　300 g

〈問題 5-3〉

次の問いに答えよ。

(1)　6 ％の食塩水 100 g に 20 ％の食塩水をいくらか混ぜて 12 ％にするには，20 ％の食塩水を何 g 混ぜればよいか。

(2)　8 ％の食塩水 900 g に食塩を混ぜて 10 ％の食塩水を作るには，食塩を何 g 用意すればよいか。

(3)　12 ％の食塩水 180 g を水で薄めて 10 ％の食塩水を作りたい。そのためには水は何 g 必要か。

(4)　14 ％の食塩水と 10 ％の食塩水を混ぜて 12 ％の食塩水 200 g を作りたい。そのためには 14 ％の食塩水と 10 ％の食塩水はそれぞれ g ずつ必要か。

　確率や場合の数の問題も SPI 試験や一般教養試験ではよく見かけるものです。「答えは出るが，なんとなく不正解」という受験生は意外に多いです。

　計算でできるものは計算で，そうでないものは図や表を描いてもれなくきっちり数え上げることになります。

場合の数

　あることがらについて，起こりえるすべての場合が何通りかを表したものが場合の数です。

樹形図⋯⋯⋯⋯⋯⋯⋯⋯⋯⋯⋯

　起こりえるすべてをもれなく，しかも重複することなく調べる方法に樹形図があります。

　たとえば，3 個の文字 a, b, c を一列に並べるとき，その並べ方を樹形図を描いて調べると

$$a \begin{cases} b - c \\ c - b \end{cases} \quad b \begin{cases} a - c \\ c - a \end{cases} \quad c \begin{cases} b - a \\ a - b \end{cases} \quad \text{の 6 (通り) となります。}$$

〈問題 6-1〉
10 円切手 4 枚，50 円切手 1 枚，100 円切手 2 枚があるとき，これらのうち 1 枚以上を使って支払える郵便料金は何通りあるか。

〈問題 6-2〉
10 円，50 円，100 円の硬貨を使ってちょうど 200 円にする方法は何通りあるか。ただし，各硬貨は何枚使ってもよいし，使わないものがあってもよい。

積の法則·······························

　AとBの二つのことがらがあって，Aの起こり方がa通りで，そのそれぞれに対してBの起こり方がb通りのとき，AもBが起こる場合の数はa×b（通り）です。

　たとえば，P市からQ市へ行くバスが4路線，Q市からR市へ行くバスが3路線あるとき，P市からQ市を通ってR市へ行く方法は，

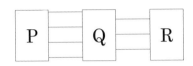

　P → Qの4通りの行き方それぞれに対して，Q → Rの行き方が3通りあるので，積の法則より P → Q → R　の順に進む場合の数は　4×3 = 12（通り）となります。

順列　レベルB ·······················

　異なるn個のものからr個を取り出してそれを一列に並べる方法のことを，n個のものからr個を取り出した順列といいます。

　順列の総数が何通りあるかを調べるには樹形図をつかって数え上げるのが一般的ですが，

　以下のように計算で解く方法も高校で学びます。

　順列の総数を${}_n\mathrm{P}_r$と表すと，

$$\,_n\mathrm{P}_r = n\times(n-1)\times(n-2)\times\cdots\times(n-r+1)$$

で計算できます。

㋭　　${}_4\mathrm{P}_3 = 4\times3\times2 = 24$

　　　${}_7\mathrm{P}_4 = 7\times6\times5\times4 = 840$

　　　${}_{100}\mathrm{P}_1 = 100$

例題

5個の文字 a, b, c, d, e から3文字を取り出して（選んで）一列に並べる方法は
何通りあるか。

解説

$_5P_3 = 5 \times 4 \times 3 = 60$　　答　60通り

〈問題6-3〉

①②③④ の4枚のカードがある。これらを一列に並べてできる4け
たの整数はいくつあるか。

〈問題6-4〉

⓪①②③ の4枚のカードがある。これらを一列に並べてできる3け
たの整数はいくつあるか。

組合せ　レベルB ‥‥‥‥‥‥‥‥‥

異なる n 個のものから r 個を取り出して，それを一組とすることを，n 個のも
のから r 個を取り出した組合せといい，その総数を$_nC_r$で表します。

$$_nC_r = \frac{n \times (n-1) \times (n-2) \times \cdots (n-r+1)}{r \times (r-1) \times (r-2) \times \cdots 3 \times 2 \times 1}$$

※順列と間違いやすいですが，組合せは取り出し方（選び方）のみを考え，並べ
　方は区別しません。

例　$_4C_3 = \frac{4 \times 3 \times 2}{3 \times 2 \times 1} = 4$

$_7C_4 = \frac{7 \times 6 \times 5 \times 4}{4 \times 3 \times 2 \times 1} = 35$

$_{100}C_1 = \frac{100}{1} = 100$

例題

コーヒー，紅茶，緑茶，コーラ，オレンジジュースの計5本から3本を選ぶ方法は
何通りか。

解説

$_5C_3 = \frac{5 \times 4 \times 3}{3 \times 2 \times 1} = 10$　　答　10通り

〈問題 6-5〉

A・B・C・D の 4 チームが総当たりで野球の試合をすると，全部で何試合になるか。

〈問題 6-6〉

正六角形の頂点のうち 3 つを選んで結べば三角形ができる。全部で三角形はいくつできるか。

〈問題 6-7〉

8 人の住民から委員を 3 人選ぶ方法は何通りあるか。

確率

確率の基本……………………………

あることがらが起こりそうな割合が確率です。起こりえるすべての結果が n 通りで，そのうち，あることがら A が起こる場合の数を a 通りとすると，A の起こる確率 p は

$$p = \frac{a}{n}$$ で表せます。

例題

(1) さいころを 1 回投げて，3 以下の目が出る確率はいくらか。

解説

さいころの目の出方の 6 通りのうち，3 以下の目は 1，2，3，の 3 通りであるから

求める確率は $\frac{3}{6} = \frac{1}{2}$ である。　答 $\frac{1}{2}$

(2) A と B の二人がじゃんけんをするとき，あいこになる確率はいくらか。

解説

A	B		A	B		A	B	
	ぐー	○		ぐー			ぐー	
ぐー	ちょき		ちょき	ちょき	○	ぱー	ちょき	
	ぱー			ぱー			ぱー	○

A と B のじゃんけんの出し方 9 通りのうち，あいこになるのは 3 通りであるから，

求める確率は $\frac{3}{9} = \frac{1}{3}$ である。　答 $\frac{1}{3}$

〈問題 6-8〉
次の問いに答えよ。
(1) 1から25までの数字を書いたカードがそれぞれ1枚ずつある。この中から1枚を取り出すとき，5の倍数のカードである確率はいくらか

(2) 赤球3個，白球3個，黒球6個の入った袋から球を1個だけ取り出すとき，それが赤球である確率はいくらか。

(3) ジョーカーを除いたトランプ52枚の中からカードを1枚だけ引くとき，それが❤のカードかあるいはA（エース）のカードである確率はいくらか。

独立な試行‥‥‥‥‥‥‥‥‥‥‥‥‥‥‥‥

　ことがら A が起こる確率を P_A，ことがら B が起こる確率を P_Bとすると，A が起こっても B には影響がないとき，A も B も起こる確率は $P_A \times P_B$ で計算できます。

例題
100円硬貨を二回連続で投げるとき，二回とも表が出る確率はいくらか。
解説
$$\frac{1}{2} \times \frac{1}{2} = \frac{1}{4}$$
答　$\dfrac{1}{4}$

〈問題 6-9〉
100円硬貨を3枚連続で投げたとき，すべて表が出る確率はいくらか。

〈問題 6-10〉
袋の中に白玉4個と黒玉5個が入っている。ここから1個を取り出して色を確認したあと袋に戻し，続けてもう1個取り出すとき，次の問いに答えよ。
(1) 2個とも黒色である確率はいくらか。
(2) 1個は白色でもう1個は黒色である確率はいくらか。

さいころと確率……………………

　大小二つのさいころを投げたときの確率を求める問題は，表にして調べ上げると確実です。

　この方法はさいころだけでなく，袋の中のカードや色のついた玉をとる問題でもつかえます。

例題
二つのさいころ A と B を投げるとき，同じ目が出る確率はいくらか。

解説　二つのさいころを投げたときの目の出方は 36 通りで，同じ目がでるのは表の 6 通り。

さいころA

	1	2	3	4	5	6
1	○					
2		○				
3			○			
4				○		
5					○	
6						○

（さいころB）

よって求める確率は $\dfrac{6}{36} = \dfrac{1}{6}$

答　$\dfrac{1}{6}$

〈問題 6-11〉

二つのさいころ A と B を投げるとき，次の問いに答えよ。

(1) 出る目の和が 6 になる確率

(2) 出る目の積が 12 になる確率

(3) さいころ A の出る目の数が 5 以上で，さいころ B の出る目の数が 3 以下になる確率

〈問題 6-12〉

1 2 3 4 5 のカードが 1 枚ずつある。このとき次の問いに答えよ。

(1) この中から同時に二枚を引くとき，書かれている数の差が 2 以上になる確率はいくらか。

(2) この中から同時に二枚を引くとき，片方のカードの数がもう片方の数で割り切れる確率はいくらか。

左手

	1	2	3	4	5
1					
2					
3					
4					
5					

右手

考え方　上の表を利用するとよい。左右両手で同じカードを引くことはないので斜線を入れる。

第7章 各種文章題 解答は P. 127〜

一般教養試験では，第6章までに扱った計算力や基礎学力が問われる内容のほかに，『思考力』『注意力』『情報の処理能力』を問われるものも出題されます。
設問の形式は四者択一・穴埋め・記述式などさまざまです。

四択問題

四択の問題は，速く解くことはもちろんですが，しっかりと考えて，選択肢に惑わされないように答えを出すことが必要です。

〈問題 7-1〉
次の各問いで，それぞれ正しい答えを一つ選べ。

(1) 今月は，先月より時給が3割高くなったかわりに，労働時間が3割だけ短くなった。その結果，今月の賃金は先月に比べてどうなったか。
　①増加した　　　　②減少した
　③変わりはない　　④元の時給によって変わる

(2) 図の円すいの高さを半分にして，底面の半径を2倍にすると，体積はもとの何倍になったか。

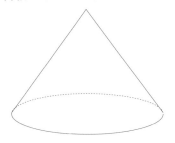

　①変わらない　　②倍になる
　③半分になる　　④4倍になる

(3) 30 km 離れた P・Q 両地点を，行きは時速 3 km，帰りは時速 6 km で
往復するとき，平均の速さはいくらか。
①時速 2 km 　　　　②時速 4 km
③時速 4.5 km 　　　④時速 9 km

(4) 消費税率が 8 ％のとき，税込価格 2700000 円の自動車の代金には消費
税はいくら含まれているか。
① 200000 円　　　　② 216000 円
③ 2500000 円　　　④ 2916000 円

(5) ある品物に 2 割の利益を見込んで定価をつけたが，売れないので定価
の 1 割引きにして販売したら 300 円の利益を得た。この品物の原価はい
くらか。
① 1000 円　　　　　② 3000 円
③ 3750 円　　　　　④ 7000 円

(6) 'doctor'という単語を暗号で表すと，"hsgxsv"となった。では，'nurse'
という単語を暗号化すると，どのように表せばよいか。
①"jqnoa"　　　　　②"qxurh"
③"ryvwi"　　　　　④"rzwxj"

(7) ある人が知人宅を訪ねるため，駅を出てまっすぐな道を歩いていた。
すると信号①があり，これを 90° 右折して少し進むと信号②があり，そ
こでまた 90° 右折した。しばらく進んだあと，今度は信号③で左斜め 45°
に伸びている道に進んだところ，正面から北風が吹いてきた。この人は
駅を降りてすぐどの方向に向かって歩いていたか。
①南西　　　　　　　②北西
③南東　　　　　　　④北東

(8) 街頭で通行人 100 人に『A 温泉，B 温泉に行ったことがあるかどう
か』アンケートをとったところ，A 温泉に行ったことがあると答えた人
は 35 人，B 温泉に行ったことがあると答えた人は 18 人，A・B どちら
にも行ったことがあると答えた人が 10 人だった。
このとき，A・B どちらにも行ったことがないと答えた人は何人だっ
たか。

① 37 人　　　　② 45 人

③ 57 人　　　　④ 67 人

⑼　34 人のクラスで『中学時代は運動部・文化部のどちらに入っていた
か』アンケートをとったところ，運動部に入っていたと答えた人は 18
人，文化部に入っていたと答えた人は 8 人，どちらにも入っていなかっ
たと答えた人が 10 人だった。

　　このとき，運動部・文化部どちらにも入っていたと答えた人は何人
だったか。

① 0 人　　　　② 2 人

③ 24 人　　　　④ 26 人

⑽　ある農産物を A・B 二つの国から輸入していて，今年は A 国からの輸
入量は B 国からの輸入量の 4 倍であった。来年度は，A・B 両国からの
輸入量の合計は今年度と同じに保ちながら，A 国からの輸入量を今年度
の半分に減らしたい。そのためには B 国からの輸入量を来年度は今年度
の何倍にしなければならないか。

① 2 倍　　　　② 2.5 倍

③ 3 倍　　　　④ 5 倍

⑾　ある家庭は A 銀行と B 信用金庫を利用している。両方あわせてもと
もと 660 万円の預金があったが，A 銀行の預金から半分おろしてこれを
すべて B 信用金庫へ預けたところ，B 信用金庫の預金額はもとの 3 倍と
なった。もともと A 銀行にはどれだけの預金があったか答えなさい。

① 132 万円　　　　② 220 万円

③ 330 万円　　　　④ 528 万円

〈問題7-2〉

下のグラフは，あるファストフード店のホットコーヒーとアイスコーヒーの売上を一年間にわたって三ヶ月ごとに集計して示したもので，横軸には集計した期間を，縦軸には期間ごとの一日あたりの平均の売上金額をとってある。このとき，次の各問いで，それぞれ正しいものを一つ選びなさい。

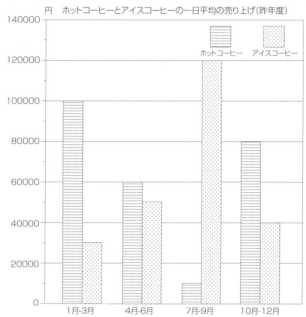

円　ホットコーヒーとアイスコーヒーの一日平均の売り上げ（昨年度）

(1)　一日あたりのホットコーヒーとアイスコーヒーの売上金額の合計が三番目に大きいのはどの期間か。次のうち正しいものを一つ選びなさい。

① 1月-3月　　　　② 4月-6月
③ 7月-9月　　　　④ 10月-12月

(2)　もし，7月-9月の間ホットコーヒーの販売をやめるとしたら，この期間の売上金額の合計は減少はどれだけになるか。次のうち最も近いものを一つ選びなさい。ただし1カ月は30日として計算してよい。

① 10000円　　　　② 30000円
③ 300000円　　　　④ 900000円

(3)　上の(2)の金額は，この店の一年間のホットコーヒーの売上合計の何％を占めているか。

次のうち最も近いものを一つ選びなさい。ただし1カ月は30日として計算してよい。

① 2.04 %　　　　② 4 %
③ 8.33 %　　　　④ 25 %

穴埋めや一般的な形式の問題

〈問題 7-3〉

ある決まりに従って数が並んでいる。それぞれについて，空欄にあてはまる数を答えよ。

(1) -2　5　12　19　□　33

(2) 0　1　3　6　10　□

(3) $\sqrt{2}$　2　$\sqrt{6}$　$2\sqrt{2}$　□　$2\sqrt{3}$

(4) $\dfrac{1}{243}$　$\dfrac{2}{81}$　$\dfrac{1}{9}$　$\dfrac{4}{9}$　□　6

〈問題 7-4〉

次の問いに答えよ。

(1) 10000 秒は何時間何分何秒か。

(2) 2 月 2 日火曜日の 100 日前は何月何日か。

(3) 11 月 20 日の 100 日後は翌年何月何日か。

(4) ある月のカレンダーは，第二週の木曜日と第四週の月曜日の日付を加えると 31 となった。この月の第二週の木曜日の日付は何日か。

(5) 1 ドル = 77 円 かつ 1 ドル = 0.7 ユーロ のとき，2200 円は何ユーロになるか。

(6) 片道 10 km の道のりを，行きは時速 6 km 帰りは時速 4 km で往復すると，平均時速はいくらになるか。

(7) 高さが 245 cm，横幅が 315 cm の壁がある。ここにできるだけ大きな正方形のタイルを貼るとすると全部で何枚必要か。

(8) $x = -11$ のとき，$x^2 + 22x + 121$ の値を求めよ。

(9) $a = \dfrac{1}{2}$，$b = -\dfrac{2}{3}$ のとき，$\dfrac{a+b}{ab}$ の値を求めよ。

(10) $\begin{cases} 9x = 10z \\ 3w = 4z \\ 5w = 3y \end{cases}$ のとき，$y = \boxed{} x$

(11) 98 にできるだけ小さい自然数（正の整数）をかけてある自然数の二乗の数を作りたい。そのためにはどんな自然数をかければよいか。

(12) ある駅から A 市行きと B 町行きのバスが出ている。どちらのバスも始発は午前 6:00 で A 市行きは 12 分ごと，B 町行きは 8 分ごとに出発している。この場合，次に同時に A 市行きのバスと B 町行きのバスが同

時刻に出発するのはいつであるか。

⒀　33 を割っても 47 を割っても 5 余る数をすべて答えよ。

⒁　$23456 \times 23457 - 23456 \times 23456$ を計算せよ。

⒂　$x^2 = y^2 + 12$ を満たす自然数の組 $(x,\ y)$ を求めよ。

　考え方　$x^2 - y^2 = (x+y)(x-y)$ を利用する。

⒃　$\dfrac{26}{111}$ を小数で表したとき，小数第 15 位の数字は何であるか。

⒄　$A \times B$ を 3 で割ったときの余りを $A \blacktriangle B$ と表すとき，

　　$(2 \blacktriangle 4) \blacktriangle (2 \blacktriangle 4)$ を計算せよ。

〈問題 7-5〉

a と b の間の演算で，a ＊ b ＝ (a ＋ 3)(b － 5) とするとき，次の問いに答えよ。

⑴　$5 \ast 5$ の値を求めよ。

⑵　$x \ast x$ の値を x を使って表せ。

⑶　方程式 $3x \ast 5x = 60$ を解け。

〈問題 7-6〉

次の図形で色が塗られている部分の面積を求めよ。ただし円周率は π とする。

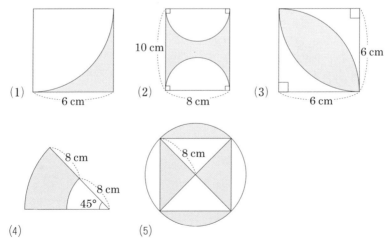

(1)　6 cm

(2)　10 cm　8 cm

(3)　6 cm　6 cm

(4)　8 cm　8 cm　45°

(5)　8 cm

　考え方　円の面積 ＝ 半径 × 半径 × π　　おうぎ形の面積 ＝ 半径 × 半径 × π × $\dfrac{中心角}{360°}$

〈問題 7-7〉
次の図形を直線 ℓ を軸として一回転したときにできる立体の体積を求めよ。
ただし円周率は π とする。

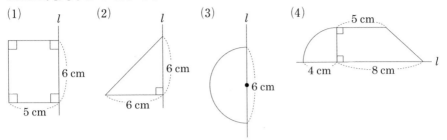

(1)　(2)　(3)　(4)

考え方　柱体の体積 = 底面積 × 高さ　錐体の体積 = 底面積 × 高さ $\times \dfrac{1}{3}$

球の体積 = 半径 × 半径 × 半径 $\times \pi \times \dfrac{4}{3}$　$\left(\dfrac{4\pi r^3}{3}\cdots$身の上に心配ある身$\right)$

〈問題 7-8〉
図のように一辺が 1 cm の正方形のタイルを並べてゆく。このとき，10 番目の図形について，その面積と周囲の長さを求めよ。

1番目　2番目　3番目　4番目

〈問題 7-9〉

1 cm の正方形の紙切れが 100 枚あり，この紙切れを使って四角形を作る。たとえばこの紙切れを 4 枚だけ使うとき，一辺が 2 cm の正方形か，一辺が 1 cm でもう一辺が 4 cm の長方形の計 2 種類の四角形ができる。このとき，次の問いに答えよ。

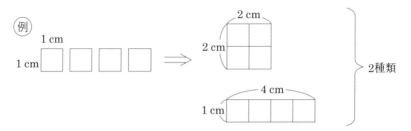

(1) この紙切れを 20 枚だけ使ってできる四角形は何種類か。

(2) この紙切れをある枚数使ったところ，正方形のほかに一辺が 16 cm の長方形ができた。この紙切れを何枚使ったか。

〈問題 7-10〉

ある仕事をするのに職人 A さん一人では 20 日かかり，職人 B さん一人では 30 日かかる。このとき，次の問いに答えよ。

(1) A さんと B さんが一緒に作業すると完成までに何日かかるか。

(2) A さんが 8 日間作業したあと，B さんと交代した。B さんは何日作業すれば完成するか。

考え方 A さんが一日でする仕事は全体の $\frac{1}{20}$ B さんが一日でする仕事は全体の $\frac{1}{30}$

お疲れ様です。
間違えた問題は
くり返し解いて
定着させて
くださいね。

〈数学—解答と解説〉

第1章　計算問題

〈問題 1-1〉

(1)　$\underset{\underset{-24}{\underline{\qquad}}}{-15-9}\underset{\underset{+26}{\underline{\qquad}}}{+14+12}$

　　$=-24+26$

　　$=2$

(2)　$7-\underset{\underset{15}{\underline{\qquad}}}{3\times5}$

　　$=7-15$

　　$=-8$

> **Point　計算の順番**
>
> ×と÷
> 　　は
> ＋と－
> より先に計算しましょう。

(3)　$3\times4-\underset{\underset{+2}{\underline{\qquad}}}{(-2)}$

　　$=\underset{\underset{12}{\underline{\qquad}}}{3\times4}+2$

　　$=12+2$

　　$=14$

> **Point　プラス マイナスのルール**
>
> $\ominus \times \ominus = \oplus$
> $\oplus \times \oplus = \oplus$
> $\oplus \times \ominus = \ominus$
>
> 「わり算」のときも同じ
> ルールです。

(4)　$0.625+\underset{\underset{-0.5}{\underline{\qquad}}}{(-0.25)\times2}-\underset{\underset{0.5}{\underline{\qquad}}}{0.65\times0.25\times2}$

　　$=0.625-0.5-\underset{\underset{-0.325}{\underline{\qquad}}}{0.65\times0.5}$

　　$=0.625-0.5-0.325$

　　$=-0.2$

(5)　$182+\underset{\underset{342}{\underline{\qquad}}}{18\times19}+202+\underset{\underset{462}{\underline{\qquad}}}{21\times22}+222$

　　$=182+342+202+462+222$

　　$=1410$

(6)　$0.16\times\underset{\underset{10\times5}{\underline{\qquad}}}{50}$

　　$=0.16\times10\times5$

　　$=1.6\times5$

　　$=8$

(7)　$6\div\dfrac{2}{3}$

　　$=6\times\dfrac{3}{2}$

　　$=\dfrac{6}{1}\times\dfrac{3}{2}$

　　$=\dfrac{18}{2}$

　　$=9$

Point 分数の÷は×に！

÷ を × に直すとき

÷ の後ろがひっくり返ります。

例) $2 \div \dfrac{2}{3}$

$= 2 \times \dfrac{3}{2}$

$= 3$

(8) $\dfrac{5}{6} \times \dfrac{2}{3} + \dfrac{2}{9}$

$= \dfrac{5}{9} + \dfrac{2}{9}$

$= \dfrac{7}{9}$

(9) $\dfrac{7}{12} \div \left(\dfrac{5}{9} - \dfrac{2}{3}\right) \times \dfrac{4}{21}$

$= \dfrac{7}{12} \div \left(\dfrac{5}{9} - \dfrac{6}{9}\right) \times \dfrac{4}{21}$

$= \dfrac{7}{12} \div \left(-\dfrac{1}{9}\right) \times \dfrac{4}{21}$

$= \dfrac{7}{12} \times \left(-\dfrac{9}{1}\right) \times \dfrac{4}{21}$

$= -1$

Point カッコ（ ）

（ ）の中は一番初め

に計算しましょう。

(10) $\left(-\dfrac{5}{9}\right) + \left(-\dfrac{1}{6}\right) - \left(-\dfrac{2}{3}\right) + \left(-\dfrac{1}{2}\right)$

$= -\dfrac{5}{9} - \dfrac{1}{6} + \dfrac{2}{3} - \dfrac{1}{2}$

$= -\dfrac{10}{18} - \dfrac{3}{18} + \dfrac{12}{18} - \dfrac{9}{18}$

$= -\dfrac{5}{9}$

Point カッコを外す

$+(+1) = +1$

$-(-1) = +1$

$+(-1) = -1$

$-(+1) = -1$

(11) $8 - \underbrace{(-1)^3}_{-1} \times \underbrace{(-2)^3}_{-8} \div (-4)$

$= 8 - (-2)$

$= 8 + 2$

$= 10$

Point カッコの2乗・3乗

○ 「カッコの外」型

$(-1)^2 = 1$

$(-1)^3 = -1$

○ 「カッコの中」型

$(-1^2) = -1$

$(-1^3) = -1$

この2パターンだけは覚えましょう。

(12) $\dfrac{3a-5b}{4} - \dfrac{2a-4b}{3}$ ⎫ 通分

$= \dfrac{9a-15b}{12} - \dfrac{8a-16b}{12}$

$= \dfrac{9a-15b-8a+16b}{12}$

$= \dfrac{a+b}{12}$

Point 分数の前の－は＋に

$\dfrac{a+b}{2} - \dfrac{3a-b}{2}$

$\downarrow$ 　　　　後ろを全て ±逆にします

$= \dfrac{a+b}{2} + \dfrac{-3a+b}{2}$

(13) $2(4x+y) - 3(x-2y)$

$= 8x+2y-3x+6y$

$= 5x+8y$

Point 分配法則

$a(b+c) = ab+ac$

(14) $\underset{18x^3y^2}{\underline{18xy \times x^2y}} \div \underset{9x^2}{\underline{(-3x)^2}}$

$= 18x^3y^2 \div 9x^2$
　　　　　　$\underset{\frac{9x^2}{1}}{}$

$= 18x^3y^2 \times \dfrac{1}{9x^2}$

$= 2xy^2$

Point 文字のかけ算・わり算・2乗

○ $a^3 \times a^2 = a^{3+2} = a^5$

○ $a^3 \div a^2 = a^{3-2} = a$

○ $(3a)^2 = 3^2a^2 = 9a^2$

(15) $2a^2b \div \underset{\frac{12a^3b^4}{1}}{\underline{12a^3b^4}} \times \underset{9a^2b^2}{\underline{(-3ab)^2}}$

$= 2a^2b \times \underset{\frac{1}{6ab^3}}{\dfrac{1}{12a^3b^4}} \times 9a^2b^2$

$= \dfrac{1}{6ab^3} \times 9a^2b^2$

$= \dfrac{3a}{2b}$

Point わり算とかけ算の順序

わり算とかけ算が混ざっている時は，
左から順に計算しましょう。

〈問題 1-2〉

(1) $ab-3a$ ⎫ P.57 因数分解の公式①を

$= a(b-3)$ 使います

(2) xy^2+3x^2y

　　$\underset{xy \times y}{}$ 　 $\underset{xy \times x}{}$ ⎫ ①を使います

$= xy(y+3x)$

(3) x^2+15x

　　$\underset{x \times x}{}$ ⎫ ①を使います

$= x(x+15)$

(4) x^2+5x+6

足して5 かけて6 ⇒2と3

$= x^2+(2+3)x+2 \times 3$ ⎫ ②を使います

$= (x+2)(x+3)$

102

(5) $x^2+10x+24$

足して 10 かけて 24 ⇒ 4 と 6

$= x^2+(4+6)x+4\times 6$ P.57 因数分解
の公式②を使います
$= (x+4)(x+6)$

(6) $x^2+21x+110$

足して 21 かけて 110 ⇒ 10 と 11

$= x^2+(10+11)x+10\times 11$
②を使います
$= (x+10)(x+11)$

(7) x^2-x-6

足して −1 かけて −6 ⇒ −3 と 2

$= x^2+\{(-3)+2\}x+(-3)\times 2$
②を使います
$= (x-3)(x+2)$

Point

$x = 1\times x$

$-x = (-1)\times x$

(8) $x^2-8xy+15y^2$

$= x^2-8y\cdot x+15y^2$

足して −8y かけて 15y² ⇒ −5y と −3y

$= x^2+\{(-5y)+(-3y)\}x+(-5y)\times(-3y)$
②を使います
$= (x-5y)(x-3y)$

(9) a^2+6a+9

足して 6 かけて 9 ⇒ 3 と 3

$= a^2+(3+3)a+3\times 3$
②を使います
$= (a+3)(a+3)$

$= (a+3)^2$

あるいは③を使います

(10) $x^2+100x+2500$

足して 100 かけて 2500 ⇒ 50 と 50

$= x^2+(50+50)x+50\times 50$
②を使います
$= (x+50)(x+50)$

$= (x+50)^2$

あるいは③を使います

(11) $m^2-4mn+4n^2$

$= m^2-4nm+4n^2$

足して −4n かけて 4n² ⇒ −2n と −2n

$= (m-2n)(m-2n)$ ②を使います

$= (m-2n)^2$

あるいは④を使います

(12) x^2-400

20^2

$= x^2-20^2$
⑤を使います
$= (x+20)(x-20)$

(13) $9x^2-16$

$(3x)^2 \quad 4^2$

$= (3x)^2-4^2$
⑤を使います
$= (3x+4)(3x-4)$

(14) $a^2 - \dfrac{16}{25}b^2$

$\qquad \underbrace{\qquad}\ \left(\dfrac{4}{5}b\right)^2$

$\quad = a^2 - \left(\dfrac{4}{5}b\right)^2$

$\quad = \left(a + \dfrac{4}{5}b\right)\left(a - \dfrac{4}{5}b\right)$ ⑤を使います

(15) $\dfrac{121s^2 - 169t^2}{}$

$\quad \underbrace{\qquad}_{(11s)^2} \underbrace{\qquad}_{(13t)^2}$ ⑤を使います

$\quad = (11s)^2 - (13t)^2$

$\quad = (11s + 13t)(11s - 13t)$

〈問題 1-3〉

(1) $2x^2 + 5x + 2$

$\quad = (x + 2)(2x + 1)$

x		2	→	$4x$
$2x$	✕	1	→	x
$2x^2$		2		$5x$

(2) $4x^2 - 16x + 15$

$\quad = (2x - 3)(2x - 5)$

$2x$		-3	→	$-6x$
$2x$	✕	-5	→	$-10x$
$4x^2$		15		$-16x$

(3) $4x^2 - x - 5$

$\quad = (x + 1)(4x - 5)$

x		1	→	$4x$
$4x$	✕	-5	→	$-5x$
$4x^2$		-5		$-x$

(4) $6x^2 + 5xy - 6y^2$

$\quad = (3x - 2y)(2x + 3y)$

$3x$		$-2y$	→	$-4xy$
$2x$	✕	$3y$	→	$9xy$
$6x^2$		$-6y^2$		$5xy$

(5) $2x^2 - 23xy + 56y^2$

$\quad = (x - 8y)(2x - 7y)$

x		$-8y$	→	$-16xy$
$2x$	✕	$-7y$	→	$-7xy$
$2x^2$		$56y^2$		$-23xy$

第 2 章　単位の換算

〈問題 2-1〉

(1) $2\,t = 2000\,kg$

$\qquad t \xrightarrow{\times 1000} kg$

(2) $0.5\,t = 500\,kg$

$\qquad t \xrightarrow{\times 1000} kg$

(3) $3\,kg = 3000\,g$

$\qquad kg \xrightarrow{\times 1000} g$

(4) $20\,kg = 20000\,g$

$\qquad kg \xrightarrow{\times 1000} g$

(5) $0.3\,kg = 300\,g$

$\qquad kg \xrightarrow{\times 1000} g$

(6) $4\,g = 4000\,mg$

$\qquad g \xrightarrow{\times 1000} mg$

(7) $1.2\,g = 1200\,mg$

$\qquad g \xrightarrow{\times 1000} mg$

(8)　0.02 g = **20 mg**
　　　　g $\xrightarrow{\times 1000}$ mg

Point

単位が大きくなる
→ ÷ で変換
単位が小さくなる
→ × で変換

(9)　200 kg = **0.2 t**
　　　t $\xleftarrow{\div 1000}$ kg

(10)　130 kg = **0.13 t**
　　　t $\xleftarrow{\div 1000}$ kg

(11)　1700 kg = **1.7 t**
　　　t $\xleftarrow{\div 1000}$ kg

(12)　2000 g = **2 kg**
　　　kg $\xleftarrow{\div 1000}$ g

(13)　1200 g = **1.2 kg**
　　　kg $\xleftarrow{\div 1000}$ g

(14)　850 g = **0.85 kg**
　　　kg $\xleftarrow{\div 1000}$ g

(15)　3500 mg = **3.5 g**
　　　g $\xleftarrow{\div 1000}$ mg

(16)　600 mg = **0.6 g**
　　　g $\xleftarrow{\div 1000}$ mg

(17)　7 mg = **0.007 g**
　　　g $\xleftarrow{\div 1000}$ mg

(18)　0.01 t = **10 kg**
　　　10 kg = 10000 g
　　　t $\xrightarrow{\times 1000}$ kg $\xrightarrow{\times 1000}$ g
　　　よって　0.01 t = **10000 g**

(19)　0.3 kg = **300 g**
　　　300 g = 300000 mg
　　　kg $\xrightarrow{\times 1000}$ g $\xrightarrow{\times 1000}$ mg
　　　よって　0.3 kg = **300000 mg**

(20)　250000 mg = **250 g**
　　　250 g = 0.25 kg
　　　kg $\xleftarrow{\div 1000}$ g $\xleftarrow{\div 1000}$ mg
　　　よって　250000 mg = **0.25 kg**

〈問題 2-2〉

(1)　2 km = **2000 m**
　　　km $\xrightarrow{\times 1000}$ m

(2)　15 km = **15000 m**
　　　km $\xrightarrow{\times 1000}$ m

(3)　0.3 km = **300 m**
　　　km $\xrightarrow{\times 1000}$ m

(4)　2 m = **200 cm**
　　　m $\xrightarrow{\times 100}$ cm

(5)　13 m = **1300 cm**
　　　m $\xrightarrow{\times 100}$ cm

(6)　0.4 m = **40 cm**
　　　m $\xrightarrow{\times 100}$ cm

(7) $5\,\text{cm} = 50\,\text{mm}$

$$\text{cm} \xrightarrow{\times 10} \text{mm}$$

(8) $0.7\,\text{cm} = 7\,\text{mm}$

$$\text{cm} \xrightarrow{\times 10} \text{mm}$$

(9) $3.2\,\text{cm} = 32\,\text{mm}$

$$\text{cm} \xrightarrow{\times 10} \text{mm}$$

(10) $3000\,\text{m} = 3\,\text{km}$

$$\text{km} \xleftarrow{\div 1000} \text{m}$$

(11) $1700\,\text{m} = 1.7\,\text{km}$

$$\text{km} \xleftarrow{\div 1000} \text{m}$$

(12) $630\,\text{m} = 0.63\,\text{km}$

$$\text{km} \xleftarrow{\div 1000} \text{m}$$

(13) $300\,\text{cm} = 3\,\text{m}$

$$\text{m} \xleftarrow{\div 100} \text{cm}$$

(14) $850\,\text{cm} = 8.5\,\text{m}$

$$\text{m} \xleftarrow{\div 100} \text{cm}$$

(15) $35\,\text{cm} = 0.35\,\text{m}$

$$\text{m} \xleftarrow{\div 100} \text{cm}$$

(16) $60\,\text{mm} = 6\,\text{cm}$

$$\text{cm} \xleftarrow{\div 10} \text{mm}$$

(17) $7\,\text{mm} = 0.7\,\text{cm}$

$$\text{cm} \xleftarrow{\div 10} \text{mm}$$

(18) $0.015\,\text{m} = 1.5\,\text{cm} = 15\,\text{mm}$

$$\text{m} \xrightarrow{\times 100} \text{cm} \xrightarrow{\times 10} \text{mm}$$

(19) $125000\,\text{mm} = 12500\,\text{cm} = 125\,\text{m} = 0.125\,\text{km}$

$$\text{km} \xleftarrow{\div 1000} \text{m} \xleftarrow{\div 100} \text{cm} \xleftarrow{\div 10} \text{mm}$$

(20) $250000\,\text{cm} = 2.5\,\text{km}$

$$\text{km} \xleftarrow{\div 1000} \text{m} \xleftarrow{\div 100} \text{cm}$$

〈問題 2-3〉

(1) $5\,\text{km}^2 = 500\,\text{ha}$

$$\text{km}^2 \xrightarrow{\times 100} \text{ha}$$

(2) $0.35\,\text{km}^2 = 35\,\text{ha}$

$$\text{km}^2 \xrightarrow{\times 100} \text{ha}$$

(3) $3\,\text{ha} = 300\,\text{a}$

$$\text{ha} \xrightarrow{\times 100} \text{a}$$

(4) $12.5\,\text{ha} = 1250\,\text{a}$

$$\text{ha} \xrightarrow{\times 100} \text{a}$$

(5) $7\,\text{a} = 700\,\text{m}^2$

$$\text{a} \xrightarrow{\times 100} \text{m}^2$$

(6) $1.2\,\text{a} = 120\,\text{m}^2$

$$\text{a} \xrightarrow{\times 100} \text{m}^2$$

(7) $8\,\text{m}^2 = 80000\,\text{cm}^2$

$$\text{m}^2 \xrightarrow{\times 10000} \text{cm}^2$$

(8) $0.04\,\text{m}^2 = 400\,\text{cm}^2$

$$\text{m}^2 \xrightarrow{\times 10000} \text{cm}^2$$

(9) $3\,\text{km}^2 = 300\,\text{ha} = 30000\,\text{a} = 3000000\,\text{m}^2$

よって $3\,\text{km}^2 = 3000000\,\text{m}^2$

$$\text{km}^2 \xrightarrow{\times 100} \text{ha} \xrightarrow{\times 100} \text{a} \xrightarrow{\times 100} \text{m}^2$$

(10) $0.02\,\text{km}^2 = 2\,\text{ha} = 200\,\text{a} = 20000\,\text{m}^2$

よって　$0.02\,\text{km}^2 = 20000\,\text{m}^2$

$\text{km}^2 \xrightarrow{\times 100} \text{ha} \xrightarrow{\times 100} \text{a} \xrightarrow{\times 100} \text{m}^2$

(11) $5\,\text{ha} = 500\,\text{a} = 50000\,\text{m}^2$

よって　$5\,\text{ha} = 50000\,\text{m}^2$

$\text{ha} \xrightarrow{\times 100} \text{a} \xrightarrow{\times 100} \text{m}^2$

(12) $0.45\,\text{ha} = 45\,\text{a} = 4500\,\text{m}^2$

よって　$0.45\,\text{ha} = 4500\,\text{m}^2$

$\text{ha} \xrightarrow{\times 100} \text{a} \xrightarrow{\times 100} \text{m}^2$

(13) $2\,\text{a} = 200\,\text{m}^2$

$\text{a} \xrightarrow{\times 100} \text{m}^2$

(14) $0.35\,\text{a} = 35\,\text{m}^2$

$\text{a} \xrightarrow{\times 100} \text{m}^2$

(15) $600\,\text{ha} = 6\,\text{km}^2$

$\text{km}^2 \xleftarrow{\div 100} \text{ha}$

(16) $58\,\text{ha} = 0.58\,\text{km}^2$

$\text{km}^2 \xleftarrow{\div 100} \text{ha}$

(17) $26000\,\text{a} = 260\,\text{ha} = 2.6\,\text{km}^2$

よって　$26000\,\text{a} = 2.6\,\text{km}^2$

$\text{km}^2 \xleftarrow{\div 100} \text{ha} \xleftarrow{\div 100} \text{a}$

(18) $5100\,\text{a} = 51\,\text{ha} = 0.51\,\text{km}^2$

よって　$5100\,\text{a} = 0.51\,\text{km}^2$

$\text{km}^2 \xleftarrow{\div 100} \text{ha} \xleftarrow{\div 100} \text{a}$

(19) $3200\,\text{a} = 32\,\text{ha}$

$\text{ha} \xleftarrow{\div 100} \text{a}$

(20) $6000000\,\text{m}^2 = 60000\,\text{a} = 600\,\text{ha} = 6\,\text{km}^2$

よって　$6000000\,\text{m}^2 = 6\,\text{km}^2$

$\text{km}^2 \xleftarrow{\div 100} \text{ha} \xleftarrow{\div 100} \text{a} \xleftarrow{\div 100} \text{m}^2$

(21) $70000\,\text{m}^2 = 700\,\text{a} = 7\,\text{ha} = 0.07\,\text{km}^2$

よって　$70000\,\text{m}^2 = 0.07\,\text{km}^2$

$\text{km}^2 \xleftarrow{\div 100} \text{ha} \xleftarrow{\div 100} \text{a} \xleftarrow{\div 100} \text{m}^2$

(22) $550000\,\text{m}^2 = 5500\,\text{a} = 55\,\text{ha}$

$\text{ha} \xleftarrow{\div 100} \text{a} \xleftarrow{\div 100} \text{m}^2$

(23) $3500\,\text{m}^2 = 35\,\text{a} = 0.35\,\text{ha}$

$\text{ha} \xleftarrow{\div 100} \text{a} \xleftarrow{\div 100} \text{m}^2$

(24) $80000\,\text{cm}^2 = 8\,\text{m}^2$　　$\text{m}^2 \xleftarrow{\div 10000} \text{cm}^2$

(25) $4200\,\text{cm}^2 = 0.42\,\text{m}^2$　　$\text{m}^2 \xleftarrow{\div 10000} \text{cm}^2$

〈問題 2-4〉

(1) $2\,\text{m}^3 = 2000\,\text{L}$

$\begin{matrix}\text{m}^3 \\ \text{kL}\end{matrix} \xrightarrow{\times 1000} \text{L}$

(2) $0.12\,\text{m}^3 = 0.12\,\text{kL} = 120\,\text{L}$

同じ

$\begin{matrix}\text{m}^3 \\ \text{kL}\end{matrix} \xrightarrow{\times 1000} \text{L}$

(3) $3\,\text{L} = 3000\,\text{cm}^3 = 3000\,\text{mL} = 3000\,\text{cc}$

同じ

$\text{L} \xrightarrow{\times 1000} \begin{matrix}\text{cm}^3 \\ \text{mL} \\ \text{cc}\end{matrix}$

(4) $0.8\,\text{L} = 800\,\text{cm}^3 = 800\,\text{mL} = 800\,\text{cc}$

同じ

$\text{L} \xrightarrow{\times 1000} \begin{matrix}\text{cm}^3 \\ \text{mL} \\ \text{cc}\end{matrix}$

(5) $0.023\,\mathrm{m}^3 = 23\,\mathrm{L} =$

$\underbrace{23000\,\mathrm{cm}^3 = 23000\,\mathrm{mL}}_{\text{同じ}} = 23000\,\mathrm{cc}$

よって $0.023\,\mathrm{m}^3 = 23000\,\mathrm{cm}^3$

$= 23000\,\mathrm{mL} = 23000\,\mathrm{cc}$

$$
\begin{array}{ccccc}
\mathrm{m}^3 & & & & \mathrm{cm}^3 \\
& \xrightarrow{\times 1000} & \mathrm{L} & \xrightarrow{\times 1000} & \mathrm{mL} \\
\mathrm{kL} & & & & \mathrm{cc}
\end{array}
$$

(6) $12000\,\mathrm{L} = 12\,\mathrm{m}^3$

$$
\begin{array}{ccc}
\mathrm{m}^3 & \xleftarrow{\div 1000} & \\
\mathrm{kL} & & \mathrm{L}
\end{array}
$$

(7) $4500\,\mathrm{L} = 4.5\,\mathrm{m}^3$

$$
\begin{array}{ccc}
\mathrm{m}^3 & \xleftarrow{\div 1000} & \\
\mathrm{kL} & & \mathrm{L}
\end{array}
$$

(8) $300\,\mathrm{L} = 0.3\,\mathrm{m}^3$

$$
\begin{array}{ccc}
\mathrm{m}^3 & \xleftarrow{\div 1000} & \\
\mathrm{kL} & & \mathrm{L}
\end{array}
$$

(9) $\underbrace{3500\,\mathrm{mL} = 3500\,\mathrm{cm}^3}_{\text{同じ}} = 3.5\,\mathrm{L}$

$$
\begin{array}{ccc}
& & \mathrm{cm}^3 \\
\mathrm{L} & \xleftarrow{\div 1000} & \mathrm{mL} \\
& & \mathrm{cc}
\end{array}
$$

(10) $435000\,\mathrm{cm}^3 = 435\,\mathrm{L} = 0.435\,\mathrm{m}^3$

$$
\begin{array}{ccccc}
\mathrm{m}^3 & & & & \mathrm{cm}^3 \\
& \xleftarrow{\div 1000} & \mathrm{L} & \xleftarrow{\div 1000} & \mathrm{mL} \\
\mathrm{kL} & & & & \mathrm{cc}
\end{array}
$$

〈問題 2-5〉

Point

$$
\begin{array}{ccccc}
\mathrm{m}^3 & \xrightarrow{\times 1000} & & \xrightarrow{\times 1000} & \mathrm{cm}^3 \\
\mathrm{kL} & \xleftarrow{\div 1000} & \mathrm{L} & \xleftarrow{\div 1000} & \mathrm{mL} \\
& & & & \mathrm{cc} \\
& & \overset{\div 10}{\underset{\times 10}{\rightleftarrows}}\ \mathrm{dL}\ \overset{\div 100}{\underset{\times 100}{\rightleftarrows}} & &
\end{array}
$$

問題 2-4 に dL を付け加
えて覚えましょう。

(1) $3\,\mathrm{L} = 30\,\mathrm{dL}$

$$
\mathrm{L} \xrightarrow{\times 10} \mathrm{dL}
$$

(2) $0.16\,\mathrm{L} = 1.6\,\mathrm{dL}$

$$
\mathrm{L} \xrightarrow{\times 10} \mathrm{dL}
$$

(3) $10\,\mathrm{dL} = 1000\,\mathrm{mL}$

$$
\begin{array}{ccc}
& & \mathrm{cm}^3 \\
\mathrm{dL} & \xrightarrow{\times 100} & \mathrm{mL} \\
& & \mathrm{cc}
\end{array}
$$

(4) $0.125\,\mathrm{dL} = 12.5\,\mathrm{cc}$

$$
\begin{array}{ccc}
& & \mathrm{cm}^3 \\
\mathrm{dL} & \xrightarrow{\times 100} & \mathrm{mL} \\
& & \mathrm{cc}
\end{array}
$$

(5) $1.53\,\mathrm{L} = 1530\,\mathrm{mL}$

$$
\begin{array}{ccc}
& & \mathrm{cm}^3 \\
\mathrm{L} & \xrightarrow{\times 1000} & \mathrm{mL} \\
& & \mathrm{cc}
\end{array}
$$

(6) $0.027\,\mathrm{L} = 27\,\mathrm{cm}^3$

$$
\begin{array}{ccc}
& & \mathrm{cm}^3 \\
\mathrm{L} & \xrightarrow{\times 1000} & \mathrm{mL} \\
& & \mathrm{cc}
\end{array}
$$

(7) $70\,\mathrm{dL} = 7\,\mathrm{L}$

$$
\mathrm{L} \xleftarrow{\div 10} \mathrm{dL}
$$

(8) $75\,\mathrm{mL} = 0.75\,\mathrm{dL}$

$$
\begin{array}{ccc}
& & \mathrm{cm}^3 \\
\mathrm{dL} & \xleftarrow{\div 100} & \mathrm{mL} \\
& & \mathrm{cc}
\end{array}
$$

(9) $300\,\mathrm{cc} = 3\,\mathrm{dL} = 0.3\,\mathrm{L}$

$$
\begin{array}{ccccc}
& & & & \mathrm{cm}^3 \\
\mathrm{L} & \xleftarrow{\div 10} & \mathrm{dL} & \xleftarrow{\div 100} & \mathrm{mL} \\
& & & & \mathrm{cc}
\end{array}
$$

(10)　1210 cc ＝ **1.21 L**

$$\text{L} \xleftarrow{\div 1000} \begin{array}{l} \text{cm}^3 \\ \text{mL} \\ \text{cc} \end{array}$$

〈問題 2-6〉

Point

問題文の単位を指定された単位で
そろえて計算しましょう
例)
　　(kg) ＋ (g) ＝ ×
　　(kg) ＋ (kg) ＝ ○

(1)　40 g のお菓子が 30 個で

　　40 g × 30 ＝ 1200 g

　(kg) でそろえるので,

　　1200 g ＝ 1.2 kg　　$\text{kg} \xleftarrow{\div 1000} \text{g}$

　(0.2 kg の箱の重さ) ＋ (お菓子の
　重さ) ＝ (全体の重さ) だから

　　0.2 kg＋1.2 kg ＝ **1.4 kg**

(2)　花だんの面積は

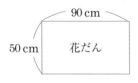

　　50 cm × 90 cm ＝ 4500 cm²

　(m²) でそろえるので

　　$\text{m}^2 \xleftarrow{\div 10000} \text{cm}^2$

　　4500 cm² ＝ **0.45 m²**

(3)　0.9 ha の土地を 10 等分した 1 個分は

　　0.9 ha÷10＝0.09 ha

　(a) でそろえるので

　　$\text{ha} \xrightarrow{\times 100} \text{a}$

　　0.09 ha ＝ **9 a**

(4)　150 cc ずつ 6 人が飲むと,飲んだ
　ジュースの量の合計は

　　150 cc × 6 ＝ 900 cc

　(L) でそろえるので

　　$\text{L} \xleftarrow{\div 1000} \begin{array}{l} \text{cm}^3 \\ \text{mL} \\ \text{cc} \end{array}$

　　900 cc ＝ 0.9 L

　1.5 L から 0.9 L 飲むから

　　1.5 L－0.9 L ＝ **0.6 L**

(5)　1 分間に 30 L ずつ水を抜いていくので,
　60 分間で抜く水の量は

　　30 L × 60 ＝ 1800 L

　(m³) に変換すると

　　$\begin{array}{l} \text{m}^3 \\ \text{kL} \end{array} \xleftarrow{\div 1000} \text{L}$

　　1800 L ＝ 1.8 m³

　3 m³ から 1.8 m³ 抜くから

　　3 m³－1.8 m³ ＝ **1.2 m³**

第3章　方程式に関する問題

(1) $x+5=12$

$\qquad x=12-5$

$\qquad x=7$

「=」をまたぐと±が逆になります。

例） $x\boxed{+2}=3$

$\qquad x=3-2$

(2) $6x=18$ $\qquad$ 両辺 ÷6

$\quad x=3$

(3) $0.5x=14$ $\qquad$ 両辺 ×10

$\quad 5x=140$ $\qquad$ 両辺 ÷5

$\quad x=28$

(4) $\dfrac{2}{5}x=20$

$\quad x=20\times\dfrac{5}{2}$ $\qquad$ 両辺 ×$\dfrac{5}{2}$

$\quad x=50$

Point 分数の逆数をかける

$\dfrac{2}{3}x=4$

$\dfrac{2}{3}x\times\dfrac{3}{2}=4\times\dfrac{3}{2}$ $\qquad$ 両辺 ×$\dfrac{3}{2}$

$\quad x$

$\quad x=6$

(5) $3x-3=x-15$ $\qquad$ 文字は左辺 数字は右辺 に移項

$\quad 3x-x=-15+3$

$\quad 2x=-12$ $\qquad$ 両辺 ÷2

$\quad x=-6$

(6) $3(x-5)=-(x-1)$

$\quad 3x-15=-x+1$

$\quad 3x+x=1+15$

$\quad 4x=16$ $\qquad$ 両辺 ÷4

$\quad x=4$

(7) $0.2x-0.28=-1-0.16x$ $\qquad$ 両辺 ×100

$\quad 20x-28=-100-16x$

$\quad 20x+16x=-100+28$

$\quad 36x=-72$ $\qquad$ 両辺 ÷36

$\quad x=-2$

Point 小数は整数に直す

式の中の小数が整数になるように 10, 100, 1000…をかけます。

(8) $0.5(0.3x-0.8)=0.18x-0.13$

$\quad 0.15x-0.4=0.18x-0.13$ $\qquad$ 両辺 ×100

$\quad 15x-40=18x-13$

$\quad 15x-18x=-13+40$

$\quad -3x=27$ $\qquad$ 両辺 ÷(−3)

$\quad x=-9$

(9) $15:x=3:7$

$\quad 3x=105$ $\qquad$ 両辺 ÷3

$\quad x=35$

Point 比の方程式の解き方

比の方程式は外同士・内同士でかけ算をして解きます。

$a:b=c:d$

$bc=ad$

(10)　$\dfrac{1}{2} : \dfrac{1}{3} = 2x : 4$

$\dfrac{2}{3}x = 2$

$x = 2 \times \dfrac{3}{2}$ 　$\left.\begin{array}{c}両辺\\ \times \dfrac{3}{2}\end{array}\right.$

$x = 3$

(11)　$x + \dfrac{1}{2} = -\dfrac{1}{3}$ 　$\left.\begin{array}{c}両辺\\ \times 6\end{array}\right.$

$6x + 3 = -2$

$6x = -2 - 3$

$6x = -5$ 　$\left.\begin{array}{c}両辺\\ \div 6\end{array}\right.$

$x = -\dfrac{5}{6}$

> **Point　分数を整数に直す**
>
> 分母の数（今の場合 2 か 3）の
> 最小公倍数（今の場合 6）を両
> 辺にかけます。

(12)　$-\dfrac{2x-1}{12} + \dfrac{x}{8} - 1 = \dfrac{x+2}{6}$ 　$\begin{array}{l}12,\ 8,\ 6\ の\\ 最小公倍数\\ = 24\\ 両辺 \times 24\end{array}$

$-2(2x-1) + 3x - 24 = 4(x+2)$

$-4x + 2 + 3x - 24 = 4x + 8$

$-4x + 3x - 4x = 8 + 24 - 2$

$-5x = 30$ 　$\left.\begin{array}{c}両辺\\ \div(-5)\end{array}\right.$

$x = -6$

(13)　$\begin{cases} 3x + 2y = 20 & \cdots ① \\ x + y = 9 & \cdots ② \end{cases}$

y の係数を合わせることを考えます。

② $\times 2$ とすると

$2x + 2y = 18$ 　$\cdots ②'$

次に，①と並べて引き算をします。

$\begin{array}{r} 3x + 2y = 20 \quad \cdots ① \\ -)\ 2x + 2y = 18 \quad \cdots ②' \\ \hline x \qquad\quad = 2 \end{array}$

これを①に代入して

$3 \times 2 + 2y = 20$

$6 + 2y = 20$

$2y = 14$

$y = 7$

よって，$x = 2,\ y = 7$

(14)　$\begin{cases} 3x - 2y = 1 & \cdots ① \\ 5x - 3y = 2 & \cdots ② \end{cases}$

y の係数を合わせることを考えます。

① $\times 3$ をすると

$9x - 6y = 3$ 　$\cdots ①'$

② $\times 2$ は

$10x - 6y = 4$ 　$\cdots ②'$

①'と②'を並べて，引き算すると

$\begin{array}{r} 9x - 6y = 3 \quad \cdots ①' \\ -)\ 10x - 6y = 4 \quad \cdots ②' \\ \hline -x \qquad\quad = -1 \\ x = 1 \end{array}$

これを①'に代入して

$9 \times 1 - 6y = 3$

$-6y = 3 - 9$

$-6y = -6$

$y = 1$

よって　$x = 1,\ y = 1$

(15) $\begin{cases} 0.3x - 0.5y = -2.1 & \cdots① \\ \dfrac{1}{3}x + \dfrac{1}{2}y = \dfrac{5}{6} & \cdots② \end{cases}$

x の係数をそろえることを考えます。

① $\times 10$ をすると

$\quad 3x - 5y = -21 \quad \cdots①'$

② $\times 6$ をすると

$\quad 2x + 3y = 5 \quad \cdots②'$

さらに，①$' \times 2$，②$' \times 3$ をして
引き算すれば

$\quad\quad 6x - 10y = -42 \quad \cdots①''$

$\underline{-)\ 6x + 9y = 15 \quad \cdots②''}$

$\quad\quad\quad\quad -19y = -57$

$\quad\quad\quad\quad\quad\quad y = 3$

これを①$''$に代入して

$\quad 6x - 10 \times 3 = -42$

$\quad\quad\quad\quad 6x = -42 + 30$

$\quad\quad\quad\quad 6x = -12$

$\quad\quad\quad\quad\ x = -2$

よって，$x = -2,\ y = 3$

(16) $\underset{①}{\underline{x+y}} = \underset{②}{\underline{2x-y = 3x-4y+2}}$

$\begin{cases} x + y = 2x - y & \cdots① \\ 2x - y = 3x - 4y + 2 & \cdots② \end{cases}$

文字は左辺，数字は右辺に移項すると

$\begin{cases} -x + 2y = 0 & \cdots①' \\ -x + 3y = 2 & \cdots②' \end{cases}$

x の係数は既にそろっているから
引き算により

$\quad\quad -x + 2y = 0 \quad \cdots①'$

$\underline{-)\ -x + 3y = 2 \quad \cdots②'}$

$\quad\quad\quad\quad\ -y = -2$

$\quad\quad\quad\quad\quad y = 2$

これを①$'$に代入して

$\quad\quad -x + 2 \times 2 = 0$

$\quad\quad\quad\quad\quad -x = -4$

$\quad\quad\quad\quad\quad\ \ x = 4$

よって，$x = 4,\ y = 2$

Point

$\underset{①}{\underline{A}} = \underset{②}{\underline{B = C}}$ は

$\begin{cases} A = B & \cdots① \\ B = C & \cdots② \end{cases}$

のように 2 つに分けて連立方
程式にしましょう。

〈問題 3-2〉

(1) $x^2 + 2 = 7$

$\quad\quad x^2 = 7 - 2$

$\quad\quad x^2 = 5$

$\quad\quad\ x = \pm\sqrt{5}$

(2) $7x^2 = 28$

$\quad\ x^2 = 4$

$\quad\ \ x = \pm\sqrt{4}$

$\quad\ \ x = \pm 2$

Point

$\sqrt{1} = 1 \quad\quad \sqrt{49} = 7$

$\sqrt{4} = 2 \quad\quad \sqrt{64} = 8$

$\sqrt{9} = 3 \quad\quad \sqrt{81} = 9$

$\sqrt{16} = 4 \quad\quad \sqrt{100} = 10$

$\sqrt{25} = 5 \quad\quad \sqrt{121} = 11$

$\sqrt{36} = 6 \quad\quad \sqrt{144} = 12$

これだけは覚えておき
ましょう。

(3) $x^2+7x+12=0$

足して7 かけて12 ⇒3と4

$(x+3)(x+4)=0$

$x=-3,\ -4$

Point

$(x+\underset{①}{a})(x+\underset{②}{b})=0$

①，②の±逆のものが解となり，

$x=-a,\ -b$

になります。

(4) $x^2-8x-48=0$

足して−8 かけて−48 ⇒−12と4

$(x-12)(x+4)=0$

$x=12,\ -4$

(5) $x^2-21x+110=0$

足して−21 かけて110 ⇒−11と−10

$(x-11)(x-10)=0$

$x=11,\ 10$

(6) $x^2=-10x-16$

$x^2+10x+16=0$

足して10 かけて16 ⇒2と8

$(x+2)(x+8)=0$

$x=-2,\ -8$

(7) $(x-2)(x+2)=3x$

$x^2-4=3x$

$x^2-3x-4=0$

足して−3 かけて−4 ⇒−4と1

$(x-4)(x+1)=0$

$x=4,\ -1$

(8) $(2x-3)(x+1)=(x+2)^2-1$

$(2x-3)(x+1)=(x+2)(x+2)-1$

$2x^2+2x-3x-3=x^2+4x+4-1$

$x^2-5x-6=0$

足して−5 かけて−6 ⇒−6と1

$(x-6)(x+1)=0$

$x=6,\ -1$

(9) $2x^2-9x+5=0$

a = 2，b = −9，c = 5であるから

$$x=\frac{-(-9)\pm\sqrt{(-9)^2-4\times2\times5}}{2\times2}$$

$$=\frac{9\pm\sqrt{81-40}}{4}$$

$$=\frac{9\pm\sqrt{41}}{4}$$

Point 解の公式

$ax^2+bx+c=0$ のとき

$$x=\frac{-b\pm\sqrt{b^2-4ac}}{2a}$$

が解になります。

(10) $x^2+4x-3=0$

a = 1，b = 4，c = −3であるから

$$x=\frac{-4\pm\sqrt{4^2-4\times1\times(-3)}}{2\times1}$$

$$=\frac{-4\pm\sqrt{16+12}}{2\times1}$$

$$=\frac{-4\pm\sqrt{28}}{2}$$

$$=\frac{-4\pm2\sqrt{7}}{2}$$

$$=-2\pm\sqrt{7}$$

〈問題 3-3〉

x か月後に 2 人の貯金額が等しくなるとする。

	今	1 か月後
姉	6300	$6300-300×1$
弟	1800	$1800+200×1$

	2 か月後	$\longrightarrow$	x か月後
姉	$6300-300×2$		$6300-300×x$
弟	$1800+200×2$		$1800+200×x$

x か月後は姉と弟の貯金額は等しいから,

$$6300-300x = 1800+200x$$
$$-500x = -4500$$
$$x = 9$$

よって　**9 か月後**

〈問題 3-4〉

x 年後に 3 人の子どもの年齢の合計が父親と等しくなるとする。

1 歳, 3 歳, 5 歳の子どもの x 年後の年齢はそれぞれ

$(1+x)$ 歳, $(3+x)$ 歳, $(5+x)$ 歳

となり, 同じように父親の x 年後の年齢は

$(33+x)$ 歳

になる。(子ども 3 人の年齢) = (父親の年齢) だから

$$(1+x)+(3+x)+(5+x) = (33+x)$$
$$3x+9 = x+33$$
$$2x = 24$$
$$x = 12$$

よって　**12 年後**

〈問題 3-5〉

A の重さを x g とする。B, C, D の重さはそれぞれ, $(x+180)$ g, $(x+360)$ g, $(x+540)$ g となるので, 4 個のおもりの合計は

$$x+(x+180)+(x+360)+(x+540)$$
$$= 1200$$
$$4x+1080 = 1200$$
$$4x = 120$$
$$x = 30$$

D の重さは $x+540 = 30+540$
$$= 570$$

よって　**570 g**

〈問題 3-6〉

紅茶の量を x ml とする。

(紅茶の量):(牛乳の量)
$= 5:6$　　だから

$$x \text{ ml} : 210 \text{ ml} = 5 : 6$$
$$6x = 1050$$
$$x = 175$$

よって　紅茶は **175 ml**

〈問題 3-7〉

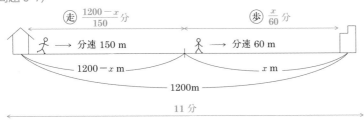

歩いた距離を x m とすると，走った距離は $1200-x$ m，（時間）＝（距離）÷（速さ）であるので，かかる時間についての式を立てると，

$$\frac{1200-x}{150}+\frac{x}{60}=11 \qquad \genfrac{}{}{0pt}{}{\text{両辺}}{\times 300}$$

$$2(1200-x)+5x=3300$$

$$2400-2x+5x=3300$$

$$3x=900$$

$$x=300$$

ここで，$300\,\text{m}=0.3\,\text{km}$

よって　歩いた距離は $0.3\,\text{km}$

〈問題 3-8〉

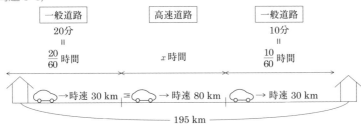

高速道路を走った時間を x 時間とする。

時間で答えないといけないので，分を時間に直すと

$$20\,\text{分}=\frac{20}{60}\text{時間}=\frac{1}{3}\text{時間}, \quad 10\,\text{分}=\frac{10}{60}\text{時間}=\frac{1}{6}\text{時間}$$

となる。

（距離）＝（速さ）×（時間）であるので，距離の式は

$$30\times\frac{1}{3}+80\times x+30\times\frac{1}{6}=195$$

$$10+80x+5=195$$

$$80x=180$$

$$x=\frac{9}{4}$$

よって　高速道路を走った時間は $\dfrac{9}{4}$ 時間

〈問題 3-9〉

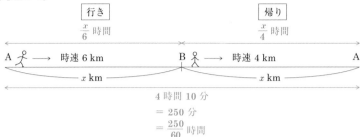

A・B 間の距離を x km とする。

往復にかかった時間は，4 時間 10 分 = 250 分 = $\frac{250}{60}$ 時間 = $\frac{25}{6}$ 時間

（時間）＝（距離）÷（速さ）を使うと，時間の式は

$$\frac{x}{6}+\frac{x}{4}=\frac{25}{6}$$

両辺 ×12

$$2x+3x=50$$

$$5x=50$$

$$x=10$$

よって　A・B 間の距離は 10 km

〈問題 3-10〉

x 分後に 2 人が出会うとする。

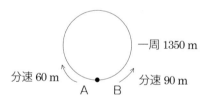

x 分間で A さんが進む距離は $60x$ m，B さんが進む距離は $90x$ m となる。x 分後に出会うので

（A さんが進む距離）＋（B さんが進む距離）＝（一周分の長さ）

$$60x+90x=1350$$

$$150x=1350$$

$$x=9$$

よって　9 分後

〈問題 3-11〉

兄の年齢を x 歳，弟の年齢を y 歳とすると，2 人の年齢の和は 32 歳であるので，

$$x+y=32 \quad \cdots ①$$

また，10年前の兄，弟の年齢はそれぞれ $x-10$ 歳，$y-10$ 歳となり，兄は弟の3倍であったので

$$x-10 = 3(y-10)$$
$$x-3y = -20 \quad \cdots ②$$

整理

①，②の連立方程式より

$$x+y = 32 \quad \cdots ①$$
$$-) \ x-3y = -20 \cdots ②$$
$$\overline{4y = 52}$$
$$y = 13$$

①に代入して

$$x+13 = 32$$
$$x = 19$$

よって　現在兄は 19 歳

〈問題 3-12〉

小麦粉 100 g の値段を x 円，そば粉 100 g の値段を y 円とする。

小麦粉 500 g とそば粉 1 kg（＝ 1000 g）で 850 円より

$$5x+10y = 850 \quad \cdots ①$$

また，小麦粉 1.5 kg（＝1500 g）とそば粉 500 g で 750 円より

$$15x+5y = 750 \quad \cdots ②$$

①，②の連立方程式

$$\begin{cases} 5x+10y = 850 & \cdots ① \\ 15x+5y = 750 & \cdots ② \end{cases}$$

y の係数を合わせる。②×2は

$$30x+10y = 1500 \quad \cdots ②'$$

①と②'を並べて引き算すると

$$5x+10y = 850 \quad \cdots ①$$
$$-) \ 30x+10y = 1500 \quad \cdots ②'$$
$$\overline{-25x = -650}$$
$$x = 26$$

これを①に代入して

$$5×26+10y = 850$$
$$10y = 720$$
$$y = 72$$

よって　100 g の値段は小麦粉 26 円，そば粉 72 円

〈問題 3-13〉

　横に注目して考える。

　1列目の数の合計は　$2x+y$

　2列目の数の合計は　$x+11$

　3列目の数の合計は　$y+8$

　これらは全て等しくないといけないので

$$2x+y = \underset{①}{\underline{x+11}} = \underset{②}{\underline{y+8}}$$

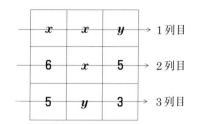

1列目

2列目

3列目

$$\begin{cases} 2x+y = x+11 & \cdots① \\ x+11 = y+8 & \cdots② \end{cases}$$

①, ②を整理して，引き算すると

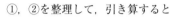

$$\begin{array}{r} x+y = 11 \quad \cdots① \\ -)\ x-y = -3 \quad \cdots② \\ \hline 2y = 14 \\ y = 7 \end{array}$$

これを①に代入して

$$x+7 = 11$$
$$x = 4$$

よって　$x = 4,\ y = 7$

〈問題 3-14〉

　52 円の切手を x 枚，82 円の切手を y 枚とする。

　合計 730 円になればよいので，

$$52x+82y = 730$$

$$y = \frac{730-52x}{82}$$

x	1	2	3	4	5	6	7	8	9	10	11	12	13	14	⋯
y	$\frac{338}{41}$	$\frac{313}{41}$	7	$\frac{261}{41}$	$\frac{235}{41}$	$\frac{209}{41}$	$\frac{183}{41}$	$\frac{157}{41}$	$\frac{131}{41}$	$\frac{105}{41}$	$\frac{79}{41}$	$\frac{53}{41}$	$\frac{27}{41}$	$\frac{1}{41}$	⋯

となる。x と y が自然数になっているのは，$x = 3,\ y = 7$ のとき。

　よって　52 円切手 3 枚，82 円切手 7 枚ずつ買えばよい。

〈問題 3-15〉

(1) 2種類の弁当とから揚げを合わせて 10 コ買っているので
から揚げの個数は

（から揚げの個数）＝ **10−x−y** 個

(2) 特選幕の内弁当　810 円 ×x コ

高菜弁当　540 円 ×y コ

から揚げ　270 円 ×（10−x−y）コ

合計 5670 円

これより代金を求める式は

$810x+540y+270(10-x-y)=5670$

よって　　ア ＝ $10-x-y$,　イ ＝ 5670

(3) (2)より

$810x+540y+270(10-x-y)=5670$

$810x+540y+2700-270x-270y=5670$

$540x+270y=2970$

$2x+y=11$

$y=11-2x$

x	1	2	3	4	5
y	9	7	5	3	1
から揚げ	0	1	2	3	4

高菜弁当の個数つまり y が一番少ないので

特選幕の内弁当 5 個，高菜弁当 1 個，から揚げ 4 個

第 4 章　割合に関する問題

〈問題 4-1〉

(1) $37\% = \dfrac{37}{100}$

(2) $6 割 = 60\%$

　　　$= \dfrac{60}{100}$

　　　$= \dfrac{3}{5}$

Point 割・分・厘は％に直す

割・分・厘は扱いづらいので，％にしてから計算した方がわかりやすいです。

1 割 ＝ 10 %，1 分 ＝ 1 %，1 厘 ＝ 0.1 %

(3) $\quad$7割5分 $= 70\,\% \ +5\,\%$
$$= 75\,\%$$
$$= \frac{75}{100}$$
$$= \frac{3}{4}$$

割・分・厘を組み合わせたものを%にするには，それぞれを%にしたものを足し合わせればよい。

例）4割5分3厘
$$= 40\,\% \ +5\,\% \ +0.3\,\%$$
$$= 45.3\,\%$$

(4) $\quad 170\,\% = \dfrac{170}{100} = \dfrac{17}{10}$

〈問題 4-2〉

(1) $\quad$1000 円の 19 % は
$$19\,\% = \frac{19}{100} \ \text{より}$$
$$1000 \times \frac{19}{100} = 190 \ \text{（円）}$$
よって $\quad$ 190 円

(2) $\quad$元々の 100 % から 6 % 引くので，残りは 94 %。つまり，1500 円の 94 % を求めればよい。
$$94\,\% = \frac{94}{100} \ \text{より}$$
$$1500 \times \frac{94}{100} = 1410 \ \text{（円）}$$
よって $\quad$ 1410 円

(3) $\quad$元々の 100 % から 20 % 増えると 120 % になる。つまり，x 円の 120 % を求めればよい。
$$120\,\% = \frac{120}{100} \ \text{より}$$
$$x \times \frac{120}{100} = \frac{120x}{100}$$
$$= \frac{6x}{5} \ \text{（円）}$$
よって $\quad \dfrac{6x}{5}$ 円

(4) $\quad$割を%に直すと，2 割 $= 20\,\%$ である。元々の 100 % から 20 % 引くので，残りは 80 % になる。つまり，a 円の 80 % を求めればよい。
$$80\,\% = \frac{80}{100} \ \text{より}$$
$$a \times \frac{80}{100} = \frac{80a}{100}$$
$$= \frac{4a}{5} \ \text{（円）}$$
よって $\quad \dfrac{4a}{5}$ 円

〈問題 4-3〉

(1) $\quad$35 % の利益を出すには，原価の 35% 増の値段をつければよい。つまり，300 円の 135 % が定価となるので
$$300 \times \frac{135}{100} = 405 \ \text{（円）}$$
よって $\quad$ 405 円

(2) $\quad$4 割を%に直すと 40 % であり，元々の 100 % から 40 % 引くので，残りは 60 % となる。

つまり，1800 円の 60 % が販売価格に

120

なるので

$$1800 \times \frac{60}{100} = 1080 \text{ (円)}$$

よって　1080 円

(3)　まず，原価の 40 ％増（140 ％）が定価となるので

$$12000 \times \frac{140}{100} = 16800 \text{ (円)}$$

しかしながら，実際は定価の 25 ％引き（75 ％）で販売したので

$$16800 \times \frac{75}{100} = 12600 \text{ (円)}$$

これらより，利益は

$$
\begin{aligned}
(\text{売価}) - (\text{原価}) &= 12600 - 12000 \\
&= 600 \text{ (円)}
\end{aligned}
$$

よって　600 円

〈問題 4-4〉

初日の観客動員数を x 人とする。

2 日目は初日より 22 ％増えたので，x 人の 122 ％を求めればよい。よって 2 日目の観客動員数は

$$x \times \frac{122}{100} = \frac{61}{50}x \text{ (人)}$$

初日と二日目の合計は 14985 人であるから

$$
\begin{aligned}
x + \frac{61}{50}x &= 14985 \quad \Big) \text{両辺} \\
50x + 61x &= 749250 \quad \times 50 \\
x &= 6750 \text{ (人)}
\end{aligned}
$$

よって　6750 人

〈問題 4-5〉

昨年の男子社員数を x 人，女子社員数を y 人とする。これより今年の社員数を x を使って表すと，下の表のとおり。

	男子	女子	合計
昨年	x	y	500
今年	$\frac{90}{100}x$	$\frac{120}{100}y$	513

（男子 10 ％減，女子 20 ％増，合計 13 人増）

昨年と今年の社員数の関係をそれぞれ式で表すと，

$$
\begin{cases}
x + y = 500 \\
\dfrac{90}{100}x + \dfrac{120}{100}y = 513
\end{cases}
$$

これらを解いて

$$
\begin{cases}
x = 290 \quad \leftarrow \text{昨年の男子} \\
y = 210
\end{cases}
$$

今年の男子社員数は，

$$290 \times \frac{90}{100} = 261 \text{ (人)}$$

〈問題 4-6〉

5 月での紅茶の売上金額を x 億円，炭酸飲料の売上金額を y 億円とする。6 月の紅茶は，5 月に比べて 40 ％減少した（つまり 5 月の 60 ％が 6 月の売上にあたる）ので

$$x \times \frac{60}{100} = \frac{3}{5}x \text{ (億円)}$$

6 月の炭酸飲料は，5 月に比べて 20 ％増加した（つまり 5 月の 120 ％が 6 月の売上にあたる）ので

$$y \times \frac{120}{100} = \frac{6}{5}y \text{ (億円)}$$

	紅茶	炭酸飲料	合計
5月	x 億円	y 億円	$x+y$ 億円
6月	$\frac{3}{5}x$ 億円	$\frac{6}{5}y$ 億円	1470 億円

（40% 減少、20% 増加、5% 増加）

6月の合計金額は 1470 億円なので

$$\frac{3}{5}x+\frac{6}{5}y = 1470$$

$$x+2y = 2450 \quad \cdots ①$$

また，$x+y$ の 5 ％増（105 ％）が 1470 億円になるから

$$(x+y)\times\frac{105}{100} = 1470$$

$$(x+y)\times\frac{21}{20} = 1470$$

$$x+y = 1400 \quad \cdots ②$$

①，②を連立方程式にして

$$\begin{cases} x+2y = 2450\cdots① \\ x+y = 1400\cdots② \end{cases}$$

これを解いて $x = 350$, $y = 1050$

これより

$$\frac{3}{5}\times 350 = 210 \text{（億円）},$$

$$\frac{6}{5}\times 1050 = 1260 \text{（億円）}$$

よって　紅茶：210 億円,
　　　　炭酸飲料：1260 億円

第5章　食塩水の問題

〈問題 5-1〉

(1) 食塩水の量は 300 g，食塩の量は 60 g であるので

$$\frac{60\text{(g)}}{300\text{(g)}}\times 100 = 20 \text{（%）}$$

よって　濃度は 20 ％

(2) 食塩水（食塩 ＋ 水）の量は 90＋10 ＝ 100（g），食塩の量は 10 g であるので

$$\frac{10\text{(g)}}{100\text{(g)}}\times 100 = 10 \text{（%）}$$

よって　濃度は 10 ％

〈問題 5-2〉

(1) 300 g の 7 ％がしおの量なので

$$300\times\frac{7}{100} = 21 \text{（g）}$$

よって　21 g 含まれる

(2) 食塩水 x g の 10 ％がしおの量なので

$$x\times\frac{10}{100} = \frac{1}{10}x \text{（g）}$$

よって　$\frac{1}{10}x$ g 含まれる

〈問題 5-3〉

(1) 20 ％の食塩水の量を x g とする。

100 g の 6 ％がしおの量
x g の 20 ％がしおの量

$100+x$ g の12％ がしおの量

なので，6％，20％，12％の食塩水のしおの量はそれぞれ

$$100\times\frac{6}{100}\ (\text{g}),$$
$$x\times\frac{20}{100}\ (\text{g}),$$
$$(100+x)\times\frac{12}{100}\ (\text{g})$$

となる。また，

食塩は混ぜても，消えたり増えたりはしないので

（6％の食塩水のしおの量）＋（20％の食塩水のしおの量）＝（12％の食塩水のしおの量）

となる。これに値を代入して

$$100\times\frac{6}{100}+x\times\frac{20}{100}=(100+x)\times\frac{12}{100}$$

両辺 ×100

$$600+20x=12(100+x)$$
$$x=75\ (\text{g})$$

よって　**75 g**

(2)　混ぜる食塩の量を x g とする。

900 g の8％ がしおの量

900＋x g の10％ がしおの量

なので，それぞれ計算してまとめると

（しお）　$900\times\dfrac{8}{100}$ g　　x g　　$(900+x)\times\dfrac{10}{100}$ g

となる。

（8％の食塩水のしおの量）＋（混ぜるしおの量）＝（10％の食塩水のしおの量）より

$$900\times\frac{8}{100}+x=(900+x)\times\frac{10}{100}$$

両辺 ×100

$$900\times8+100x=(900+x)\times10$$
$$7200+100x=9000+10x$$
$$x=20\ (\text{g})$$

よって　**20 g**

(3)　加える水の量を x g とする。

180 g の12％ がしおの量

180＋x g の10％ がしおの量

なので，それぞれ計算してまとめると

（しお）　$180\dfrac{12}{100}$ g　　0 g　　$(180+x)\times\dfrac{10}{100}$ g

となる。

水を加えても食塩の量は変わらないので

（12％の食塩水のしおの量）＝（10％の食塩水のしおの量）

であり，これに値を代入して

$$180\times\frac{12}{100}=(180+x)\times\frac{10}{100}$$

両辺 ×100

$$180\times12=(180+x)\times10$$
$$2160=1800+10x$$
$$x=36\ (\text{g})$$

よって　**36 g**

(4)　14％の食塩水の量を x g とする。

14％と10％の食塩水を混ぜて 200 g にするので，10％の食塩水の量は 200－x g と表せる。

x g の14％ がしおの量

200－x g の10％ がしおの量

200 g の 12 ％ が しおの量

なので，それぞれ計算してまとめる
と

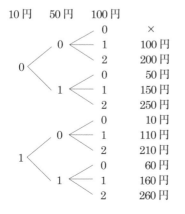

しお $x \times \dfrac{14}{100}$ g　$(200-x) \times \dfrac{10}{100}$ g　$200 \times \dfrac{12}{100}$ g

（14％の食塩水のしおの量）＋（10 ％の
食塩水のしおの量）＝（12 ％の食塩水の
しおの量）より

$$x \times \frac{14}{100} + (200-x) \times \frac{10}{100} = 200 \times \frac{12}{100}$$

両辺 × 100

$$14x + 10(200-x) = 2400$$

$$x = 100 \ (\text{g})$$

これより 10 ％の食塩水の量は

$$200 - 100 = 100 \ (\text{g})$$

よって 14 ％の食塩水：**100 g**,
10 ％の食塩水：**100 g**

第 6 章　場合の数・確率の問題

〈問題 6-1〉

それぞれの切手の枚数から樹形図をつ
くり，金額を表す。

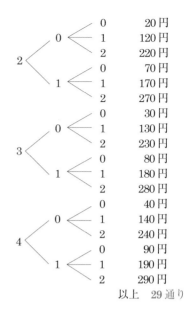

以上　**29 通り**

〈問題 6-2〉

3 種類の硬貨を使って合計が 200 円にな
る組合せを樹形図を使って考える。
（金額の大きな硬貨から書いてゆくと見つ
けやすい）

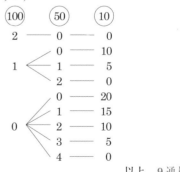

以上　**9 通り**

〈問題 6-3〉

4 枚のカードから 4 枚を取り出して並べ
るので

$$_4\mathrm{P}_4 = 4 \times 3 \times 2 \times 1$$

$$= 24$$

よって **24 通り**

〈問題 6-4〉

各位に入る数字は

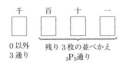

千　百　十　一

0 以外
3 通り

残り 3 枚の並べかえ
$_3\mathrm{P}_3$通り

積の法則により

$$3 \times {}_3\mathrm{P}_3 = 3 \times 3 \times 2 \times 1$$
$$= 18$$

よって　**18 通り**

〈問題 6-5〉

A・B・C・D の 4 チームから対戦する 2 チームを選ぶので

$${}_4\mathrm{C}_2 = \frac{4 \times 3}{2 \times 1} = 6$$

よって　**6 通り**

〈問題 6-6〉

6 つの頂点から 3 つを選ぶので

$${}_6\mathrm{C}_3 = \frac{6 \times 5 \times 4}{3 \times 2 \times 1} = 20$$

よって　**20 通り**

〈問題 6-7〉

8 人から 3 人を選ぶので

$${}_8\mathrm{C}_3 = \frac{8 \times 7 \times 6}{3 \times 2 \times 1} = 56$$

よって　**56 通り**

〈問題 6-8〉

(1)　25 枚のうち，5 の倍数のカードは 5，10，15，20，25 の 5 枚であるので求める確率は

$$\frac{5}{25} = \frac{1}{5}$$

よって　$\dfrac{1}{5}$

(2)　全部で 12 個ある球のうち，赤球は 3 個であるから求める確率は

$$\frac{3}{12} = \frac{1}{4}$$

よって　$\dfrac{1}{4}$

(3)　52 枚のうち，ハートのカードは 13 枚，A（エース）のカードは 4 枚（うち 1 枚はハート）であるから，求める確率は

$$\frac{13+3}{52} = \frac{4}{13}$$

よって　$\dfrac{4}{13}$

〈問題 6-9〉

1 枚だけ投げたとき，表が出る確率は $\dfrac{1}{2}$ であり，これを 3 枚連続で行うので，求める確率は

$$\frac{1}{2} \times \frac{1}{2} \times \frac{1}{2} = \frac{1}{8}$$

よって　$\dfrac{1}{8}$

（別解）

樹形図で考えると，もう少し複雑な問題でも対応できるので，解説しておく。

表を〇，裏を×とすると

1 枚目　2 枚目　3 枚目

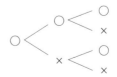

1枚目　2枚目　3枚目

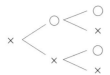

　8通りのうち全て○は1通りであるから求める確率は　$\dfrac{1}{8}$

〈問題6-10〉

(1) 取り出した玉が黒色である確率は，9個のうち5個が黒色であるから$\dfrac{5}{9}$となる。

これを2回行うので

$$\dfrac{5}{9} \times \dfrac{5}{9} = \dfrac{25}{81}$$

よって　$\dfrac{25}{81}$

(2) 取り出した玉が黒色である確率は$\dfrac{5}{9}$，白色である確率は$\dfrac{4}{9}$であるから，求める確率は

$$\dfrac{5}{9} \times \dfrac{4}{9} = \dfrac{20}{81}$$

取り出し方には

・白→黒の順に取る

・黒→白の順に取る

以上の2通りがあるので

$$\dfrac{20}{81} + \dfrac{20}{81} = \dfrac{40}{81}$$

よって　$\dfrac{40}{81}$

〈問題6-11〉

(1) 出る目の和が6になるのは6×6＝36通りのうち

	A					
	1	2	3	4	5	6
B 1					○	
2				○		
3			○			
4		○				
5	○					
6						

の5通りであるから，求める確率は$\dfrac{5}{36}$

(2) 出る目の積が12になるのは

	A					
	1	2	3	4	5	6
B 1						
2						○
3				○		
4			○			
5						
6		○				

の4通りであるから，求める確率は

$$\dfrac{4}{36} = \dfrac{1}{9}$$

よって　$\dfrac{1}{9}$

(3) Aの出る目は5以上で，Bの出る目が3以下なのは

	A					
	1	2	3	4	5	6
B 1					○	○
2					○	○
3					○	○
4						
5						
6						

の 6 通りであるから，求める確率は

$$\frac{6}{36} = \frac{1}{6}$$

よって $\dfrac{1}{6}$

$$\frac{12}{20} = \frac{3}{5}$$

よって $\dfrac{3}{5}$

〈問題6-12〉

(1)

左手

右手 \ 左手	1	2	3	4	5
1			○	○	○
2				○	○
3	○				○
4	○	○			
5	○	○	○		

　数の差が2以上なるのは，上の表より12通りである。

　また，カードの取り出し方は全部で20通りであるから，求める確率は

(2)

左手

右手 \ 左手	1	2	3	4	5
1		○	○	○	○
2	○			○	
3	○				
4	○	○			
5	○				

　片方のカードの数がもう片方の数で割り切れるのは，上の表より10通りである。よって求める確率は

$$\frac{10}{20} = \frac{1}{2}$$

よって $\dfrac{1}{2}$

第7章　各種文章題

〈問題7-1〉

(1)　先月の時給を x 円，労働時間を y とする。

	時給	労働時間	賃金
先月	x	y	xy
今月	$x \times \dfrac{130}{100}$ 3割増	$y \times \dfrac{70}{100}$ 3割減	$x \times \dfrac{130}{100} \times y \times \dfrac{70}{100}$

　今月の賃金は，

$$x \times \frac{130}{100} \times y \times \frac{70}{100} = \frac{91}{100}xy \text{ 円}$$

これは先月の賃金 xy 円より小さくなる。
よって賃金は減少した（②）。

(2) 最初の底面の半径を r，円すいの高さを h とする。
体積を計算してまとめると

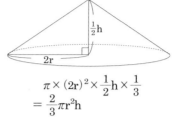

Point

○円の面積
$\pi \times (半径)^2$
○～すいの体積
$(底面積) \times (高さ) \times \dfrac{1}{3}$

体積　$\pi \times r^2 \times h \times \dfrac{1}{3}$
$= \dfrac{\pi}{3} r^2 h$

$\pi \times (2r)^2 \times \dfrac{1}{2} h \times \dfrac{1}{3}$
$= \dfrac{2}{3} \pi r^2 h$

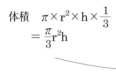

2 倍

よって　倍になる（②）。

(3) （時間）＝（距離）÷（速さ）より
行きにかかる時間は　30÷3 ＝ 10（時間）
帰りにかかる時間は　30÷6 ＝ 5（時間）
往復の距離は30×2 ＝ 60（km）で，かかる
時間は 10＋5 ＝ 15（時間）
（往復の平均の速さ）＝（往復の距離）÷（往復の時間）なので
これに代入して
　（往復の平均の速さ）＝ 60÷15
　　　　　　　　　　　＝ 4（km/時）
よって　時速 4 km（②）。

(4) 税抜価格を x 円とする。
消費税率が 8 ％なので，税込価格は x 円の 108 ％
これと 2700000 円が等しいから

$$x \times \dfrac{108}{100} = 2700000$$

$$x = 2500000 （円）$$

2700000－2500000 ＝ 200000（円）
よって　消費税は 200000 円（①）

(5) 品物の原価を x 円とする。

原価の2割増（原価の120 %）で定価をつけたから

Point
利益 ＝ 売価 － 原価

$$（定価）＝ x \times \frac{120}{100} ＝ \frac{6}{5} x （円）$$

次に，定価の1割引（定価の90 %）で販売したので

$$（販売価格）＝ \frac{6}{5} x \times \frac{90}{100} ＝ \frac{27}{25} x （円）$$

（利益）＝（販売価格）－（原価）より

$$300 ＝ \frac{27}{25} x － x$$

$$x ＝ 3750 （円）$$

よって　原価は 3750 円（③）

(6) "doctor" → "hsgxsv"

のルールを探すと

a b c d e f g h i j k l m n o p q r s t u v w x y z

全てアルファベット順の4つ後ろの文字に変換されている。

同じことを "nurse" で行うと，答えは **"ryvwi"**（③）

(7) 地図を描くと

南　西

東　北

よって，駅を降りてすぐの方向は 南西（①）

(8) 図を描いて考える。

通行人 100 人

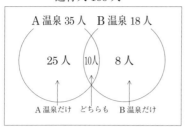

A 温泉だけ行ったことがある人は　35－10 ＝ 25（人）

B 温泉だけ行ったことがある人は　18－10 ＝ 8（人）

よって，A 温泉か B 温泉に行ったことがある人は

　25＋10＋8 ＝ 43（人）

全員で 100 人であるから，A・B どちらにも行ったことがない人は

100－43 ＝ 57（人）

よって　57 人（③）

（別解）

A 温泉か B 温泉に行ったことがある人は

　35＋18－10 ＝ 43（人）

　　　　　重複分を引く

よって　A・B どちらにも行ったことがない人は 100－43 ＝ 57（人）

(9) 図を描いて考える。

クラス 34 人

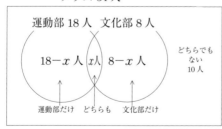

どちらも入っていた人を x とすると

運動部だけ入っていた人は　18－x 人

文化部だけ入っていた人は　8－x 人

よって，運動部か文化部に入っていた人は

$$(18-x)+x+(8-x) = 26-x（人）$$

また，どちらにも入っていなかった人が 10 人なので

運動部か文化部に入っていた人は　$34-10 = 24$（人）

これら 2 つが等しいから

$$26-x = 24$$
$$x = 2（人）$$

よって，どちらにも入っていた人は 2 人（②）

（別解）

運動部か文化部に入っていた人は，$34-10 = 24$（人）

よって，どちらにも入っていた人は

$$18+8-24 = 2（人）$$

(10)　今年の B 国からの輸入量を x とおき，表にまとめると

	A 国からの輸入量	B 国からの輸入量	合計
今年	$4x$	x	$5x$
来年	$2x$（半分）		$5x$（同じ）

これより，来年の A 国からの輸入量は $2x$ で，A 国・B 国からの合計は今年と同じ $5x$ なので，

来年の B 国からの輸入量は $5x-2x = 3x$

よって 3 倍（③）

⑾ A 銀行，B 信用金庫の預金額をそれぞれ x 万円，y 万円とし，表にまとめると

A 銀行	B 信用金庫	合計
x	y	660
$\dfrac{x}{2}$ 半分	$3y$ 3倍	660 同じ

これらを連立方程式にすると

$$\begin{cases} x+y = 660 \\ \dfrac{x}{2}+3y = 660 \end{cases}$$

これを解いて $x = 528$（万円），$y = 132$（万円）

よって，もともとの A 銀行の預金額は 528 万円 （④）

132

〈問題 7-2〉

(1) グラフを表であらわすと,

	ホットコーヒー	アイスコーヒー	合計
1 月-3 月	100000	30000	130000
4 月-6 月	60000	50000	110000
7 月-9 月	10000	120000	130000
10 月-12 月	80000	40000	120000

よって, 3 番目に大きいのは, <u>10 月-12 月④</u>

(2) 表より, 7 月-9 月のホットコーヒーの「1 日あたりの平均売上金額」は 10000 円とする。

7 月-9 月は 30 日 ×3ヶ月 ＝ 90 日あるので

10000 円 ×90 日 ＝ <u>900000 円④</u>となる。

(3) 3ヶ月ごとの集計なので, 各期間は全て 90 日間であるので, 1 日あたりの売上金額から割合を考えてよい。

100000＋60000＋10000＋80000 ＝ 250000（全ホットコーヒーの売上）

$\dfrac{10000}{250000} \times 100 = \underline{4}$ %②

> **Point %の計算**
>
> $\dfrac{部分の値}{全体の値} \times 100 = $ %

〈問題 7-3〉

(1) $\quad -2 \quad 5 \quad 12 \quad 19 \quad \boxed{} \quad 33 \quad \underline{26}$

$\qquad +7 \ +7 \ +7 \ +7 \ \ +7$

(2) $\quad 0 \quad 1 \quad 3 \quad 6 \quad 10 \quad \boxed{} \quad \underline{15}$

$\qquad +1 \ +2 \ +3 \ +4 \ +5$

(3) $\quad \sqrt{2} \quad 2 \quad \sqrt{6} \quad 2\sqrt{2} \quad \boxed{} \quad 2\sqrt{3}$

ルートに戻すと

$\rightarrow \sqrt{2} \quad \sqrt{4} \quad \sqrt{6} \quad \sqrt{8} \quad \boxed{} \quad \sqrt{12} \qquad \underline{\sqrt{10}}$

(4) $\quad \dfrac{1}{243} \quad \dfrac{2}{81} \quad \dfrac{1}{9} \quad \dfrac{4}{9} \quad \boxed{} \quad 6$

$\rightarrow \dfrac{1}{3^5} \quad \dfrac{2}{3^4} \quad \dfrac{3}{3^3} \quad \dfrac{4}{3^2} \quad \boxed{} \quad \dfrac{6}{3^0} \qquad \boxed{} は \dfrac{5}{3^1} = \underline{\dfrac{5}{3}}$

〈問題 7-3〉続き

Point 規則性の問題

○ どのように増えているか（減っているか）に着目しましょう。

○ ルートに関しては全て $\sqrt{}$ 内に入れる変形をしましょう。

$$a\sqrt{b} = \sqrt{a^2b}$$

例 $2\sqrt{3} = \sqrt{2^2 \times 3} = \sqrt{12}$

$10\sqrt{6} = \sqrt{10^2 \times 6} = \sqrt{600}$

○ 9，27，81，243 や 4，8，16，32 には，特に注意しましょう

$(3^2)\ (3^3)\ (3^4)\ (3^5)\ (2^2)\ (2^3)\ (2^4)\ (2^5)$

〈問題 7-4〉

(1) $10000 秒 \div 60 秒 = 166 分 \quad \cdots\underline{40 秒}$

（分… 60 秒がいくつあるか）

$166 分 \div 60 分 = \underline{2 時間} \quad \cdots\underline{46 分}$

（時間… 60 分がいくつあるか） <u>2 時間 46 分 40 秒</u>

(2) 2 月 2 日 $\longrightarrow$ 1 月 2 日 $\longrightarrow$ 12 月 2 日 $\longrightarrow$ 11 月 2 日

　　　31 日　　　　31 日　　　　30 日

　　（1 月分）　（12 月分）　（11 月分）

11 月 2 日から　$100-31-31-30 = 8 日$

をひけばいい。

<u>10 月 25 日</u>

Point

1 月は 31 日，2 月は 28 日（29 日）

3 月は 31 日，4 月は 30 日　　覚え方『二四六九 士 は小の月』

5 月は 31 日，6 月は 30 日　　※小の月は 31 日より短い月のこと

7 月は 31 日，8 月は 31 日　　※ 11 は漢字でたてに書くと士になり，

9 月は 30 日，10 月は 31 日　　　「さむらい」

11 月は 30 日，12 月は 31 日

134

〈問題 7-4〉

(3) 11月20日 →30日 12月20日 →31日 1月20日 →31日 2月20日
　　　　　(11月分)　　(12月分)　　(1月分)

2月20日から　$100-30-31-31=8$ 日をたせばいい。

2月28日

(4) 第二週の木曜日を x 日とすると，第四週の月曜日はその11日後だから $x+11$ となる。

$$x+x+11=31 \quad x=\underline{10 \text{日}}$$

(5) 2200円 ÷ 77円　$=\dfrac{2200}{77}=\dfrac{200}{7}$ ドル
(1ドル = 77円がいくつあるか)

$\dfrac{200}{7}$ ドル $\times 0.7$ ユーロ $=\dfrac{200}{7}\times\dfrac{7}{10}=\underline{20\text{ユーロ}}$
(0.7ユーロ = 1ドルがいくつになるか)

(6) 平均時速 $=\dfrac{\text{全体の距離}}{\text{全体の時間}}$ になるので，

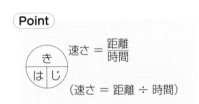

→行きは，$\dfrac{10}{6}$ 時間，帰りは，$\dfrac{10}{4}$ 時間

$\underset{\text{(全体の距離)}}{20}\div\underset{\text{(全体の時間)}}{\left(\dfrac{10}{6}+\dfrac{10}{4}\right)}=\dfrac{24}{5}$ 　　$\underline{\text{時速}\dfrac{24}{5}\text{km}}$

（時速 4.8 km）

Point

速さ $=\dfrac{\text{距離}}{\text{時間}}$

（速さ = 距離 ÷ 時間）

(7) 245 と 315 の最大公約数を考える。

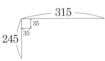

よって，$5\times7=35$ cm（正方形の一辺）
たて（高さ）に7枚，横に9枚必要となるので

$7\times9=\underline{63\text{枚}}$

〈問題 7-4〉

(8) $x^2 + 22x + 121$

$\quad = (x+11)^2$

ここで，$x = -11$ を代入すると

$\quad (-11+11)^2 = \underline{0}$

Point

「値を求めよ」の問題は，
必ず，与えられた式を変形
してから代入しましょう。

(9) $\dfrac{a+b}{ab} = \dfrac{a}{ab} + \dfrac{b}{ab}$

$\qquad = \dfrac{1}{b} + \dfrac{1}{a}$

ここで，$a = \dfrac{1}{2}$, $b = -\dfrac{2}{3}$ を代入すると

$\qquad -\dfrac{3}{2} + 2 = \underline{\dfrac{1}{2}}$

Point

$\dfrac{1}{a}$ に $a = \dfrac{1}{2}$ を代入すると

$\dfrac{1}{\frac{1}{2}} = 1 \div \dfrac{1}{2}$ 「わり算」
になおす！

$\qquad = 1 \times \dfrac{2}{1}$

$\qquad = 2$

(10) $\begin{cases} 9x = 10z & \cdots① \\ 3w = 4z & \cdots② \\ 5w = 3y & \cdots③ \end{cases}$

③より $\quad y = \dfrac{5}{3}w$

②より $\quad w = \dfrac{4}{3}z$

①より $\quad z = \dfrac{9}{10}x$

よって $\quad y = \dfrac{5}{3}w$

$$= \frac{5}{3} \times \frac{4}{3} z$$

$$= \frac{5}{3} \times \frac{4}{3} \times \frac{9}{10} x$$

$$= 2x$$

$$\underline{y = 2x}$$

〈問題 7-4〉

Point

代入すると，その文字を消去できます。

(11) 98 を素因数分解すると

$2 \,\underline{)\ 98}$

$7 \,\underline{)\ 49}$　　　　$98 = \underline{2} \times \underline{7^2}$ となるので $\underline{2}$

　　　7

(12)
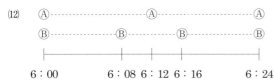

6：00　　　　6：08　6：12　6：16　　　　6：24

よって　<u>午前 6 時 24 分</u>

Point

最小公倍数を考えましょう。

$12 \times 2 = \underline{24}$，　$8 \times 3 = \underline{24}$

(13)　・33 を割って 5 余る数 → 28 を割ると割り切れる

　　　・47 を割って 5 余る数 → 42 を割ると割り切れる

　　　よって 28 と 42 の公約数を考えると，1，2，7，14 となる

　　　このうち，33 や 42 を割って 5 余るのは，7 と 14

$$\underline{7,\ \ 14}$$

Point 余りの問題

　　a÷b＝c…d

→ $\underline{a = bc + d}$　この式を使います。

　ちなみに，(13)は

　　$bc = \underline{a - d}$ を使ったので，最初にひきました。

〈問題 7-4〉

(14)　$23456 \times 23457 - 23456 \times 23456$

　　$23456 = x$ とおくと

　　　$x \times (x+1) - x \times x$

　　　　$= x^2 + x - x^2$

　　　　$= x$　　　　よって　<u>23456</u>

(15)　$x^2 = y^2 + 12$

　　$x^2 - y^2 = 12$

　　$(x+y)(x-y) = 12$

　　これより考えられるのは

$$\begin{cases} x+y = 12 \\ x-y = 1 \end{cases}, \quad \begin{cases} x+y = 6 \\ x-y = 2 \end{cases}, \quad \begin{cases} x+y = 4 \\ x-y = 3 \end{cases}$$

　　このうち，x, y が自然数になるのは $(x,\ y) = $ <u>(4,　2)</u>

(16)　$\dfrac{26}{111} = 26 \div 111 = 0.234234234234234234\cdots$

　　　　　　　　　　　　　　　　　<u>4</u>

(17)　$2 \blacktriangle 4$ は 2×4 を 3 でわった余りなので 2

　　よって $(2 \blacktriangle 4) \blacktriangle (2 \blacktriangle 4)$

　　　$= 2 \blacktriangle 2$

　　これは 2×2 を 3 でわった余りなので　<u>1</u>

〈問題 7-5〉

(1)　$a * b = (a+3)(b-5)$ に $a = 5$, $b = 5$ を代入すると

　　　$(5+3)(5-5) = 8 \times 0$

　　　　　　　　$= $ <u>0</u>

(2)　$a = x$, $b = x$ を代入すると

　　<u>$(x+3)(x-5)$</u>　　ちなみに，展開をした <u>$x^2 - 2x - 15$</u> でもいいです。

(3)　$a = 3x$, $b = 5x$ を代入すると

　　　$(3x+3)(5x-5) = 60$

　　　$15x^2 - 15x + 15x - 15 = 60$

$$15x^2 - 75 = 0$$
$\div 15$ $x^2 - 5 = 0$
$$x^2 = 5$$
$$\underline{x = \pm\sqrt{5}}$$

〈問題 7-6〉

(1)

○全体は正方形なので　$6 \times 6 = 36\ \text{cm}^2$

○白い部分はおうぎ形なので　$6 \times 6 \times \pi \times \dfrac{90}{360} = 9\pi\ \text{cm}^2$

　　　　よって，$\underline{36 - 9\pi\ \text{cm}^2}$

(2)

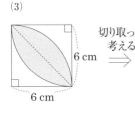

○全体は長方形なので　$10 \times 8 = 80\ \text{cm}^2$

○白い部分は半円 2 つ分なので，$4 \times 4 \times \pi \times \dfrac{180}{360} \times 2 = 16\pi\ \text{cm}^2$

　　　　よって，$\underline{80 - 16\pi\ \text{cm}^2}$

(3)

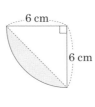

切り取って
考える
⇒

○全体はおうぎ形なので，

　　$6 \times 6 \times \pi \times \dfrac{90}{360} = 9\pi\ \text{cm}^2$

○白い部分は三角形なので

　　$6 \times 6 \div 2 = 18\ \text{cm}^2$

　🌙 の部分の面積は

　　$9\pi - 18\ \text{cm}^2$

　よって，$(9\pi - 18) \times 2 = \underline{18\pi - 36\ \text{cm}^2}$

〈問題 7-6〉

(4)

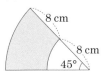

○全体はおうぎ形なので，$16 \times 16 \times \pi \times \dfrac{45}{360} = 32\pi \ \mathrm{cm}^2$

○白い部分はおうぎ形なので，$8 \times 8 \times \pi \times \dfrac{45}{360} = 8\pi \ \mathrm{cm}^2$

よって，$32\pi - 8\pi = \underline{24\pi \ \mathrm{cm}^2}$

(5)

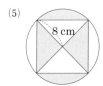

白い部分と色が塗られている部分の面積は等しいので，
色が塗られている部分の面積は円の半分に等しい。

$8 \times 8 \times \pi = 64\pi \ \mathrm{cm}^2$　　$64\pi \div 2 = \underline{32\pi \ \mathrm{cm}^2}$

> **Point 色に塗られた部分の面積（影のついた部分の面積）**
>
> 全体から白い部分をひくと求められます。

〈問題 7-7〉

(1) 回転させると

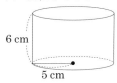

$5 \times 5 \times \pi \times 6 = \underline{150\pi \ \mathrm{cm}^3}$

底面積（円）高さ

(2)

$6 \times 6 \times \pi \times 6 \times \dfrac{1}{3} = \underline{72\pi \ \mathrm{cm}^3}$

底面積（円）高さ 錐なので，

(3)

$3 \times 3 \times 3 \times \pi \times \dfrac{4}{3} = \underline{36\pi \ \mathrm{cm}^3}$

(4)

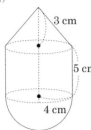

3 cm
5 cm
4 cm

3つの部分に分ける。

○上の部分（円錐）　$4 \times 4 \times \pi \times 3 \times \dfrac{1}{3} = 16\pi \ \text{cm}^3$

○真ん中の部分（円柱）　$4 \times 4 \times \pi \times 5 = 80\pi \ \text{cm}^3$

○下の部分（半球）　$4 \times 4 \times 4 \times \pi \times \dfrac{4}{3} \times \dfrac{1}{2} = \dfrac{128}{3}\pi \ \text{cm}^3$

（半球なので ÷2）

よって，$16\pi + 80\pi + \dfrac{128}{3}\pi = \underline{\dfrac{416}{3}\pi \ \text{cm}^3}$

Point 回転体の作り方

①軸 l を対象の軸として線対称な図形を書きます。

l

②軸 l から離れている頂点は，円でむすびましょう。

l

〈問題 7-8〉

面積と周囲の長さを求めるので，表にすると

	①番目	②番目	③番目	④番目	
面積	$1 \ \text{cm}^2$	4	9	16	…番目の数の 2 乗
周囲の長さ	4 cm	10	16	22	…6 ずつ増えている

よって，10 番目の面積は $\underline{100 \ \text{cm}^2}$，周囲の長さは，$4 + 6 \times \underset{\underset{\text{どれだけ増えたか}}{6 \times (10\text{番目} - 1\text{番目})}}{(\underline{10 - 1})} = \underline{58 \ \text{cm}}$

※周囲の長さは次の方法でも求められます。

周囲の長さ ＝ 番目の数 ×6−2 になっていることに気づくと，

	①番目		②番目		③番目		10 番目	
周囲の長さ	4 cm	$1 \times 6 - 2$	10 cm	$2 \times 6 - 2$	16 cm	$3 \times 6 - 2$	… ☐ cm	$10 \times 6 - 2$

10 番目の周囲の長さ ＝ $10 \times 6 - 2 = 58 \ \text{cm}$

〈問題 7-9〉

面積を考えると
→ $2 \times 2 = 4\,\text{cm}^2$

→ $1 \times 4 = 4\,\text{cm}^2$

よって，
その面積になる 2 数の積の組み合わせ
を考えればよい。
（$4 = 1 \times 4$，2×2 の 2 種類）

(1) $20 = 1 \times 20$
$ = 2 \times 10$
$ = 4 \times 5$　　　　　よって，<u>3 種類</u>

(2) 紙切れは 100 枚しかないので，長方形は

$\left. \begin{array}{l} 16 \times 1 = 16\ 枚 \\ 16 \times 2 = 32\ 枚 \\ 16 \times 3 = 48\ 枚 \\ 16 \times 4 = 64\ 枚 \\ 16 \times 5 = 80\ 枚 \\ 16 \times 6 = 96\ 枚 \end{array} \right\}$ が考えられる。このうち正方形が作れる枚数は

 16 枚（4×4）

 64 枚（8×8）

 <u>16 枚，64 枚</u>

〈問題 7-10〉

仕事の量を 1 とすると

A さんが 1 日でする仕事の量は，$\dfrac{1}{20}$，B さんが 1 日でする仕事の量は，$\dfrac{1}{30}$ となる。

(1) A さんと B さんが一緒に 1 日でする仕事の量は，$\dfrac{1}{20} + \dfrac{1}{30} = \dfrac{5}{60} = \dfrac{1}{12}$

よって，$1 \div \dfrac{1}{12} = $ <u>12 日</u>

（全体 ÷ 1 日あたり ＝ 何日かかるか）

(2) A さんがした仕事の量は　$\dfrac{1}{20} \times 8 = \dfrac{8}{20} = \dfrac{2}{5}$

よって，残りの仕事の量は　$1 - \dfrac{2}{5} = \underset{\sim}{\dfrac{3}{5}}$ となる。

$\dfrac{3}{5} \div \dfrac{1}{30} = $ <u>18 日</u>

（残りの仕事 ÷ 1 日あたり ＝ 何日かかるか）

142

一般教養試験によく出題される

国　語

　国語の問題は，大きく分けて「読解問題」「語彙問題」「文法問題」に分ける事ができます。この中で一般常識に出題されるのは，主に，「語彙」「文法」の問題です。語彙もさらに「漢字」「言葉」に分ける事ができますが，この本で扱うのは，主に「言葉」の単元です。対義語や類義語，熟語の成り立ちなど普段の生活ではほぼ扱わない問題から，慣用句，ことわざなど日常的にも比較的目にする問題を出題しています。また，文法問題では，細かな文法の知識ではなく，一般教養問題としてよく出題される内容を厳選してまとめてあります。

　難しい内容としては，文学史や敬語，古文などの単元も扱っています。レベルの高い記述問題もありますので，不必要な部分は省いていただいて，問題に取り組むようにしてください。

第1章
基礎国語1
【漢字編】

　一般教養の問題で，もっとも基本的な問題が漢字です。漢字の問題には，大きく分けて二つあります。

　一つは漢字の「読み」「書き取り」の問題。もう一つが，漢字に関する「知識」の問題です。

　漢字の「読み」「書き取り」の勉強は，他の専門書にお任せしまして，本書は漢字に関する「知識」の問題に特化致します。

1　「熟語の組み立て」
2　「同訓異字」
3　「同音異義語」
4　「三字熟語の問題」
5　「熟語の問題」
6　「四字熟語の問題①」
7　「類義語の問題」
8　「対義語の問題」
9　「四字熟語の問題②」
10　「四字熟語の問題③」
11　「部首の問題」

1 　熟語の組み立て

解答はP.206に

(1) 次の熟語の中から,「対義語の組み合わせ」ではない熟語を選んでください。
　　ア　上下　　イ　高低
　　ウ　低下　　エ　前後

(2) 次の熟語の中から,「同義語の組み合わせ」ではない熟語を選んでください。
　　ア　価値　　イ　宿坊
　　ウ　朋友　　エ　先進

(3) 次の熟語の中から,「1字目の漢字が2字目の漢字を修飾する組み合わせ」でない熟語を選んでください。
　　ア　明日　　イ　国民
　　ウ　閉幕　　エ　大声

(4) 次の熟語の中から,「2字目の漢字が1字目の漢字の目的語になっている組み合わせ」でない熟語を選んでください。
　　ア　登山　　イ　発声
　　ウ　北極　　エ　乗車

(5) 次の熟語の中から,「1字目の漢字が主語で2字目の漢字が述語になっている組み合わせ」でない熟語を選んでください。
　　ア　国営　　イ　日没
　　ウ　地震　　エ　就職

(6) 次の熟語の中から,「否定語が付いている組み合わせ」でない熟語を選んでください。
　　ア　落胆　　イ　無理
　　ウ　非常　　エ　未定

(7) 次の熟語の中から,「接尾語が付いている組み合わせ」ではない熟語を選んでください。
　　ア　性的　　イ　曲線
　　ウ　整然　　エ　耐性

(8) 次の熟語の成り立ちを,以下の選択肢の中から選んでください。
　　ア　反対の意味の漢字の組み合わせ。　　　　イ　同じような意味の漢字の組み合わせ。
　　ウ　1字目の漢字が2字目の漢字の修飾語になる。エ　2字目の漢字が1字目の漢字の目的語になる。
　　オ　主語述語の組み合わせになっている。　カ　否定の接頭語がついている。
　　キ　接尾語がついている。

① 市営（　）　② 温暖（　）　③ 決心（　）　④ 汚点（　）

⑤ 転職（　）　⑥ 不利（　）　⑦ 美的（　）　⑧ 出納（　）

⑨ 伸縮（　）　⑩ 無情（　）　⑪ 感性（　）　⑫ 頭痛（　）

⑬ 早朝（　）　⑭ 要求（　）

(9) 次の漢字の中から，「就職」と同じ熟語の成り立ちをしているものを選んでください。

ア　回転　　イ　発声

ウ　府立　　エ　往来

(10) 次の漢字の中から，「予想」と同じ熟語の成り立ちをしているものを選んでください。

ア　駐車　　イ　競争

ウ　密談　　エ　天地

2　同訓異字…同じ訓読みの漢字だが，使い分けをしなければならないもの。　解答はP. 207に

(1) 「おさ・める」という訓読みの漢字を，正しく使い分けてください。

ア　納める　　イ　収める　　ウ　治める　　エ　修める

① 市役所に住民税をオサめる。　　　　　（　　　）

② 苦学の末，学問をオサめる。　　　　　（　　　）

③ 冬物をタンスにオサめる。　　　　　　（　　　）

④ 将軍が国をオサめる。　　　　　　　　（　　　）

(2) 「あ・う」という訓読みの漢字を，正しく使い分けてください。

ア　合う　　イ　会う　　ウ　遭う

① 学校の帰り道で事故にアう。　　　　　（　　　）

② 彼女は私に，ちょうどアった人間だ。（　　　）

③ 駅でたまたま友達にアった。　　　　　（　　　）

(3) 「あ・ける」という訓読みの漢字を，正しく使い分けてください。

ア　空ける　　イ　開ける　　ウ　明ける

① 年がアけて，気分があらたまる。　　　（　　　）

② 自席をアけてお年寄りにゆずる。　　　（　　　）

③ 電車のドアをアけて乗車した。　　　　（　　　）

(4) 「うつ・す」という訓読みの漢字を，正しく使い分けてください。

　　ア　写す　　イ　映す　　ウ　移す　　エ　遷す

　　①　疲れた顔を鏡にウツす。　　　　　　（　　）

　　②　デジカメで自分の顔をウツす。　　　（　　）

　　③　計画を実行にウツす。　　　　　　　（　　）

　　④　京都から東京に都をウツす。　　　　（　　）

(5) 「き・く」という訓読みの漢字を，正しく使い分けてください。

　　ア　効く　　イ　聞く　　ウ　利く　　エ　聴く

　　①　飲んだ風邪薬がキいた。　　　　　　（　　）

　　②　地域では彼は顔がキく。　　　　　　（　　）

　　③　友達のうわさをキいた。　　　　　　（　　）

　　④　好きな音楽をキいた。　　　　　　　（　　）

(6) 「と・る」という訓読みの漢字を，正しく使い分けてください。

　　ア　取る　　イ　採る　　ウ　捕る　　エ　撮る　　オ　摂る　　カ　獲る

　　①　漁師が大きなマグロをトる。　　　　（　　）

　　②　病み上がりに十分な栄養をトる。　　（　　）

　　③　裏山で山菜をトった。　　　　　　　（　　）

　　④　仕事の責任をトる。　　　　　　　　（　　）

　　⑤　卒業式に記念写真をトった。　　　　（　　）

　　⑥　ネズミを罠でトる。　　　　　　　　（　　）

(7) 「はか・る」という訓読みの漢字を，正しく使い分けてください。

　　ア　図る　　イ　測る　　ウ　諮る　　エ　量る　　オ　計る　　カ　謀る

　　①　問題の解決をハカる。　　　　　　　（　　）

　　②　自分の将来をハカる。　　　　　　　（　　）

　　③　身長をハカった。　　　　　　　　　（　　）

　　④　体重をハカる。　　　　　　　　　　（　　）

　　⑤　委員会に進退をハカる。　　　　　　（　　）

　　⑥　大統領の暗殺をハカる。　　　　　　（　　）

3　同音異字…読みが同じだが，使い分けなければならない漢字。

解答は P.207 に

(1)　「いしょく」という音読みの漢字を，正しく使い分けてください。
　　　ア　移植　　イ　異色　　ウ　委嘱　　エ　衣食
　　　①　庭の桜の木をイショクする。　　　　　（　　）
　　　②　彼女にはイショクの経歴がある。　　　（　　）
　　　③　業者に仕事をイショクする。　　　　　（　　）
　　　④　イショク足りて礼節を知る。　　　　　（　　）

(2)　「かいほう」という音読みの漢字を，正しく使い分けてください。
　　　ア　介抱　　イ　開放　　ウ　解放　　エ　解法　　オ　快方　　カ　会報
　　　①　怪我人をカイホウする。　　　　　　　（　　）
　　　②　黒人奴隷をカイホウする。　　　　　　（　　）
　　　③　連立方程式のカイホウを教える。　　　（　　）
　　　④　病気はカイホウに向かっている。　　　（　　）
　　　⑤　校庭を一般にカイホウする。　　　　　（　　）
　　　⑥　毎月カイホウを発行する。　　　　　　（　　）

(3)　「しじ」という音読みの漢字を，正しく使い分けてください。
　　　ア　私事　　イ　指示　　ウ　支持　　エ　師事
　　　①　有名人のシジをあばく。　　　　　　　（　　）
　　　②　華道の先生にシジする。　　　　　　　（　　）
　　　③　先生のシジで授業をする。　　　　　　（　　）
　　　④　高齢者のシジを受ける。　　　　　　　（　　）

(4)　「こうせい」という音読みの漢字を，正しく使い分けてください。
　　　ア　後世　　イ　更生　　ウ　構成　　エ　校正
　　　①　名作をコウセイに残す。　　　　　　　（　　）
　　　②　書いた文章をコウセイする。　　　　　（　　）
　　　③　文章のコウセイを考える。　　　　　　（　　）
　　　④　生活態度をコウセイする。　　　　　　（　　）

(5)　「たいしょう」という音読みの漢字を，正しく使い分けてください。
　　　ア　対照　　イ　対象　　ウ　対称　　エ　対症
　　　①　数学でタイショウ図形をかく。　　　　（　　）
　　　②　若者タイショウの番組を見る。　　　　（　　）
　　　③　風邪のタイショウ療法。　　　　　　　（　　）
　　　④　二人はタイショウ的な性格。　　　　　（　　）

(6)　「しんこう」という音読みの漢字を，正しく使い分けてください。

　　　ア　振興　　イ　信仰　　ウ　進行　　エ　親交　　オ　侵攻

　　　①　産業をシンコウさせる。　　　　　　（　　）

　　　②　宗教をシンコウする。　　　　　　　（　　）

　　　③　計画が着々とシンコウする。　　　　（　　）

　　　④　敵陣ふかくシンコウする。　　　　　（　　）

　　　⑤　友達とシンコウを深める。　　　　　（　　）

(7)　「かんせい」という音読みの漢字を，正しく使い分けてください。

　　　ア　感性　　イ　歓声　　ウ　管制　　エ　閑静　　オ　官製　　カ　慣性

　　　①　カンセイな住宅地に住む。　　　　　（　　）

　　　②　カンセイ塔の指示を受ける。　　　　（　　）

　　　③　芸術家のカンセイを磨く。　　　　　（　　）

　　　④　郵便局のカンセイ葉書。　　　　　　（　　）

　　　⑤　運動会でカンセイが上がる。　　　　（　　）

　　　⑥　運動はカンセイに従う。　　　　　　（　　）

4　三字熟語の問題…次の三字熟語の意味を選んでください。

解答は P. 208 に

(1)　日常「茶飯事」のできごと。

　　　ア　日常で必ずやらなければならない事。イ　日常でめったにない珍しい事。

　　　ウ　日常でごくありふれたできごと。エ　日常で特に礼儀正しくすること。

(2)　「暫定的」な対処。

　　　ア　だんだんと解決に近づいていくやり方。　イ　一時的に行われる対処の仕方。

　　　ウ　思い切って行われる対処。　　　　エ　迷った末に行われる対処。

(3)　「下馬評」が高い。

　　　ア　一般的な，噂程度の。　　　　　イ　不明確な，はっきりとしない。

　　　ウ　事前の，ことが起こる前の。　　エ　間違いのない，明確な。

(4)　「雑木林」をぬけた住宅地。

　　　ア　手入れのされていない林。　　　イ　いろいろな用途の材木を取る林。

　　　ウ　さまざまな種類の樹木が生える林。エ　役に立たない木がはえる林。

(5)　「白眼視」されている説

　　　ア　冷たい目でみること。　　　　　イ　びっくりした，驚くべきだとする見方。

　　　ウ　意識のない，意味のない見方。　エ　尊敬すべきだとする考え。

(6) 音楽家の「登竜門」
　ア　誰もが通る場所。　　　　　　イ　立身出世のためのスタート
　ウ　多くの人々が集まるところ　　エ　多くの人がうらやましがる場所。

(7) 劇は「大団円」を迎える。
　ア　ハッピーエンドのこと。　　　イ　クライマックスのこと。
　ウ　一杯の登場人物があつまること。エ　なぞだらけの結末のこと。

(8) 「有頂天」になるできごと。
　ア　限界がわかること。　　　　　イ　見通しが明るくなること。
　ウ　とっても得意であること。　　エ　とっても有名なこと。

(9) 将来の「試金石」
　ア　物事を判断する基準。　　　　イ　人を試すためのテスト。
　ウ　素晴しい将来を目指すこと　　エ　まるで金のような明るい未来のこと。

5　熟語の問題

解答は P. 208 に

(1)　二字の熟語の組み合わせになるように，マス目の真ん中に適当な漢字をあてはめてください。熟語は上下左右どの方向から，読んでも構いません。

① 　② 　③

④ 　⑤ 　⑥

⑦ 　⑧ 　⑨

⑩

	分	
戒		称
	賛	

⑪

	呈	
骨		朝
	暴	

⑫

	画	
写		放
	反	

⑬

	潤	
益		用
	鋭	

⑭

	表	
句		現
	出	

⑮

	露	
末		完
	果	

(2) 次の□にあてはまる，選択肢の，打消しの意味の漢字を書いて，熟語を完成させてください。

　　ア　無　　イ　未　　ウ　非　　エ　不

① □朽の名作である映画を，DVD で見る。　　　　　　（　　　　　）
② □公開の映像が，テレビで公開された。　　　　　　（　　　　　）
③ □理が通れば，道理が引っ込む。　　　　　　　　　（　　　　　）
④ 人跡□踏のジャングルを探検する。　　　　　　　　（　　　　　）
⑤ □調整豆乳が体に良い。　　　　　　　　　　　　　（　　　　　）
⑥ 衆議院選挙に，□所属で出馬する。　　　　　　　　（　　　　　）
⑦ 船橋市の，□公認キャラクター。　　　　　　　　　（　　　　　）
⑧ マスコミの□常識な放送に抗議が集まった。　　　　（　　　　　）
⑨ 通行止めの解除は，□定です。　　　　　　　　　　（　　　　　）
⑩ 度重なる地震の発生に，人々は□安を隠せない。　　（　　　　　）
⑪ 彼女は何をやらせても，□凡な才能を発揮する。　　（　　　　　）
⑫ 彼の腕は，まだまだ□熟である。　　　　　　　　　（　　　　　）

6 四字熟語の問題①…次の四字熟語の読みを答え，その意味を選びましょう。

解答は P.208 に

(1) <u>異口同音</u>に賛成する。 （　　　　　　　　）（　　　　　　）
　　① 多くのものが同じことを言うこと。　② 真っ二つに切るような明確なやりかた。
　　③ 見かけだけの利益。　　　　　　　④ 最初から最後まで話が通っていること。

(2) <u>旧態依然</u>とした役所の対応。 （　　　　　　　　）（　　　　　　）
　　① とんでもないことのたとえ。　　② 昔のままで，変り映えがしないこと。
　　③ 不要なものを捨ててしまうこと。④ 命がうしなわれるような危機のこと。

(3) 息子の帰還を，<u>一日千秋</u>の想いで待つ。 （　　　　　　）（　　　　　　）
　　① 人の言うことに関心を持たないこと。② 言いたいことをまず，はっきり言うこと。
　　③ とても待ち遠しいことのたとえ。④ われを忘れて没頭すること。

(4) 相棒の気持ちが<u>以心伝心</u>で通じる。 （　　　　　　）（　　　　　　）
　　① 悪者は徹底的にやっつけること。② 行動ひとつひとつのこと。
　　③ 容姿と頭脳をかねそなえること。④ 言葉を使わずに気持ちが伝わること。

(5) <u>前代未聞</u>のできごとが起きた。 （　　　　　　　　）（　　　　　　）
　　① 今までに，見たことも聞いたこともない。② 黙ったまま深く考え込むこと。
　　③ しかる，ほめるをしっかりとすること。　④ 味気ないこと。

(6) <u>優柔不断</u>な対応をする政治家。 （　　　　　　　　）（　　　　　　）
　　① 物事の筋道が通っていること。　② はっきりと判断できないこと。
　　③ 年齢を重ねてから出世すること。④ 筋道がなく，むちゃくちゃなこと。

(7) 自分の作品を<u>自画自賛</u>した。 （　　　　　　　　）（　　　　　　）
　　① めったにないチャンスのこと。　② 喜んだり悲しんだりすること。
　　③ 自分で自分をほめること。　　　④ まもるべい大切な言葉のこと。

(8) 新政策に<u>徹頭徹尾</u>反対した。 （　　　　　　　　）（　　　　　　）
　　① たった一人で助けのないこと。　② 業によって報いを受けること。
　　③ ただ，慌ててうろたえること。　④ はじめから終わりまでずっと。

(9) <u>空前絶後</u>のできごとに驚く。 （　　　　　　　　）（　　　　　　）
　　① 後にも先にもめったにないこと。② いっきに立ち直ること。
　　③ 新しく態度を変えること。　　　④ 一つのことで二つの利益を得る。

7 類義語の問題

解答は P. 208 に

(1) 次の熟語の類義語を [____] の漢字二字を組み合わせて書いてください。

①改善＝（　　　　　）　②破損＝（　　　　　）　③綿密＝（　　　　　）

④得意＝（　　　　　）　⑤蒸発＝（　　　　　）　⑥風評＝（　　　　　）

⑦風格＝（　　　　　）　⑧警戒＝（　　　　　）　⑨安直＝（　　　　　）

気	風	警	品	得	心	損	改	安
易	細	聞	化	気	備	手	良	傷

(2) 次の熟語の類義語を [____] の漢字二字を組み合わせて書いてください。

①委細＝（　　　　　）　②重宝＝（　　　　　）　③傾向＝（　　　　　）

④個性＝（　　　　　）　⑤風光＝（　　　　　）　⑥風習＝（　　　　　）

⑦短所＝（　　　　　）　⑧体験＝（　　　　　）　⑨関知＝（　　　　　）

詳	便	特	俗	潮	性	細	利	景
風	風	風	点	関	欠	経	与	験

(3) 次の熟語の類義語を，[____] の中から選んで漢字で書いてください。

①生涯＝（　　　　　）　②永遠＝（　　　　　）　③戸外＝（　　　　　）

④案外＝（　　　　　）　⑤納得＝（　　　　　）　⑥帰省＝（　　　　　）

⑦期限＝（　　　　　）　⑧願望＝（　　　　　）　⑨台本＝（　　　　　）

> えいきゅう　ききょう　きぼう　きじつ　いがい　きゃくほん
> いっしょう　がてん　やがい

(4) 次の熟語の類義語を，[____] の中から選んで漢字で書いてください。

①刊行＝（　　　　　）　②安全＝（　　　　　）　③遺品＝（　　　　　）

④手段＝（　　　　　）　⑤準備＝（　　　　　）　⑥将来＝（　　　　　）

⑦成就＝（　　　　　）　⑧用心＝（　　　　　）　⑨心配＝（　　　　　）

> しゅっぱん　ぶじ　かたみ　ほうほう　ようい　みらい
> たっせい　ちゅうい　ふあん

(5) 次の熟語の類義語を，□に漢字を一字入れて完成させてください。

①故郷＝□里　②議論＝討□　③原因＝□由

④厚意＝□切　⑤向上＝進□　⑥将来＝□来

⑦反目＝不□　⑧魂胆＝□図　⑨塩梅＝□減

8　対義語の問題

解答は P. 209 に

(1) 次の熟語の対義語を　□　の漢字二字を組み合わせて書いてください。

①単純⇔（　　　　）　②短縮⇔（　　　　）　③横断⇔（　　　　）

④直接⇔（　　　　）　⑤困難⇔（　　　　）　⑥臨時⇔（　　　　）

⑦需要⇔（　　　　）　⑧生産⇔（　　　　）　⑨失敗⇔（　　　　）

複	延	給	断	成	間	定	費	易
供	長	縦	容	消	功	雑	接	例

(2) 次の熟語の対義語を　□　の漢字二字を組み合わせて書いてください。

①軟弱⇔（　　　　）　②感情⇔（　　　　）　③損害⇔（　　　　）

④偶然⇔（　　　　）　⑤模倣⇔（　　　　）　⑥普遍⇔（　　　　）

⑦節約⇔（　　　　）　⑧虚偽⇔（　　　　）　⑨絶対⇔（　　　　）

強	理	特	益	必	費	性	創	殊
固	浪	真	利	造	実	相	対	然

(3) 次の熟語の対義語を，　□　の中から選んで漢字で書いてください。

①着陸⇔（　　　　）　②消極⇔（　　　　）　③正常⇔（　　　　）

④不況⇔（　　　　）　⑤否定⇔（　　　　）　⑥同質⇔（　　　　）

⑦向上⇔（　　　　）　⑧反抗⇔（　　　　）　⑨急性⇔（　　　　）

> ていか　まんせい　いじょう　いしつ　こうてい　ふくじゅう
> こうきょう　りりく　せっきょく

(4) 次の熟語の対義語を，[　　　]の中から選んで漢字で書いてください。

①軽薄⇔(　　　　)　　②道理⇔(　　　　)　　③平凡⇔(　　　　)

④主観⇔(　　　　)　　⑤依存⇔(　　　　)　　⑥圧勝⇔(　　　　)

⑦一瞬⇔(　　　　)　　⑧温暖⇔(　　　　)　　⑨故意⇔(　　　　)

```
きゃっかん　かんれい　かしつ　かんぱい　じりつ
むり　じゅうこう　ひぼん　えいえん
```

(5) 次の熟語の対義語を，□に一字入れて完成させてください。

①解散⇔□合　　②委細⇔□略　　③拡大⇔□小

④乾燥⇔湿□　　⑤安全⇔□険　　⑥客体⇔□体

⑦豊作⇔□作　　⑧強硬⇔□健　　⑨空想⇔□実

9　四字熟語の問題②

解答は P. 209 に

---

(1) 次の意味の四字熟語を，選択肢から選んで記号で答えてください。

① ある行動を起こすための，口実と理由になること。　　(　　　　)

② 自然に存在するすべてのもののこと。　　(　　　　)

③ ただ他の人の考え方に賛成するだけのこと。　　(　　　　)

④ 前もって行う準備が，十分できていること。　　(　　　　)

⑤ 厚かましくて，恥を知らないこと。　　(　　　　)

⑥ 一生に一度しかないぐらいの大切な出会いのこと。　　(　　　　)

⑦ 自らの行ったことに対する報いを自分で受けること。　　(　　　　)

⑧ その場その場でうまく対処していくこと。　　(　　　　)

⑨ 周りにいる人を無視して，勝手に振舞うこと。　　(　　　　)

⑩ やけになること。　　(　　　　)

ア　付和雷同　　イ　用意周到　　ウ　森羅万象　　エ　臨機応変

オ　傍若無人　　カ　自業自得　　キ　大義名分　　ク　自暴自棄

ケ　一期一会　　コ　厚顔無恥　　サ　無我夢中　　シ　荒唐無稽

(2) 次の意味の四字熟語を，選択肢から選んで記号で答えてください。

① 少しのきっかけで，紛争になりそうな状態のこと。　　(　　　　)

② ささいな物事をおおげさに誇張して言うこと。　　(　　　　)

③ 故事を大切にしてはじめて，新しい事も理解できる。　　(　　　　)

④　のんびりとした，悠々自適の生活のこと。　　　（　　　　　）

⑤　自然の美しいもの。　　　　　　　　　　　　　（　　　　　）

⑥　現状が分からず，どうしていいか分からない状態。　（　　　　　）

⑦　わずかな時間，日時のこと。　　　　　　　　　（　　　　　）

⑧　あちこちに忙しく駆け回る状態。　　　　　　　（　　　　　）

⑨　人間のさまざまな感情のこと。　　　　　　　　（　　　　　）

⑩　危険がごく近くまで迫っていること。　　　　　（　　　　　）

ア　臨機応変　　イ　花鳥風月　　ウ　一朝一夕　　エ　危機一髪

オ　喜怒哀楽　　カ　一触即発　　キ　東奔西走　　ク　五里霧中

ケ　針小棒大　　コ　晴耕雨読　　サ　温故知新　　シ　大言壮語

(3)　**次の四字熟語の，□にあてはまる漢数字を一字，書いてください。**

①　□進一退（　　　　　）　②　□寒四温（　　　　　）　③　四苦□苦（　　　　　）

④　□面楚歌（　　　　　）　⑤　□石二鳥（　　　　　）　⑥　□転八倒（　　　　　）

(4)　**次の四字熟語の，□にあてはまる漢字を一字，書いてください。**

①　起□転結（　　　　　）　②　傍□無人（　　　　　）　③　言□道断（　　　　　）

④　本□転倒（　　　　　）　⑤　意気消□（　　　　　）　⑥　□想天外（　　　　　）

10　四字熟語の問題③

解答は P. 209 に

(1)　**次の各文の　　　　　にあてはまる四字熟語を，後から選び記号で選んでください。**

①　彼が受験に失敗したのも　　　　　だ。

ア　自暴自棄　　イ　自業自得　　ウ　二律背反　　エ　自分勝手

②　　　　　　にこだわって，もっと大切な事を見落としてはいないか。

ア　金科玉条　　イ　針小棒大　　ウ　枝葉末節　　エ　末梢神経

③　初めての経験で，　　　　　の状態であった。

ア　暗中模索　　イ　朝三暮四　　ウ　千載一遇　　エ　清廉潔白

④　作者は未開の森を歩いていて，　　　　　に感謝している。

ア　花鳥風月　　イ　森羅万象　　ウ　天変地異　　エ　自然災害

⑤　文化祭の出し物が決まらず，クラスは　　　　　の状態だ。

ア　朝三暮四　　イ　独立独歩　　ウ　四分五裂　　エ　人跡未踏

⑥　この作者の小説は，　　　　　で派手な作品が多い。

ア　付和雷同　　イ　栄枯盛衰　　ウ　清廉潔白　　エ　荒唐無稽

⑦ 受験の結果に, _____ している。
　ア　一喜一憂　　イ　危機一髪　　ウ　山紫水明　　エ　厚顔無恥
⑧ 新しい薬品の開発には, _____ する必要がある。
　ア　奇想天外　　イ　試行錯誤　　ウ　日進月歩　　エ　一朝一夕
⑨ 作文には, _____ を整えて書く必要がある。
　ア　千差万別　　イ　馬耳東風　　ウ　起承転結　　エ　意味深長
⑩ _____ とは, 年齢を重ねてから, 物事で成功をおさめる事である。
　ア　支離滅裂　　イ　竜頭蛇尾　　ウ　三寒四温　　エ　大器晩成

(2)　**次の四字熟語の, □にあてはまる動物を表す漢字を選び, 記号であてはめてください。**

① □視眈々　　（　　　）　　② □耳東風　　（　　　）
③ 竜頭□尾　　（　　　）　　④ 画□点睛　　（　　　）
⑤ 一石二□　　（　　　）　　⑥ □頭狗肉　　（　　　）
⑦ 汗□充棟　　（　　　）　　⑧ □口牛後　　（　　　）

```
ア　鳥　　イ　牛　　ウ　馬　　エ　羊　　オ　竜
カ　蛇　　キ　鶏　　ク　虎
```

(3)　**次の四字熟語が完成するように, （　　　）当てはまる熟語を記号で選んでください。**

① 平身（　　　）　　② （　　　）鬼没　　③ 順風（　　　）
④ 群雄（　　　）　　⑤ （　　　）掻痒　　⑥ 孤軍（　　　）
⑦ 生者（　　　）　　⑧ 呉越（　　　）　　⑨ 質実（　　　）

```
ア　割拠　　イ　同舟　　ウ　奮闘　　エ　満帆　　オ　剛健
カ　必滅　　キ　神出　　ク　隔靴　　ケ　低頭
```

11 部首の問題

解答は P. 210 に

(1) 次の漢字の部首を ☐ から記号で選び，その部首名も答えてください。

ア 禾	イ 尸	ウ ⺤	エ 厂	オ 艹
カ 扌	キ 穴	ク ⼎	ケ 灬	コ 頁
サ 亻	シ 匚			

① 区( )　部首名（　　　　）　② 秋( )　部首名（　　　　）
③ 信( )　部首名（　　　　）　④ 預( )　部首名（　　　　）
⑤ 局( )　部首名（　　　　）　⑥ 点( )　部首名（　　　　）
⑦ 握( )　部首名（　　　　）　⑧ 今( )　部首名（　　　　）
⑨ 空( )　部首名（　　　　）　⑩ 厚( )　部首名（　　　　）

(2) 次の漢字の部首を ☐ から記号で選び，その部首名も答えてください。

ア 夲	イ 刂	ウ 行	エ 罒	オ 阝（つくり）
カ 谷	キ 犭	ク 宀	ケ 門	コ 阝（へん）
サ 口	シ 欠			

① 欲( )　部首名（　　　　）　② 防( )　部首名（　　　　）
③ 別( )　部首名（　　　　）　④ 間( )　部首名（　　　　）
⑤ 衛( )　部首名（　　　　）　⑥ 邦( )　部首名（　　　　）
⑦ 罪( )　部首名（　　　　）　⑧ 径( )　部首名（　　　　）
⑨ 団( )　部首名（　　　　）　⑩ 定( )　部首名（　　　　）

(3) 次の漢字の部首を ☐ から記号で選び，その部首名も答えてください。

ア ⺍	イ 殳	ウ 心	エ 夂	オ 肉
カ 木	キ 辶	ク 一	ケ 卩	コ 工
サ 巾	シ 乚			

① 退( )　部首名（　　　　）　② 印( )　部首名（　　　　）
③ 末( )　部首名（　　　　）　④ 差( )　部首名（　　　　）
⑤ 世( )　部首名（　　　　）　⑥ 段( )　部首名（　　　　）

⑦　救(　)　部首名　(　　　　)　　⑧　希(　)　部首名　(　　　　)

⑨　建(　)　部首名　(　　　　)　　⑩　慕(　)　部首名　(　　　　)

(4) **次の部首の漢字を ▢ から記号で選んでください。**

①　さんづくり　(　　)　　②　ころも　　　(　　)

③　まだれ　　　(　　)　　④　しめすへん　(　　)

⑤　くるまへん　(　　)　　⑥　つきへん　　(　　)

⑦　やまいだれ　(　　)　　⑧　うま　　　　(　　)

ア　庫	イ　易	ウ　即	エ　被	オ　転
カ　朝	キ　疾	ク　影	ケ　祈	コ　駅

第2章
基礎国語2
【言葉の知識編】

　一般教養の問題で，勉強に苦労する単元が「国語知識」です。
　「国語知識」は普段，読書をしておられる方はご存知ですが，本を読まれない方にはなかなか浸透していないようです。
　重点的に「言葉の知識」を身に付けて頂くと同時に，読書の習慣を身に付けて頂きたいと思っております。

1 ことわざの問題①

解答は P. 211 に

(1) **次のことわざの意味を，記号で選んでください。**

①壁に耳あり，障子に目あり。（ 　） ②生き馬の目を抜く。 （ 　）

③魚心あれば，水心。 （ 　） ④縁の下の力持ち。 （ 　）

⑤鬼の目にも涙。 （ 　） ⑥果報は寝て待て。 （ 　）

⑦窮鼠猫を噛む。 （ 　） ⑧口はわざわいのもと。 （ 　）

⑨ケガの功名。 （ 　） ⑩転ばぬ先の杖。 （ 　）

ア　焦らず，時を待てということ。　　イ　予想もしない結果となること。

ウ　見えない所で人を支えること。　　エ　相手の出かた次第で変化すること。

オ　言葉の失敗は不幸の原因となる。　カ　秘密は誰が聞いているか分からないこと。

キ　必死になると弱い者でも強い者に勝つ。　ク　前もって失敗しない用意をすること。

ケ　人を出し抜くほど敏捷なこと。　　コ　鬼のようなものでも情けを感じること。

(2) **次のことわざの意味を，記号で選んでください。**

①三人寄れば文殊の知恵。 （ 　） ②蛇の道は蛇。 （ 　）

③雀百まで踊り忘れず。 （ 　） ④背は腹に変えられぬ。 （ 　）

⑤備えあれば憂いなし。 （ 　） ⑥蓼（タデ）食う虫も好きずき。 （ 　）

⑦竹馬の友。 （ 　） ⑧鶴の一声。 （ 　）

⑨手塩にかける。 （ 　） ⑩毒をもって毒を制す。 （ 　）

ア　悪を悪によってこらしめること。イ　偉い人の一声で決まってしまうこと。

ウ　集まって相談すればいい知恵がうかぶ。エ　準備をしていればいざという時困らない。

オ　多少の犠牲はやむを得ないこと。カ　人の好みもそれぞれだということ。

キ　自分の手で大切に育てること。　ク　いつまでも子供の癖が治らないこと。

ケ　どんな道にも専門家はいること。コ　幼い頃から一緒に遊んだ友達。

(3) **次のことわざの意味を，記号で選んでください。**

①ない袖は振れぬ。 （ 　） ②二兎負うものは一兎も得ず。 （ 　）

③濡れ手で粟。 （ 　） ④寝耳に水。 （ 　）

⑤能ある鷹は爪隠す。 （ 　） ⑥歯に衣着せぬ。 （ 　）

⑦ひょうたんから駒が出る。 （ 　） ⑧笛吹けどおどらず。 （ 　）

⑨下手の考え休むに似たり。 （ 　） ⑩坊主憎けりゃ袈裟まで憎い。 （ 　）

⑪待てば海路の日和あり。 （ 　） ⑫渡る世間に鬼は無い。 （ 　）

ア　同時に得ようとしても一つも得られない。イ　才能のあるものはそれをひけらかさない。

ウ　思ったことを包まず言うこと。　エ　苦労をせずに手に入れること。

オ　誘っても誰ものって来ないこと。カ　冷たい人ばかりでなく温かな人もいる。

162

キ　人を恨むあまりその持ち物まで憎い。　　ク　ないものは出せないということ。
ケ　思いもよらぬことが起こること。　コ　突然のことに慌てふためくこと。
サ　気長に待てば，運がめぐってくる。　シ　無駄に長考しても役に立たないこと。

2　ことわざの問題②

解答は P. 211 に

(1)　次のことわざの(　　　　)に，適当な言葉をあてはめてください。【漢数字】
　　① 早起きは(　　　　　)文の得。 (　　　　　　)
　　② 石の上にも(　　　　　)年。 (　　　　　　)
　　③ (　　　　　)度あることは三度ある。 (　　　　　　)
　　④ 一寸の虫にも(　　　　　)分の魂。 (　　　　　　)
　　⑤ 色の白いは(　　　　　)難かくす。 (　　　　　　)
　　⑥ 鬼も(　　　　　)，番茶も出花。 (　　　　　　)
　　⑦ (　　　　　)死に一生を得る。 (　　　　　　)
　　⑧ (　　　　　)尺下がって，師の影を踏まず。 (　　　　　　)
　　⑨ (　　　　　)里の道も一歩から。 (　　　　　　)
　　⑩ 人のうわさも(　　　　　)日。 (　　　　　　)
(2)　次のことわざの(　　　　)に，適当な言葉をあてはめてください。【動物】
　　① 天高く，(　　　　　)肥ゆる秋。 (　　　　　　)
　　② 捕らぬ(　　　　　)の皮算用。 (　　　　　　)
　　③ (　　　　　)の首に鈴をつける。 (　　　　　　)
　　④ 飼い(　　　　　)に手をかまれる。 (　　　　　　)
　　⑤ 苛政は(　　　　　)よりも猛し。 (　　　　　　)
　　⑥ 虎の威を借る(　　　　　)。 (　　　　　　)
　　⑦ (　　　　　)も木から落ちる。 (　　　　　　)
　　⑧ 負け(　　　　　)の遠吠え。 (　　　　　　)
　　⑨ (　　　　　)に引かれて善光寺参り。 (　　　　　　)
　　⑩ 立つ(　　　　　)跡をにごさず。 (　　　　　　)
(3)　次のことわざの(　　　　)に，適当な言葉をあてはめてください。【体の一部】
　　① 実るほど(　　　　　)を垂れる稲穂かな。 (　　　　　　)
　　② (　　　　　)は災いの門。 (　　　　　　)
　　③ 飼い犬に(　　　　　)をかまれる。 (　　　　　　)
　　④ (　　　　　)も足も出ない。 (　　　　　　)
　　⑤ (　　　　　)から鼻へぬける。 (　　　　　　)

⑥　(　　　　)に衣着せぬ。　　　　　　　　　　　　(　　　　)
⑦　のれんに(　　　　)押し。　　　　　　　　　　(　　　　)
⑧　(　　　　)に(　　　　)はかえられぬ。　　(　　　　)
⑨　どんぐりの(　　　　)比べ。　　　　　　　　(　　　　)
⑩　仏の(　　　　)も三度まで。　　　　　　　　(　　　　)

3　ことわざの問題③　　　　　　　　　解答は P. 211 に

⑴　次のことわざとよく似た意味を持ったことわざを選択肢の中から記号で選んでください。

　　①　焼け石に水。　　　　　　　　　(　　)②　石の上にも三年。　　　　　　　(　　)
　　③　豚に念仏，ネコに経。　　　　　(　　)④　暗中模索。　　　　　　　　　　(　　)
　　⑤　沈む瀬あれば浮かぶ瀬もあり。(　　)⑥　追い風に帆を上げる　　　　　(　　)
　　⑦　光陰矢のごとし。　　　　　　　(　　)⑧　雨だれ石をもうがつ。　　　　(　　)
　　⑨　孝行をしたい時には親は無し。(　　)⑩　月とすっぽん。　　　　　　　(　　)
　　⑪　疾風迅雷。　　　　　　　　　　(　　)⑫　紺屋の白袴。　　　　　　　　(　　)
　　ア　電光石火。　　　　　　　　　　　　イ　一念岩をも通す。
　　ウ　医者の不養生。　　　　　　　　　　エ　馬の耳に念仏。
　　オ　ひょうたんに釣鐘。　　　　　　　　カ　二階から目薬。
　　キ　五里霧中　　　　　　　　　　　　　ク　時は金なり。
　　ケ　順風満帆。　　　　　　　　　　　　コ　待てば海路の日和あり。
　　サ　明日は明日の風が吹く　　　　　　　シ　墓に布団は着せられぬ。

⑵　次のことわざと反対の意味を持ったことわざを選択肢の中から選んでください。

　　①　急がばまわれ。　　　　　　　　(　　)②　船頭多くして船山を登る。　(　　)
　　③　渡る世間に鬼はなし。　　　　　(　　)④　トンビが鷹をうむ。　　　　(　　)
　　⑤　備えあれば憂いなし。　　　　　(　　)⑥　好きこそものの上手なれ。　(　　)
　　⑦　三度目の正直。　　　　　　　　(　　)⑧　一石二鳥。　　　　　　　　(　　)
　　⑨　果報は寝て待て。　　　　　　　(　　)⑩　虎穴にいらずんば虎児を得ず。(　　)
　　⑪　溺れる者はわらをもつかむ。　(　　)⑫　立つ鳥跡をにごさず。　　　(　　)
　　ア　下手の横好き。　　　　　　　　　　イ　思い立ったが吉日。
　　ウ　三人寄れば文殊の知恵。　　　　　　エ　人を見たら泥棒と思え。
　　オ　君子危きに近寄らず　　　　　　　　カ　二度あることは三度ある。
　　キ　旅の恥はかき捨て。　　　　　　　　ク　泥棒を捕まえてから縄をなう。

ケ　ウリのツルにはなすびはならぬ。　コ　まかぬ種は生えぬ。

サ　二兎追う者は一兎も得ず。　　　シ　武士は食わねど高楊枝。

(3)　次のことわざの（　　　）に，適当な言葉をあてはめてください。【色】

① （　　　　　）は藍より出でて藍より（　　　　　）し。（　　　　　）

② （　　　　　）に交われば赤くなる。　　　　（　　　　　）

③　となりの花は（　　　　）。　　　　　　　（　　　　　）

④ （　　　　　）一点。　　　　　　　　　　（　　　　　）

⑤ （　　　　　）羽の矢がたつ。　　　　　　（　　　　　）

⑥　色の（　　　　　）は七難かくす。　　　　（　　　　　）

⑦ （　　　　　）眉。　　　　　　　　　　　（　　　　　）

4　慣用句の問題①

解答は P. 212 に

(1)　次の（　　　　）に言葉を入れて，慣用句を完成させてください。【動物】

① （　　　　）の手も借りたい。　　② ふくろの（　　　　）。

③ （　　　　）につままれる。　　　④ （　　　　）の子を散らす。

⑤ （　　　　）の一声。　　　　　　⑥ 捕らぬ（　　　　）の皮算用。

⑦ （　　　　）が合う。　　　　　　⑧ （　　　　）の涙。

⑨　あぶ（　　　　）とらず。　　　　⑩ 負け（　　　　）の遠吠え。

⑪ （　　　　）のぼりの勢い。　　　⑫ （　　　　）の知らせ。

⑬ （　　　　）の額ほどの土地。　　⑭ 逃した（　　　　）は大きい。

⑮ （　　　　）の子の貯金。　　　　⑯ 温泉で（　　　　）をのばす。

(2)　次の文の（　　　　）に言葉を入れて，慣用句を完成させてください。【数字】

①　彼の欠点の数は，（　　　　）指に余る。② ローマは（　　　　）日にして成らず。

③　一か（　　　　）かの賭けにでる。　　④ 一を聞いて（　　　　）を知る人物。

⑤ （　　　　）日にあげず訪問をする。　⑥ がっぷり（　　　　）つに組む。

⑦　もはや（　　　　）事休すだ。　　　⑧ 台風（　　　　）過の晴天。

⑨　職人の（　　　　）つ道具。　　　　⑩ 結果を（　　　　）笑にふす。

⑪　他とは（　　　　）線を画する。　　⑫ 対応に（　　　　）の句が継げない。

⑬ （　　　　）歩譲っても，認められない。⑭ ほっと（　　　　）息つく。

⑮ （　　　　）度目の正直。　　　　　⑯ （　　　　）難さってまた（　　　　）難。

(3)　次の文の（　　　　）に言葉を入れて，慣用句を完成させてください。【身体】

①　業績が（　　　　）打ちだ。　　② 後ろ（　　　　）をひかれる思いだ。

③ （　　　　）の皮の厚い男だ。　　④ 生き馬の（　　　　）を抜く。

⑤　人のあげ（　　　）を取る。　　⑥　（　　　）をこまねいてはいられない。

⑦　出来上がった絵に（　　　）を加える。⑧　ライバルだが一（　　　）置いている。

⑨　その光景に（　　　）を疑った。⑩　彼は流行に（　　　）もくれない。

⑪　悪友の（　　　）車に乗る。　　⑫　（　　　）も足もでない。

⑬　才能を（　　　）にかける。　　⑭　商売人らしく（　　　）が低い人だ。

⑮　強い相手に（　　　）がたたない。⑯　（　　　）から火が出るほど恥ずか

しい。

⑷　次の文の（　　　）に言葉を入れて，慣用句を完成させてください。【その

他】

①　返答に困って（　　　）をにごす。②　難問に出会って（　　　）を投げた。

③　約束を破らぬよう（　　　）をさす。④　着物姿が（　　　）についている。

⑤　失敗に（　　　）をただして謝罪する。⑥　（　　　）で押したように同じだ。

⑦　成功に（　　　）に乗ってはいけない。⑧　（　　　）より団子。

⑨　過ちを（　　　）に流して出発する。　⑩　芸は（　　　）を助ける。

5　慣用句の問題②

解答は P. 212 に

⑴　次の慣用句の意味を選択肢の中から記号で選んでください。

①　情けは人の為ならず。　　　　（　）②　焼け石に水。　　　　　　　　（　）

③　しのぎを削る。　　　　　　　（　）④　意に介さない。　　　　　　　（　）

⑤　雲泥の差。　　　　　　　　　（　）⑥　一肌脱ぐ。　　　　　　　　　（　）

⑦　火ぶたを切る。　　　　　　　（　）⑧　手をこまねく。　　　　　　　（　）

⑨　脈がある。　　　　　　　　　（　）⑩　音を上げる。　　　　　　　　（　）

ア　刀をあわせる程激しく争うこと。イ　弱音を吐く。途中で投げ出す。

ウ　気にしない，意識しない。　　　エ　争い，競争が始まる。

オ　努力が足りないこと。　　　　　カ　人への情けはいずれ自分に戻ってくる。

キ　見込みがある。　　　　　　　　ク　何もできないこと。傍観する。

ケ　天と地ほどの違い。大きな違い。コ　手助け，支援すること。

⑵　次の慣用句の意味を選択肢の中から記号で選んでください。

①　飯のタネ。　　　　　　　　　（　）②　油を売る。　　　　　　　　　（　）

③　茶腹も一時。　　　　　　　　（　）④　絵にかいた餅。　　　　　　　（　）

⑤　手前味噌。　　　　　　　　　（　）⑥　脂がのる。　　　　　　　　　（　）

⑦　茶々を入れる。　　　　　　　（　）⑧　くさい飯を食う。　　　　　　（　）

⑨　火に油を注ぐ。　　　　　　　（　）⑩　肉を付ける。　　　　　　　　（　）

ア　仕事の調子がでてくる。　　　イ　とりあえず急場をしのぐことはできる。

ウ　役に立たない物のたとえ。　　エ　自画自賛，自分のことをほめる。

オ　生活をするための手段。収入源。カ　内容を濃くする。付け加える。

キ　邪魔をする，水を差す。　　　ク　刑務所に入る。

ケ　勢いをさらに激しくする。　　コ　仕事の途中で怠ける。

(3) 次の慣用句の意味を選択肢の中から記号で選んでください。

① 風上におけない。　　　　（　）② 火が付く。　　　　　　　（　）

③ 湯水のように使う。　　　（　）④ 氷山の一角。　　　　　　（　）

⑤ 山が当たる。　　　　　　（　）⑥ 雲行きが怪しい。　　　　（　）

⑦ 星をかせぐ。　　　　　　（　）⑧ 波に乗る。　　　　　　　（　）

⑨ 泥をかぶる。　　　　　　（　）⑩ 雷を落とす。　　　　　　（　）

ア　大声で怒鳴りつける。怒る。　　イ　他人の失敗の責任を負う。

ウ　勢いに乗る，調子に乗る。　　エ　大きな物事のごく一部分。

オ　ある事が原因で騒ぎが起こる。　カ　点数を稼ぐ，成績をあげる。

キ　お金などを惜しげもなく使う。　ク　物事が，悪い方に向かうこと。

ケ　予想が的中する。　　　　　　コ　卑劣な行動を非難して言う言葉。

6　慣用句の問題③

解答は P. 212 に

次の■に共通の漢字を一字書き，選択肢の中からそれぞれの意味を選んでください。

(1) 共通の漢字 【　　　　　】

　① ■に流す。　　　　　　（　）② ■をあける。　　　　　　（　）

　③ ■ももらさぬ。　　　　（　）④ ■を差す。　　　　　　　（　）

　ア　差を開けること。　　　　　イ　秘密を守ること。

　ウ　なかったことにすること。　エ　邪魔をすること。

(2) 共通の漢字 【　　　　　】

　① ■を割る。　　　　　　（　）② ■をくくる。　　　　　　（　）

　③ ■の皮がよじれる。　　（　）④ ■がすわる。　　　　　　（　）

　ア　決心すること。　　　　　　イ　落ち着いていること。

　ウ　笑いが止まらないこと。　　エ　隠し事をしないで話すこと。

(3) 共通の漢字 【　　　　　】

　① ■が痛む。　　　　　　（　）② ■を打つ。　　　　　　　（　）

　③ ■をなでおろす。　　　（　）④ ■がおどる。　　　　　　（　）

ア　ほっとすること。　　　　　　　イ　わくわくすること。

ウ　心配で苦しくなること。　　　　エ　感動すること。

(4) **共通の漢字【　　　　】**

① ■塩にかける。　　　　　　（　　） ② ■をこまぬく(こまねく)。（　　）

③ ■を結ぶ。　　　　　　　　（　　） ④ ■を染める。　　　　　　（　　）

ア　何もしないで傍観する。　　　　イ　幼い頃から大切に育てること。

ウ　物事を始めること。　　　　　　エ　協力をすること。

(5) **共通の漢字【　　　　】**

① ■もふたもない。　　　　　（　　） ② ■を粉にする。　　　　　（　　）

③ ■に余る。　　　　　　　　（　　） ④ ■につまされる。　　　　（　　）

ア　自分に起こったことのように感じる。イ　とても苦労をすること。

ウ　自分にはもったいないこと。　　エ　露骨で含みのないこと。

(6) **共通の漢字【　　　　】**

① ■がすべる。　　　　　　　（　　） ② ■がかたい。　　　　　　（　　）

③ ■をぬぐう。　　　　　　　（　　） ④ ■車に乗る。　　　　　　（　　）

ア　ついうっかり言ってしまうこと。イ　うまい言葉にだまされること。

ウ　無関係を装うこと。　　　　　　エ　あまりしゃべらないこと。

7　慣用句の問題④

解答は P. 213 に

次の■に共通の漢字を一字書き，選択肢の中からそれぞれの意味を選んでください。

(1) **共通の漢字【　　　　】**

① ■が出る。　　　　　　　　（　　） ② ■が棒になる。　　　　　（　　）

③ ■をひっぱる。　　　　　　（　　） ④ ■を洗う。　　　　　　　（　　）

ア　歩いてひどく疲れること。　　　イ　他の人のじゃまをすること。

ウ　今の職業をやめること。　　　　エ　予算がオーバーとなること。

(2) **共通の漢字【　　　　】**

① ■を折る。　　　　　　　　（　　） ② ■持ちならない。　　　　（　　）

③ ■で笑う。　　　　　　　　（　　） ④ ■にかける。　　　　　　（　　）

ア　我慢できないぐらい不愉快なこと。イ　得意がること。

ウ　人を馬鹿にして笑うこと。　　　エ　得意がる者をへこませる。

(3) **共通の漢字【　　　　】**

① ■に余る。　　　　　　　　（　　） ② ■をかける。　　　　　　（　　）

③ ■が利く。　　　　　（　　）　④ ■を皿にする。　　　　（　　）
ア　一生懸命さがすこと。　　　　イ　心配りをする。気に掛ける。
ウ　物の良し悪しを見分ける事ができる。エ　程度を越えている。

(4)　**共通の漢字【　　　　　】**
① ■がない。　　　　　　（　　）　② ■と鼻の先。　　　　　（　　）
③ ■につく。　　　　　　（　　）　④ ■もくれない。　　　　（　　）
ア　あるものが大好きであること。　　イ　とても近いこと。
ウ　他を気にしないほど夢中な状態。　エ　とても目立つこと。

(5)　**共通の漢字【　　　　　】**
① ■が売れる。　　　　　（　　）　② ■をたてる。　　　　　（　　）
③ ■に泥を塗る。　　　　（　　）　④ ■がそろう。　　　　　（　　）
ア　人数がそろう。メンバーがそろう。　イ　相手の体面を保つこと。
ウ　世間に顔が知られていること。　　エ　恥をかかせる。面目を失わせる。

(6)　**共通の漢字【　　　　　】**
① ■をとがらせる。　　　（　　）　② ■が軽い。　　　　　　（　　）
③ ■が重い。　　　　　　（　　）　④ ■がうまい。　　　　　（　　）
ア　不満な顔つき。　　　　　　　　イ　よくしゃべること。
ウ　あまりしゃべらないこと。　　　エ　話がじょうずであること。

8　故事成語…中国の古い言い伝えから始まったことわざのこと。

解答は P.213 に

故事成語の問題①　次の□に漢字を一字選んで，故事成語を完成させてください。

(1)　□　盾　…つじつまの合わないこと。理屈が通らないこと。
　　ア　起　イ　矛　ウ　霧　エ　槍
(2)　□　足　…余計なこと，やる必要のないこと。
　　ア　蛇　イ　竜　ウ　馬　エ　牛
(3)　守　□　…守ってもあてにならないものを見守ること。
　　ア　空　イ　備　ウ　株　エ　衛
(4)　蛍　□　の　功…地道な努力を続けて，成功すること。
　　ア　光　イ　虫　ウ　窓　エ　雪
(5)　□　歩　百　歩…大した差はないこと，同程度であること。
　　ア　十　イ　二十　ウ　三十　エ　五十
(6)　□　夫　の　利…関係のない第三者が利益をえること。
　　ア　鳥　イ　漁　ウ　寡　エ　実

(7) 画 竜 点 ☐ を 欠 く…物事の仕上げをしていないこと。
　　　ア 雨　イ 晴　ウ 雲　エ 氷
(8) ☐ 断…注意をおこたることのたとえ。
　　　ア 水　イ 油　ウ 夢　エ 気
(9) 塞 翁 が ☐…良いこと悪いことは続かないこと。
　　　ア 牛　イ 馬　ウ 羊　エ 猿
(10) ☐ 山 の 石…どんなものでも自分の参考にすることができる。
　　　ア 遠　イ 高　ウ 深　エ 他
(11) 四 面 ☐ 歌…周り全てが敵であること。
　　　ア 秦　イ 魏　ウ 楚　エ 漢
(12) 朝 三 暮 ☐…見た目にごまかされること。
　　　ア 一　イ 二　ウ 三　エ 四

9　故事成語…強い教訓を含む言葉が多い。覚えるには故事を参考にした方が頭に入りやすい。解答はP. 213に

故事成語の問題②　次の逸話の故事成語を選択肢の中から選んでください。

(1) 中国の梁の画家が描いた四匹の竜は，瞳が描かれなかった。目を入れたら龍が飛んでいくという画家の言葉を信じられない人々が，瞳を書き入れると竜は絵を飛び出して飛んで行った。

　　　　　　　　　　　　　　　　　　　　　　　　　（　　　　　）

(2) 中国の杞国に天が落ちてこないかと心配する人がいた。ある人が，天は空気でできており，落ちてきてもケガをしないと，説明した。天が落ちてくると心配している人も安心した。

　　　　　　　　　　　　　　　　　　　　　　　　　（　　　　　）

(3) 海岸にいた貝が，日向ぼっこをしている時，シギという鳥が貝を食べようとした。寸前で気が付いた貝と鳥が争っている間に，たまたま通りかかった漁師が二つとも捕まえてしまった。

　　　　　　　　　　　　　　　　　　　　　　　　　（　　　　　）

(4) どんな仲の悪いもの同士でも，たとえば船に乗っていれば，まるで一人の人間の左右の手のように，お互いに協力することもある。

　　　　　　　　　　　　　　　　　　　　　　　　　（　　　　　）

(5) 梁の恵王に孟子が，王の政治が不十分なことを戦にたとえて説明した。王の政治は，たとえば，たくさん逃げた兵士を少し逃げた兵士が笑うようなもので，他の王とたいして変わらないと。

(6) 国境近くの馬を育てる名人の名馬が，多く逃げてしまう。人々がこれを見
舞うと，名人は気にしない。しばらくして，逃げた名馬は北方の名馬を多
く連れて帰ってくる。このように，不幸や幸福は繰り返し，決して一方だ
け長く続くわけではない。

(　　　　)

(7) 中国の蜀の王が，諸葛亮という軍師を，礼を尽くして何度も訪れる事に
よって，ようやくその誠意をみとめられ，国に迎え入れる事に成功した。

(　　　　)

(8) 項羽という王が，戦に負け自国に逃げ帰る途中，敵軍に囲まれてしまう。
その取り囲んでいる軍の兵たちがすべて，自分の故郷の歌を歌っているこ
とに気付いた王は，自らの国民からも見放されたことを知り，自分の負け
を悟った。

(　　　　)

(9) 中国の賈島という詩人が，作った詩の文字を何度も直して考えているうち
に，唐の政治家，韓愈の行列とぶつかり，さらに詩の文字を話し合った結
果，ようやく字が決まった。

(　　　　)

(10) 楚の国に，武器と防具を売る者がいた。いわく，「我が武器は最強である。
どんな防具も防ぐことはできない。」またいわく，「我が防具は最強である。
どんな武器でも防ぐことができる。」と。

(　　　　)

ア	推敲	イ	四面楚歌	ウ	三顧の礼	エ	杞憂
オ	画竜点睛	カ	塞翁が馬	キ	五十歩百歩	ク	呉越同舟
ケ	漁夫の利	コ	矛盾				

10　文学史①…中古から近世までの文学史　解答はP.213に

(1) 次の作品の作者を選択肢の中から選んでください。
① 「日本永代蔵」　　　 (　)　② 「源氏物語」　　　　 (　)
③ 「古事記伝」　　　　 (　)　④ 「曽根崎心中」　　 (　)
⑤ 「風姿花伝」　　　　 (　)　⑥ 「おくのほそ道」　 (　)
⑦ 「徒然草」　　　　　 (　)　⑧ 「枕草子」　　　　 (　)

⑨ 「土佐日記」　　　　　　　（　　）　⑩ 「方丈記」　　　　　　　　（　　）

ア　清少納言　　イ　紀貫之　　ウ　紫式部　　　　エ　吉田兼好

オ　鴨長明　　　カ　世阿弥　　キ　近松門左衛門　ク　井原西鶴

ケ　松尾芭蕉　　コ　本居宣長

(2)　**次の説明の作品を選択肢の中から選んでください。**

① 現存する最古の物語。（　　）　② 在原業平主人公の歌物語（　　）

③ 小林一茶作の句集　　（　　）　④ 日本最古の和歌集　　　（　　）

⑤ 源平合戦を描く軍記物語（　　）　⑥ 滝沢馬琴作の読み本　　（　　）

⑦ 十返舎一九作の滑稽本（　　）　⑧ 鶴屋南北作の怪談　　　（　　）

⑨ 菅原孝標娘作の日記　（　　）　⑩ 鎌倉時代の説話物語　　（　　）

ア　宇治拾遺物語　イ　東海道四谷怪談　ウ　南総里見八犬伝　エ　竹取物語

オ　おらが春　　　カ　万葉集　　　　　キ　東海道中膝栗毛　ク　伊勢物語

ケ　平家物語　　　コ　更級日記

(3)　**次の書き出しで始まる古典作品の題名を答えてください。**

① いずれの御時にか女御・更衣あまたさぶらひたまひけるなかに，いとや
むごとなき際にはあらぬが，すぐれてときめきたまふありけり。

（　　　　　　　　　　　）

② 祇園精舎の鐘の声諸行無常の響きあり沙羅双樹の花の色盛者必衰の理を
あらわす。おごれる人も久しからず。ただ春の夜の夢のごとし。

（　　　　　　　　　　　）

③ 春はあけぼのようよう白くなりゆく山ぎは，少しあかりて紫立ちたる雲
のほそくたなびきたる。　　　　　　（　　　　　　　　　　　）

④ 月日は百代の過客にして，行きかふ年もまた旅人なり。舟の上に生涯を
浮かべ，馬の口とらへて老いを迎ふる者は，日々旅にして旅をすみかと
す。　　　　　　　　　　　　　　　（　　　　　　　　　　　）

⑤ 今は昔，竹取の翁といふものありけり。野山にまじりて竹を取りつつ，
よろづのことに使ひけり。名をば，さぬきのみやつことなむいひける。

（　　　　　　　　　　　）

⑥ つれづれなるままに，日暮らし，硯に向かひて，心にうつりゆくよしな
し事を，そこはかとなく書きつくれば，あやしうこそものぐるほしけれ。

（　　　　　　　　　　　）

⑦ ゆく河の流れは絶えずして，しかももとの水にあらず。よどみに浮かぶ
うたかたは，かつ消えかつ結びて久しくとどまりたるためしなし。

（　　　　　　　　　　　）

(1) 次の作品の作者を選択肢の中から選んでください。
　　① 「当世書生気質」　　　（　　）　② 「浮雲」　　　　　　　　　（　　）
　　③ 「舞姫」「山椒大夫」　（　　）　④ 「草枕」「それから」　　　（　　）
　　⑤ 「にごりえ」「たけくらべ」（　　）　⑥ 「破戒」　　　　　　　　　（　　）
　　⑦ 「みだれ髪」　　　　　（　　）　⑧ 「墨東奇譚」　　　　　　　（　　）
　　⑨ 「桐の花」「邪宗門」　（　　）　⑩ 「一握の砂」「悲しき玩具」（　　）
　　ア　樋口一葉　　　イ　島崎藤村　　　ウ　北原白秋　　　エ　夏目漱石
　　オ　森鴎外　　　　カ　永井荷風　　　キ　二葉亭四迷　　ク　坪内逍遥
　　ケ　与謝野晶子　　コ　石川啄木

(2) 次の作品の作者を選択肢の中から選んでください。
　　① 「赤光」　　　　　　　（　　）　② 「トロッコ」「芋粥」　　　（　　）
　　③ 「生まれいづる悩み」　（　　）　④ 「友情」　　　　　　　　　（　　）
　　⑤ 「山椒魚」　　　　　　（　　）　⑥ 「春と修羅」　　　　　　　（　　）
　　⑦ 「伊豆の踊子」「雪国」（　　）　⑧ 「飼育」　　　　　　　　　（　　）
　　⑨ 「城之崎にて」「和解」（　　）　⑩ 「智恵子抄」「道程」　　　（　　）
　　ア　高村光太郎　イ　芥川龍之介　ウ　武者小路実篤　エ　大江健三郎
　　オ　有島武郎　　カ　井伏鱒二　　キ　斎藤茂吉　　　ク　川端康成
　　ケ　志賀直哉　　コ　宮沢賢治

(3) 次の作品の作者を選択肢の中から選んでください。
　　① 「歌よみに与ふる書」（　　）　② 「五重塔」　　　　　　　　（　　）
　　③ 「金色夜叉」　　　　　（　　）　④ 「学問のすすめ」　　　　　（　　）
　　⑤ 「野菊の墓」　　　　　（　　）　⑥ 「恩讐の彼方に」　　　　　（　　）
　　⑦ 「走れメロス」「斜陽」（　　）　⑧ 「金閣寺」「潮騒」　　　　（　　）
　　⑨ 「蟹工船」　　　　　　（　　）　⑩ 「檸檬」　　　　　　　　　（　　）
　　⑪ 「武蔵野」　　　　　　（　　）　⑫ 「風立ちぬ」　　　　　　　（　　）
　　⑬ 「細雪」　　　　　　　（　　）　⑭ 「山羊の歌」　　　　　　　（　　）
　　⑮ 「路傍の石」「真実一路」（　　）
　　ア　山本有三　　　イ　梶井基次郎　ウ　菊池寛　　　　エ　幸田露伴
　　オ　尾崎紅葉　　　カ　正岡子規　　キ　伊藤左千夫　　ク　太宰治
　　ケ　三島由紀夫　　コ　福沢諭吉　　サ　小林多喜二　　シ　谷崎潤一郎
　　ス　国木田独歩　　セ　堀辰雄　　　ソ　中原中也

第3章
国語文法編
【問題練習】

　国語文法は国語の一般教養としては，気になる単元です。
　身に付けておいた方が良い単元ですが，今から見直すのには，なかなか難しい単元でもあるからです。
　本書では，文法内容を深く勉強するのではなく，よく出題される問題を中心に，問題練習の立場をとっています。

1　「文節に区切る問題」
2　「主語・述語の問題」
3　「修飾語・被修飾語の問題」
4　「品詞の種類の問題」
5　「助動詞の問題」
6　「助詞の問題」
7　「品詞の識別の問題」
8　「敬語の問題」

1 文を文節に区切る問題

解答は P. 217 に

□文節とは，文法上，**「自立語のみ」**または**「自立語＋付属語」**の組み合わせのこと言います。⇒「～ね」「～さ」「～よ」を入れて読んで，意味が通じる最短の長さで区切ります。

※自立語…それだけで意味が通じる語。付属語…それだけでは意味が通じない語。

（例）　春の花が多く咲くようになると，自分でも花を植えたくなってくる。
　　　　春の/花が/多く/咲くように/なると/自分でも/花を/植えたく/なって
　　　　/くる/（10 文節）

ポイント）　①「咲く」は意味が通じるが，「ように」では意味が通じないので切れない。

　　　　　　②「植え」は分かるが，「たく」だけでは意味が分からないので切らない。

【練習】　次の文を，文節に切ると何文節になりますか。漢数字で書いてください。

①　三月の雪と寒さに，皆が背を丸めて歩いていた。　　　　　　（　　　　）

②　次第に近づいてくる春の足跡を私は感じた。　　　　　　　　（　　　　）

③　彼はもの静かで人当たりのとても良い人だ。　　　　　　　　（　　　　）

※答※

①　⇒三月の　雪と　寒さに　皆が　背を　丸めて　歩いて　いた　（八文節）

②　⇒次第に　近づいて　くる　春の　足跡を　私は　感じた　　　（七文節）

③　⇒彼は　もの静かで　人当たりの　とても　良い　人だ　　　　（六文節）

□自立語や付属語をすべて把握して，文法的に文節を分けるのはとても難しい事です。

「～ね」を使って，最短の意味の切れ目を見つけながら，文節に区切るようにしてください。

【問題１】　次の文を，文節に切ると何文節になりますか。漢数字で書いてください。

①　会議の途中だったのでスマホのスイッチを切った。　　　　　（　　　　）

② 風邪をひいて熱があるので学校を早退する。　　　　（　　　）

③ 朝早くからの出張で始発の電車に乗った。　　　　（　　　）

【問題２】 次の文を，文節ごとに　　／　　で区切ってください。

① 今日は夕方から三丁目自治会の会合があります。

② カラスの糞害について皆さんの意見を伺います。

③ 今年度の慰安旅行は春の沖縄旅行に決定しよう。

④ クラブの早朝練習のために学校に6時に集合とします。

⑤ 今晩の我が家の献立は餃子とアサリの味噌汁です。

【問題３】 次の文を文節に区切った時，それぞれ4番目の文節を書いてください。

① それは誰の責任でもない。　　　　　　　　　（　　　　　）

② 健康のため食べ過ぎに注意するようにしましょう。（　　　　　）

③ 錦鯉の品評会に審査員として参加してください。　（　　　　　）

④ 当分の間，この食堂は休業と致します。　　　　　（　　　　　）

2　主語と述語の問題　文節と文節の関係① 解答は P. 217 に

□主語と述語には，①何が(主)どうする(述)。②何が(主)どんなだ(述)。③
何が(主)何だ(述)。の3通りがあります。主語（〜が，〜は）を探すより，
文末の述語を先に見つけます。

(例)　今年の冬は去年よりとても厳しかった。（主語…<u>冬は</u>，述語…<u>厳し</u>
<u>かった</u>）
⇒「〜は」を探して主語とするより，ほぼ文末にある述語「厳しかっ
た」を見つけ出して，「何が」厳しいのかを探すことによって，主
語を見つけるようにしてください。

□文には，単文・重文・複文の区別があります。

○単文…主語・述語の関係が一組ある文。　　(例)<u>景色が</u>　<u>きれいだ</u>。

○重文…主語・述語が二組あって，ただ対等に並んでいる文。
(例)<u>景色が</u>　<u>きれいで</u>，<u>食事も</u>　<u>おいしい</u>。

○複文…主語・述語が二組あり，一組の主・述の間にもう一組の主・述が入
れ込んでいる。
(例)<u>景色が</u>　<u>誰もが</u>　<u>感動する</u>　ほど　<u>きれいだ</u>。

【練習】　次の文の，主語と述語をそれぞれ答えてください。
① 私の祖母は昔看護師をしていた。
　　主語（　　　　　　　　　　）　　述語（　　　　　　　　　　）
② 厳しい寒さが続いて，植物の芽吹きが遅れている。
　　主語（　　　　　　　　　　）　　述語（　　　　　　　　　　）
③ 僕は，今日は仕事を済ませてから，カラオケに出かける。
　　主語（　　　　　　　　　　）　　述語（　　　　　　　　　　）
※答※
① 主語（　祖母は　）　述語（　していた　）
② 主語（　芽吹きが　）　述語（　遅れている　）
③ 主語（　僕は　）　述語（　出かける　）

【問題1】　次の文の主語と述語を見つけて書き抜いてください。
① 他の人の責任もあるが，あなたも悪い。　　主（　　　　）述（　　　　）
② 祝日の明日は予定通りお休みです。　　　　主（　　　　）述（　　　　）
③ 私も土曜日には家族で買い物に出かけます。主（　　　　）述（　　　　）
④ 何度読み返してもこの文章は不自然だ。　　主（　　　　）述（　　　　）

【問題2】　次の文の，主語に＿＿＿述語に＿＿＿を引いて指摘してください。
① 店頭で販売している玉ねぎが新鮮です。
② いつもいっしょに行ってくれる介護士さんは風邪です。
③ 事務室の無線ランの具合が良くない。
④ エアコンのスイッチを入れたので，温度はもうすぐ上がります。
⑤ 笑顔で人と接していると相手の表情が明るい。

3　修飾語と被修飾語の問題　文節と文節の関係②

解答は P. 217 に

□修飾語とは，他の文節の様子や状態，時間や場所などを説明する語（文節）のことです。他の言葉を飾るので「修飾語」，飾られる方の言葉を「被修

飾語」と言います。

※「傍線部の語が，飾る（かかる）文節を答えてください。」の形で出題されます。

（例）　桜の　花が　みごとに　咲いた。

⇒「桜の」は名詞の「花が」を修飾し，「みごとに」は動詞の「咲いた」を修飾しています。「桜の」と「みごとに」が修飾語，「花が」と「咲いた」が被修飾語となります。

※同じ修飾語でも，名詞（体言）を修飾する「連体修飾語」（例では「桜の」）と動詞・形容詞・形容動詞（用言）を修飾する「連用修飾語」（例では「みごとに」）があります。

※連体修飾語と連用修飾語とを区別する問題もありますから，注意してください。

【練習】　下線の語句が，かかる語句（または文節）を抜き出してください。

①　宵の明星がひときわ輝いている。　　　　　（　　　　　　　）

②　連日の猛暑によって体に疲労がたまっている。（　　　　　　　）

③　スーパーは午後11時まで営業している。　　（　　　　　　　）

※答※

①　「輝いている」にかかる連用修飾語

②　「猛暑（によって）」にかかる連体修飾語

③　「営業している」にかかる連用修飾語

※修飾語は必ず被修飾語の前に有ります。（寸前とは限りません。）

※修飾語は一つではなく，複数ある事もあります。

【問題1】　下線部の語句が，修飾する文節を抜き出してください。

①　明るい笑い声が教室に響いていた。　　　　（　　　　　　　）

②　到着した時にはすでに商店はしまっていた。（　　　　　　　）

③　今週は激しい雨が毎日続いた。　　　　　　（　　　　　　　）

④　道路は学校帰りの生徒でひどく混雑していた。（　　　　　　　）

【問題2】　下線部の修飾語がかかる文節を抜き出してください。

①　きれいな百本のバラをプレゼントした。　　（　　　　　　　）

②　とても美しい景色が目の前に広がった。　　（　　　　　　　）

③　何度も何度も見直したがミスは無かった。　（　　　　　　　）

【問題3】 次の文の修飾語を抜き出し，連体修飾語か連用修飾語か区別してください。

① ひどく今夜は静かです。　　　　　（　　　　　　　　　　）連体・連用
② この俳優は名優だ。　　　　　　　（　　　　　　　　　　）連体・連用
③ 明るい未来がひらけるだろう。　　（　　　　　　　　　　）連体・連用
④ 主人公はみすぼらしい男だった。　（　　　　　　　　　　）連体・連用
⑤ みごとに梅が満開になる。　　　　（　　　　　　　　　　）連体・連用

4　単語と品詞の種類の問題

□文章を単語に分けるには，それぞれの品詞（単語の種類）が分からないとできません。
△自立語＝それ単独で意味が通じる語。
　○名詞（体言ともいう）…普通名詞，固有名詞，代名詞，数詞（数）を含む，ものを表す語。
　○用言（活用語）　◎動詞（動作を表す）…言い切り（終止形）が「ウ音」
　　　　　　　　　　◎形容詞（様子・状態）…言い切り（終止形）が「〜い」
　　　　　　　　　　◎形容動詞（様子・状態）…言い切り（終止形）が「〜だ」
　　　　　　　　　　「〜なもの」と言える。
　○修飾語になる語●連体詞…連体修飾語になる語。この，その，大きな，小さな　など。
　　　　　　　　　●副詞…連用修飾語になる。動詞・形容詞・形容動詞を修飾する。
　○接続詞…順接・逆説・並立など，文と文，語と語などを結びつける語。
　○感動詞…感動・呼びかけ・あいさつ・応答を表す語。ああ，おい，おはよう，はい，いいえ等
△付属語＝かならず自立語に付属して使う語。
　◎助動詞…活用する付属語。だ，です，た，ます，たい，らしい，ようだそうだ　等。
　◎助詞…活用しない付属語。が，は，も，を，など，ので，から，の，へ，に，と　等。

【練習】　次の文の下線の語の品詞は同じです。選択肢の中から選んで答えてください。

① 今日は午後３時に職員会議がある。　　　　　　　　　（　　　　）
② 生徒たちが帰るころ，ちょうど日が沈む。　　　　　　（　　　　）
③ 美しい故郷の景色を見て，本当になつかしい。　　　　（　　　　）
④ 元気な子供たちでも，試験中は静かだ。　　　　　　　（　　　　）
⑤ その建物は大きなクスノキが後ろにあります。　　　　（　　　　）
⑥ きっと，彼はそこそこ勉強ができるだろう。　　　　　（　　　　）
⑦ だから英語を勉強した。しかし数学で点数を落とした。（　　　　）
⑧ 「おはよう。」「はい。」朝の元気なあいさつが教室に響く。（　　　　）
⑨ 彼女は来ないかもしれません。　　　　　　　　　　　（　　　　）
⑩ あなたと私がクラス委員になりました。　　　　　　　（　　　　）

※答※　①３時…単位も含めて数詞です。数詞は名詞の一種です。　　ア
　　　　②言い切り（。を付けた言い方）が「ウ音」なので動詞です。　イ
　　　　③形容詞は，言い切りが「〜い」で，様子を表す品詞です。　ウ
　　　　④「〜だ」と「〜な（もの）」となるものは形容動詞です。　エ
　　　　⑤名詞（体言）の直前から修飾するのは連体詞です。　　　　オ
　　　　⑥「きっと」も「そこそこ」も動詞「できる」を飾る副詞です。カ
　　　　⑦「だから」は順接の「しかし」は逆接の接続詞です。　　　キ
　　　　⑧あいさつ，応答（返事），感動，呼びかけの言葉は感動詞です。ク
　　　　⑨付属語で活用（形が変わる）があるものは，助動詞です。　ケ
　　　　⑩付属語のうち，いつも同じ形で使われるものが助詞です。　コ

ア	名詞	イ	動詞	ウ	形容詞	エ	形容動詞	オ	連体詞
カ	副詞	キ	接続詞	ク	感動詞	ケ	助動詞	コ	助詞

【問題１】　次の組み合わせから，一つだけ品詞の違うものを選び，その品詞を答えてください。

① ア めずらしい　　　　イ 苦い　　　　　　　記号（　　　）
　 ウ かわいい　　　　　エ 元気だ　　　　　　（　　　詞）
② ア きれいな　　　　　イ ちいさな　　　　　記号（　　　）
　 ウ 大きな　　　　　　エ あんな　　　　　　（　　　詞）
③ ア 芽吹く　　　　　　イ 息吹き　　　　　　記号（　　　）
　 ウ 吹雪　　　　　　　エ 間引き　　　　　　（　　　詞）
④ ア けれども　　　　　イ しかし　　　　　　記号（　　　）

	ウ もし	エ だから		（　　　詞）
⑤	ア はい	イ いいえ	記号（　　）	
	ウ ああ	エ でも		（　　　詞）
⑥	ア 売る	イ 来る	記号（　　）	
	ウ ない	エ 見る		（　　　詞）
⑦	ア その	イ そう	記号（　　）	
	ウ あの	エ この		（　　　詞）
⑧	ア 富士山だ	イ 静かだ	記号（　　）	
	ウ 元気だ	エ 奇妙だ	（　　詞）＋（　　詞）	

【問題2】　次の文の傍線部の品詞名を，選択肢の中から記号で選んでください。

① 卒業したらみんなで沖縄に旅行する。　　　　　（　　　　　　）
② ねえ，そこで撮影をしては困ります。　　　　　（　　　　　　）
③ しかし，それだけでは原因が分かりません。　　（　　　　　　）
④ 悲しいけれど，感動的な映画を見た。　　　　　（　　　　　　）
⑤ その話は彼の友達から聞きました。　　　　　　（　　　　　　）
⑥ 全然身に覚えのない事です。　　　　　　　　　（　　　　　　）
⑦ 大きい家に小さな犬が遊んでいる。　　　　　　（　　　　　　）
⑧ 明日は大雪になるらしい。　　　　　　　　　　（　　　　　　）
⑨ なぜなら，彼の対応は政治家とは言えないからだ。（　　　　　）
⑩ 厚いトーストの方が人気がある。　　　　　　　（　　　　　　）

ア	名詞	イ	動詞	ウ	形容詞	エ	形容動詞	オ	連体詞
カ	副詞	キ	接続詞	ク	感動詞	ケ	助動詞	コ	助詞

【問題3】　次の名詞の種類を，選択肢の中から記号で選んでください。

①	机	（　　　）	②	10000円	（　　　）
③	御嶽山	（　　　）	④	道路	（　　　）
⑤	7羽	（　　　）	⑥	私	（　　　）
⑦	あなたたち	（　　　）	⑧	滋賀	（　　　）

ア	普通名詞	イ	固有名詞	ウ	代名詞	エ	数詞

5　助動詞の問題

解答は P. 219 に

□助動詞とは，「付属語」であり「活用がある」品詞のことです。自立語の
あとに着けることでさまざまな意味を付け加える品詞です。
○る・らる…受身(される)・可能(できる)・尊敬(なさる)・自発(自然と〜になる)　○す・さす…使役
○たい・たがる…希望(〜したい)　○だ・です…断定(〜である)
○た…過去(〜した)・存続(〜している)・完了(〜してしまった)　○ます…丁寧(します)
○そうだ…伝聞(〜らしい)・推定(〜の様子だ)　○ようだ…推定・たとえ(まるで〜のようだ)・例示(たとえば〜のようだ)
○らしい…推定　○う・よう…推量(だろう)・意志(つもり)・勧誘(〜しよう)
○まい…否定の推量・意志　○ぬ・ない…否定(〜しない)
※「れる・られる，た，う・よう」など複数の意味を持つ助動詞が出題さ
れます。

【練習】　次の助動詞の意味を区別して，記号で選んでください。
① お客様が午後から来られます。　　　　　　　　　　　　（　　　　）
田園風景を見て，故郷が思い出された。　　　　　　　　（　　　　）
朝一番の映画を見られますか。　　　　　　　　　　　　（　　　　）
遅刻をして先生にしかられた。　　　　　　　　　　　　（　　　　）

ア　自発　　イ　可能　　ウ　尊敬　　エ　受身

※答※「来られます」は主語が尊敬の対象なので「尊敬(なさる)」の意味。ウ
「思い出される」は，自然と心によみがえる意味なので「自発(〜になる)」　ア
「見られる」は見る事ができるという意味なので「可能(できる)」　　イ
「しかられた」は「〜される」という意味なので受身。　　　　　　　エ

② 明日は朝から晴れるようだ。　　　　　　　　　　　　　（　　　　）
まるで先生のような態度に憤慨した。　　　　　　　　　（　　　　）
お父さんのように真面目に働いている。　　　　　　　　（　　　　）

ア　例示　　イ　たとえ(比況)　　ウ　推定

※答※「晴れるようだ」はそういう予想なので，「推定(〜らしい)」　　　　ウ

「先生のような」は,「まるで」となっているので「比況・たとえ」　イ
「お父さんのように」はお父さんが実例なので「例示（〜のように）」ア

【問題】　次の助動詞の意味を選択肢の中から，記号で選んでください。
　　　①　校長先生が研究授業に来られた。　　　　　　　　　（　　　　）
　　　②　掃除をさぼったら，同級生におこられた。　　　　　（　　　　）
　　　③　目を閉じると，母のことが偲ばれる。　　　　　　　（　　　　）
　　　④　なんと 20 年前の服が着られた。　　　　　　　　　（　　　　）
　　　⑤　まるで紅葉のようなかわいい赤ちゃんの手。　　　　（　　　　）
　　　⑥　彼らがボランティアとして参加するようだ。　　　　（　　　　）

| ア　比況 | イ　可能 | ウ自発 | エ　尊敬 | オ　推定 | カ　受身 |

6　助詞の問題

解答は P. 219 に

□助詞とは,「付属語」であり「活用のない」品詞のことです。形は変化し
ませんが,自立語や助動詞についてさまざまな意味を持たせる品詞です。
※格助詞,接続助詞,副助詞,終助詞の四種類があります。
○格助詞…おもに体言(名詞)に接続する助詞です。
　　　　と,の,が,へ,や,から,を,に,より,で　他
○接続助詞…おもに活用語(動詞・形容詞・形容動詞・助動詞)に接続する助
　　　　　詞です。
　　　　と,し,が,たり,ても,ば,て,ながら,けれど,のに,か
　　　　ら,ので　他
○副助詞…いろいろな語に接続する助詞です。
　　　　は,など,も,かなり,くらい,だけ,でも,こそ,ほど,や
　　　　ら,しか,ばかり他
○終助詞…おもに文末について文の意味を決定する助詞です。
　　　　か,ね,わ,な,ぞ,よ,さ,かしら,の,とも　他

【練習】　次の助詞の意味を区別して,記号で選んでください。
　　　①　私の家は駅前にあります。　　　　　　　　　　　（　　　　）

② 春になると見事なバラの咲く庭を知っています。　　　（　　　）

③ これは私の自転車で，あなたのは向こうにあります。　　（　　　）

④ 行くの行かないのと優柔不断な態度が気になる。　　　（　　　）

ア　ものとものとを結ぶ（連体修飾語）　　イ　主語になる（主格）
ウ　体言の代用または省略　　　　　　　　エ　動作の並立を示す

※答※　①「私の家」は名詞と名詞を繋いでいるので「連体修飾語」を作る。　　ア
　　　　②「バラの咲く庭」は「バラが咲く」と直せるので「主語を示す」　　イ
　　　　③「あなたの（自転車）」と自転車が省略されているので，「体言の省略」　ウ
　　　　④「行くの行かないの」は「並立」を示す使い方　　　　　　　　　エ

【問題１】　次の格助詞「の」の意味を区別して，記号で選んでください。
　　　① 私のは明日宅配便で届く予定です。　　　　　　　　　（　　　）
　　　② 灯りが消えると，本の文字が見えなくなった。　　　　（　　　）
　　　③ 食べるの食べないのと偏食がひどい。　　　　　　　　（　　　）
　　　④ 「星の見える宿」にひかれて，一晩泊まった。　　　　（　　　）

ア　並立　　イ　体言の代用・省略　　ウ　主語　　エ　連体修飾語

【問題２】　次の助詞「から」の使い方を区別して，記号で選んでください。
　　　① ５時から７時まで授業があります。　　　　　　　　（　　　）
　　　② 私の油断から思いもよらない結末となった。　　　　（　　　）
　　　③ 東京から大阪まで飛行機で移動した。　　　　　　　（　　　）
　　　④ 暑いから毎晩ぐっすり寝られない。　　　　　　　　（　　　）

ア　順接　　イ　時の起点　　ウ　場所の起点　　エ　原因

7　言葉の識別の問題

解答は P.219 に

□言葉の識別とは，いくつかの選択肢の中から，同じ使い方の語句を選択する問題です。
　最も文法的知識が問われる問題ですが，よく出る問題はある程度決まって

いるようです。

○助動詞「れる・られる」の意味の区別(受身・可能・尊敬・自発)の問題(助動詞参照)

○助動詞「ない」と形容詞「ない」(補助形容詞「ない」)の識別の問題

○助詞「の」の意味の区別(主語・連体修飾語・体言の代用省略・並立)の問題(助詞参照)

○助動詞「ようだ」の意味の区別(推定・比況・例示)の問題(助動詞参照)など

※細かな内容になります。文法問題としては難しいですが,注意したい問題形式です。

【練習】 次の傍線部の部分と文法上,同じ使い方をしているものを記号で選んでください。

① 今度の日曜日は仕事なので,休みはしばらく<u>ない</u>。 (   )

 ア あの花はすこしも美しく<u>ない</u>。 イ 机の上に消しゴムが<u>無い</u>。

 ウ 今日は宿題をしてい<u>ない</u>。 エ 彼は今日は来<u>ない</u>と思う。

② 明日の天気は,晴れる<u>そうだ</u>。 (   )

 ア 来週は授業がなさ<u>そうだ</u>。 イ 合格してとてもうれし<u>そうだ</u>。

 ウ 今年は桜の開花が遅れる<u>そうだ</u>。 エ 午後から雨が降り<u>そうだ</u>。

③ 今日は家の中<u>で</u>遊びなさい。 (   )

 ア 停電<u>で</u>ご飯が食べられない。 イ 夕焼けがきれい<u>で</u>ある。

 ウ 公民館<u>で</u>後援会がある。 エ 夕べの献立はカレー<u>で</u>ある。

※答※ ① 「ない」は,形容詞と助動詞になります。<u>寸前に「は,も」を入れて文が成立すれば「形容詞」,成立しなければ「助動詞」です。</u>

 問題文とアとイは,「しばらくハない」「美しくハない」「ゴムガない」と言えるので「形容詞」。ウとエは「していハない」「来ハない」とは言えないので助動詞です。ただし問題文は休みは「無い」と,有る・無いの問題ですから,イの「ゴムが無い」が正解です。アの「ない」は「〜ではない」という意味の補助形容詞です。 正解(イ)

 ② 助動詞「そうだ」には,伝聞,推定(様態)の二つの意味があります。

 問題文とウは,人から聞いた「伝聞」ですが,ア,イ,エは自分で「推定」した内容となります。(伝聞は終止形に接続する。)正解(ウ)

186

③ 「で」は場所・原因・手段を表す格助詞，順接の接続助詞「て」，断定の助動詞「だ」の連用形，形容動詞の連用形があります。

問題文とウは場所を表す格助詞，アは原因の格助詞，イは形容動詞「きれいだ」の連用形，エは断定の助動詞「だ」の連用形です。断定の助動詞は「だ」にかえても意味が変わりません。また，形容動詞は「な」にかえても同じ意味となります。　　　　　正解（　ウ　）

【問題１】 次の各組の，文法上，同じ用法のものを二つ，記号で選択して答えてください。

① ア　買った人形がかわいく<u>ない</u>。　　イ　持ち合わせのお金が<u>ない</u>。
　　ウ　会議の出席者が少<u>ない</u>。　　　　エ　見るだけでは到底わから<u>ない</u>。
　　オ　今日は花粉症も苦しく<u>ない</u>。　　　　　　（　　と　　）

② ア　あの人には会いたく<u>ない</u>。　　イ　友人をうしない<u>たく</u>ない。
　　ウ　結果的にもう策は<u>ない</u>。　　　エ　この投手の連投は<u>ない</u>。
　　オ　届け物は今夜は来<u>ない</u>。　　　　　　　　（　　と　　）

③ ア　グランド<u>で</u>練習をしましょう。　イ　風邪<u>で</u>学校を休みました。
　　ウ　彼は委員長<u>で</u>真面目な性格だ。　エ　風邪をひいただけ<u>で</u>あった。
　　オ　もの静か<u>で</u>口数が少ない。　　　　　　（　　と　　）

④ ア　イチロー<u>のような</u>選手を目指す。イ　まるで海<u>のような</u>川であった。
　　ウ　午後から晴れる<u>ようだ</u>。　　　エ　母<u>のような</u>女性だと気付いた。
　　オ　「もっと勉強し<u>よう</u>ね。」　　　　　　（　　と　　）

⑤ ア　君<u>の</u>書いた本は何冊あるの。　　イ　道<u>の</u>駅の売店で購入する。
　　ウ　きっと暑い<u>の</u>は嫌だと思う。　エ　花<u>の</u>見える丘がきれいだ。
　　オ　来る<u>の</u>来ない<u>の</u>と気が変わる。　　　　（　　と　　）

⑥ ア　私は必ず来<u>られる</u>と思う。　　イ　寝起きを写真に撮<u>られる</u>。
　　ウ　息子のことが心配<u>される</u>。　　エ　いつも故郷のことが思い出<u>される</u>。
　　オ　委員長が采配<u>される</u>。　　　　　　　　　（　　と　　）

【問題２】 次の傍線部と文法上，同じ使い方のものを記号で選んでください。

① 引っ越しの業者は午後一時に来る<u>そうだ</u>。　　　　　（　　　　）
　　ア　お客が帰り<u>そうだ</u>。　　　　イ　本をたくさん買ってき<u>そうだ</u>。
　　ウ　この椅子は座りやす<u>そうだ</u>。　エ　もう一度来る<u>そうだ</u>。

② 明日からゴールデンウィーク<u>で</u>，沖縄へ家族旅行にいく。　（　　　　）
　　ア　彼がキャプテン<u>で</u>ある。　　　イ　多くの食器<u>で</u>棚が一杯になった。
　　ウ　元気<u>で</u>明るい人物像が望まれる。エ　風邪<u>で</u>３日学校を休んだ。

国語

オ　電動ノコギリで切り倒した。

③　三月の店の移転までもう時間が<u>ない</u>。　　　　　　　　（　　　　）
　　ア　冷めた料理はおいしく<u>ない</u>。　　イ　光熱費もばかになら<u>ない</u>。
　　ウ　テーブルを置くスペースが<u>ない</u>。エ　文法問題がわから<u>ない</u>。

④　自分がやらなければならない<u>と</u>思った。　　　　　　（　　　　）
　　ア　テーブル<u>と</u>イスを置いた。　　　イ　卒業して看護師<u>と</u>なった。
　　ウ　いよいよ作業は明日<u>と</u>なった。エ　「さあ」<u>と</u>掛け声をかける。

⑤　町内会長が区民運動会の挨拶をさ<u>れる</u>。　　　　　　（　　　　）
　　ア　故郷の山が偲ば<u>れる</u>。　　　　　イ　ケーキが一杯食べ<u>られる</u>。
　　ウ　卒業式に知事が来<u>られる</u>。　　　エ　無断欠席でしから<u>れた</u>。

8　敬語の問題

解答は P.220 に

□敬語には，三種類あります。「丁寧語」「尊敬語」「謙譲語」です。
　○丁寧語…書き手が読み手に対して使う，ていねいな言い方のことです。
　　◎「～です」「～ます」「～ございます」などを付ける。
　　　これは病院です。　今日帰ります。　明日はお休みでございます。
　　◎接頭語「お～」「ご～」などをつける。「お茶」「お水」「ご飯」など。
　○尊敬語…読み手，第三者に対する尊敬を込めた言い方のことです。
　　※尊敬の対象になる人物の動作に対して使うのが特徴です。
　　◎「お（ご）～になる」「お（ご）～なさる」「～くださる」などを付ける。
　　◎接頭語「お～」「ご～」などをつける。「お車」「お部屋」「ご新居」
　　　など
　　◎接尾語「～さん」「～様」など，　◎助動詞「れる」「られる」
　　◎尊敬の意味を表す動詞（別表）
　○謙譲語…書き手がへりくだる事により，第三者，読み手に対する敬意を
　　　　　　表わす言い方です。
　　※自分や下位に当たる人物の動作に対して使うのが特徴です。
　　◎「お（ご）～いたす」「お（ご）～申す（申し上げる）」
　　◎謙譲の意味を表す動詞（別表）

通常の言い方	尊敬語	謙譲語
言う	おっしゃる	申し上げる・申す
する	なさる・あそばす	いたす
行く・来る	おいでになる いらっしゃる	参る・うかがう
食べる	召し上がる	いただく
見る	ごらんになる	拝見する
くれる	くださる	
着る	お召しになる	
訪ねる・聞く		うかがう
知る・思う		存ずる
もらう		いただく
借りる		拝借する
会う		お目にかかる

※これ以外にも敬語の表現はあります。

【練習】　次の敬語を「ア　尊敬語」と「イ　謙譲語」に分けてください。

① お食事の用意は私が致します。 （　　　　　）　　イ

② こちらの置物をご覧になってください。 （　　　　　）　　ア

③ お読みになった本はこちらにお返しください。 （　　　　　）　　ア　イ

④ 明日お宅に参ります。 （　　　　　）　　イ

⑤ それでは書類を拝見いたします。 （　　　　　）　　イ

【問題１】　次の（　　　　　）をあてはめて，尊敬語と謙譲語の関係を完成させて
　　　　　ください。

① 言う　⇒（尊敬　　　　　　　）⇒（謙譲　　　　　　　　　）

② 食べる⇒（尊敬　　　　　　　）⇒（謙譲　　　　　　　　　）

③ 行く　⇒（尊敬　　　　　　　）⇒（謙譲　　　　　　　　　）

④ する　⇒（尊敬　　　　　　　）⇒（謙譲　　　　　　　　　）

⑤ 見る　⇒（尊敬　　　　　　　）⇒（謙譲　　　　　　　　　）

【問題2】 次の傍線部を正しい敬語に直してください。

① 展覧会で校長先生が生徒の絵を拝見した。

           （　　　　　　　　　　　）

② 父が，「宜しく伝えてくれ。」とおっしゃっていました。

           （　　　　　　　　　　　）

③ 社長は現在，外出されておられます。

           （　　　　　　　　　　　）

④ ご注文の品は，わたくしが明日午後2時に持っていらっしゃいます。

           （　　　　　　　　　　　）

⑤ 頂いたDVDは，今晩必ずご覧になります。

           （　　　　　　　　　　　）

【問題3】 次の文章の傍線部を，正しい敬語で言い換えてください。

① 校長先生に面談をしてもらいました。　　　（　　　　　　　　　）

② 教授の講演を聞きました。　　　　　　　　（　　　　　　　　　）

③ 祖母の伝言を先方に言いました。　　　　　（　　　　　　　　　）

④ お客様をご案内しました。　　　　　　　　（　　　　　　　　　）

⑤ 先輩が a 行くのなら，私も b 行きます。　　a（　　　　　　　　　）

             b（　　　　　　　　　）

⑥ お客様，冷めないうちに食べてください。　（　　　　　　　　　）

【問題4】 次の傍線部の敬語を普通の言い方に直してください。

① 私が掃除を致しましょう。　　　　　　　　（　　　　　　　　　）

② 後ほどごあいさつにうかがいます。　　　　（　　　　　　　　　）

③ さあ，お客様がいらっしゃいました。　　　（　　　　　　　　　）

④ 恩師の先生からいただいた品です。　　　　（　　　　　　　　　）

第4章
発展国語編
【記述問題】

　最後は，各単元，記述式の発展問題です。

　選択肢がない場合もありますから，身に付けたい内容ですが，問題レベルがかなり上がってしまいます。無理をなさらないでください。

　「短歌」「俳句」「古文」「漢文」の説明も一部含んでおります。

　出題されない場合もありますので，その場合は参考程度にしてください。

《問題1》　次の四字熟語の間違っている漢字を一字抜き出し，正しい漢字を書い
　　　　　てください。

A．我田因水　　他人を考えず，自分の都合ばかり考えること。
　　　　　　　　誤（　　　　　　　）正（　　　　　　　）

B．優柔不段　　何かを決めようとするとき，なかなか決める事ができないこと。
　　　　　　　　誤（　　　　　　　）正（　　　　　　　）

C．自我自賛　　自分で自分をほめてしまうこと。
　　　　　　　　誤（　　　　　　　）正（　　　　　　　）

D．絶対絶命　　命が失われるような，大きな危険のこと。
　　　　　　　　誤（　　　　　　　）正（　　　　　　　）

E．信償必罰　　ほめるべきはほめ，罰するべきは罰する。
　　　　　　　　誤（　　　　　　　）正（　　　　　　　）

F．孤立無縁　　たった一人で誰からも離れていること。
　　　　　　　　誤（　　　　　　　）正（　　　　　　　）

G．温古知新　　古いことも大切にしてはじめて，新しい考え方が生まれる。
　　　　　　　　誤（　　　　　　　）正（　　　　　　　）

H．五里夢中　　まわりのことが分からず，見通せないこと。
　　　　　　　　誤（　　　　　　　）正（　　　　　　　）

I．言護道断　　とんでもないこと。もっての外だということ。
　　　　　　　　誤（　　　　　　　）正（　　　　　　　）

J．危機一発　　すぐそこにまで危険が迫っていること。
　　　　　　　　誤（　　　　　　　）正（　　　　　　　）

《問題2》　次の四字熟語のカタカナになっている部分を，正しい漢字に直してく
　　　　　ださい。

A．本末テントウ　　大事なこととそうでない事を取り違えること。
　　　　　　　　　　　　　　　　　　　　（　　　　　　　　　　）

B．ニリツ背反　　相反する論理の合理性が同じくらいあること。
　　　　　　　　　　　　　　　　　　　　（　　　　　　　　　　）

C．シンラ万象　　自然の中にあるすべてのもの。
　　　　　　　　　　　　　　　　　　　　（　　　　　　　　　　）

D．清廉ケッパク　　清らかで，全くくもりのないこと。

E．諸行ムジョウ　　すべてのことが，変化し続けていること。

F．イッシン同体　　とても強い結びつきのこと。

G．一念ホッキ　　　強い決意をすること。

2　対義語・類義語・三字熟語の問題②　解答は P. 221 に

《問題1》　次の熟語の反対語（対義語）を考えて書いてください。

A．普遍（一般）　対義語（　　　）＝偏っていること。変っていること。
B．絶対的　　　　対義語（　　　）＝他と比べた上で。比較上。
C．慢性　　　　　対義語（　　　）＝突然起こること。
D．具体的　　　　対義語（　　　）＝はっきりせず，あいまいなこと。
E．単純　　　　　対義語（　　　）＝さまざまなものが入れ交じっていること。
F．内容　　　　　対義語（　　　）＝表面的なこと。
G．模倣　　　　　対義語（　　　）＝ものごとをつくりあげること。
H．供給　　　　　対義語（　　　）＝商品やサービスを欲しがること。
I．理性　　　　　対義語（　　　）＝こころの中に思うままであること。
J．困難　　　　　対義語（　　　）＝やさしいこと。

《問題2》　次の熟語の同義語（類義語）を考えて書いてください。

A．気化　　　　　類義語（　　　）＝液体が気体になること。
B．委細　　　　　類義語（　　　）＝細かな説明。
C．重宝　　　　　類義語（　　　）＝使い勝手がよいこと。
D．綿密　　　　　類義語（　　　）＝計画や行動が細かなこと。
E．個性　　　　　類義語（　　　）＝その場合にだけ当てはまる性質。
F．得手　　　　　類義語（　　　）＝苦手ではないこと。
G．風聞　　　　　類義語（　　　）＝うわさ。時には悪い影響も及ぼす。
H．進歩　　　　　類義語（　　　）＝より高みをめざすこと。
I．刊行　　　　　類義語（　　　）＝本を出すこと。
J．関心　　　　　類義語（　　　）＝こころをひかれること。

《問題3》 次の三字熟語の読みを，ひらがなで書いてください。

A. 往生際　（　　　　　　　）　=あきらめる時。死ぬ寸前。
B. 絵空事　（　　　　　　　）　=現実から遠く離れたこと。
C. 几帳面　（　　　　　　　）　=まじめで，とても丁寧なこと。
D. 外連味　（　　　　　　　）　=はったりやごまかし。
E. 地団駄　（　　　　　　　）　=悔しさに足を強く踏み鳴らすこと。
F. 世間体　（　　　　　　　）　=社会の中での体面。外聞。
G. 醍醐味　（　　　　　　　）　=何物にも代えがたい楽しさ，喜び。
H. 猪口才　（　　　　　　　）　=なまいきな，差し出がましい。
I. 土壇場　（　　　　　　　）　=切羽詰まった場面。
J. 生兵法　（　　　　　　　）　=十分な実力が付いていないこと。

3　同音異義語・同訓異字の問題②　　解答はP.221に

《問題1》 次の同音異義語（読みは同じだが意味は異なる）の漢字をあてはめてください。

A. こうせい　①（　　　　　　　）と惑星　=自ら輝く星。
　　　　　　②（　　　　　　　）な立場　=誰にも偏らない中立の立場。
　　　　　　③芝居の（　　　　　　　）　=なりたち，組み立て。
　　　　　　④文章の（　　　　　　　）　=誤字や印刷ミスを直すこと。
　　　　　　⑤福利（　　　　　　　）　=人間の健康や豊かさ。
B. せいか　①仕事の（　　　　　　　）　=やってきたことの結果。実績。
　　　　　②（　　　　　　　）リレー　=神にささげる火のこと。
　　　　　③偉人の（　　　　　　　）　=ある人物が誕生した場所。
C. いぎ　①（　　　　　　　）を唱える　=反対意見。
　　　　②同音（　　　　　　　）語　=異なった意味。
　　　　③（　　　　　　　）ある仕事　=意味があること。
　　　　④（　　　　　　　）を正す　=堂々としたふるまい。
D. きかん　①（　　　　　　　）呼吸　=空気の通るところ。
　　　　　②政府（　　　　　　　）　=仕組みを持ったところ。
　　　　　③地球へ（　　　　　　　）　=帰ること。
　　　　　④（　　　　　　　）産業　=物事のおおもと。
　　　　　⑤（　　　　　　　）の本　=出版されていること。
　　　　　⑥（　　　　　　　）の雑誌　=年四回，春夏秋冬に出る本。

　　　　　　　⑦消化（　　　　　　　　）＝体のある働きを持った部分。

Ｅ．かてい　　①成長の（　　　　　　　）＝変化の道筋のこと。

　　　　　　　②学習（　　　　　　　　）＝学習の順序や教育構成のこと。

　　　　　　　③（　　　　　　）訪問　＝夫婦や親子の生活の場所。

　　　　　　　④（　　　　　　）と結論　＝仮の考え。

《問題２》　次の同訓異字語（読みは同じだが意味は異なる）の漢字をあてはめてください。

Ａ．か・ける　　①常識に（　　　　　　）ける　＝一部が不完全であること。

　　　　　　　②壁に絵を（　　　　　　）ける　＝ぶら下げること。

　　　　　　　③橋を（　　　　　）ける　＝二つのものの間わたすこと。

　　　　　　　④全力で（　　　　　）ける　＝走ること。

　　　　　　　⑤命を（　　　　）ける　＝何かを失う覚悟のこと。

Ｂ．た・つ　　①布を（　　　　　）つ　＝はさみで切ること。

　　　　　　　②故郷を（　　　　　）つ　＝家などを出ること。

　　　　　　　③時間が（　　　　　）つ　＝時間が過ぎること。

　　　　　　　④家が（　　　　　）つ　＝国，会社などがつくられること。

　　　　　　　⑤連絡を（　　　　　）つ　＝継続していたものがきれること。

　　　　　　　⑥酒を（　　　　　）つ　＝やめること，切ること。

4　韻文の修辞技法の問題

解答は P.222 に

□詩や短歌，俳句などの韻文に用いられる表現技法を修辞技法と言います。その表現によって，いくつかの種類があります。

◎比喩…言葉，語句などをそれと関連もある他のものに置き換えて言う方法。

「直喩（ちょくゆ）」…「〜のような，〜のごとし」と例えるものを示す場合。

（例）　まるでもみじのような赤ん坊の手。　雲霞（ウンカ）の如き人の群れ。

「隠喩（いんゆ）」…「〜ような」を付けないで例える場合。

（例）　鬼のコーチの怒鳴り声が響いた。　子猫の目の少女。

◎擬人法…人でないものを人格化し，人の行動に例える表現技法。

（例）　風が耳元でささやいた。

静かな森が私に語りかける。

◎体言止め…詩の一行や俳句・短歌を名詞で終わる技法。「何が何だ」と
　　　　　　あえて言わない事で，表現上の余韻（ふくみ）を持たせること
　　　　　　ができる。

　　（例）　古池やかわず飛びこむ水の音　　松尾芭蕉
　　　　　　柿食えば鐘が鳴るなり法隆寺　　　正岡子規

◎反復法（リフレイン）…同じ表現を繰り返し，強調する表現技法。
　　（例）　我が母よ死にたまひゆく我が母よ我を生まし乳足らひし母よ
　　　　　　　　　　　　　　　　　　　　　　　　　　（斎藤茂吉）

◎対句法…よく似た表現の文を，言葉を換える表現技法。
　　（例）　あやまたず扇の要ぎは一寸ばかりおいて，ひいふつとぞ射切つ
　　　　　　たる。
　　　　　　かぶらは海へ入りければ，扇は空へぞ上がりける。（平家物語）

◎倒置法…本来の語順を逆にして，強調する表現技法。
　　（例）　困ったものだね，君の味付けは。
　　　　　　どこまでも続く，この青空は。

※表現技法の問題は，現代文の問題の中で出題されることもあります。

《練習》　次の下線部の表現技法を選択肢の中から，記号で選んでください。
　①　舟の上に生涯（しょうがい）をうかべ，馬の口とらえて老（おい）をむかふる
　　　ものは，日々（ひび）旅にして旅を栖（すみか）とす。　　（　　　　　）
　②　どこまで続くんだろう，この山道は。　　　　　　　　　（　　　　　）
　③　まるで，燃え上がる炎のような連山の紅葉であった。　　（　　　　　）
　④　旅は，人生である。　　　　　　　　　　　　　　　　　（　　　　　）
　⑤　屋根には一面に枯れ草のやれ茎が，折からの風になびいて，この古い家が
　　　持ち主を変えるほかなかった理由を説き明かし顔である。（　　　　　）
　⑥　草の戸もすみかわるよぞ雛の家　　　　　　　　　　　　（　　　　　）

（選択肢）　ア　体言止め　　イ　直喩（明喩）　　ウ擬人法　　エ　対句法
　　　　　　オ　隠喩（暗喩）　カ　倒置法

【解答】①　エ（芭蕉　おくのほそ道）　②　カ　③　イ　④　オ
　　　　⑤　ウ（魯迅　故郷・竹内好訳）　⑥　ア（芭蕉）

《問題１》　次の説明の表現技法を何といいますか。
① 「（まるで）〜のような」や「〜のごとし」など，あるものを他の事物に例える表現技法。「まるで台風のような強い風。」など。（　　　　　　）
② 人でないものを人の行動や考え方で例える表現技法。「山が怒る」「風がささやく。」など。（　　　　　　）
③ 「〜のような」を使わない形で，あるものを他の事物に例える表現技法のこと。「先生は鬼です。」など。（　　　　　　）
④ 同一または類似した語句を繰り返す表現技法。（　　　　　　）
⑤ 類似した構造を持つ語句または文を並べる表現技法。「青い空が広がり，白い雲が流れる」など。（　　　　　　）
⑥ 文末を名詞（体言）で終わらせる表現技法。体言で終わってしまうことにより，余韻を持たせることができる表現技法。（　　　　　　）
⑦ 本来の語句の語順を反対にする表現技法。後に来るべき語句を，先に述べることによって，内容を強調することができる。（　　　　　　）

《問題２》　次の下線部の表現技法を語群の中から選んでください。同じ言葉を何度か使います。
① 国破れて山河あり　城春にして草木深し　（杜甫　春望）（　　　　　　）
② 深々と人間笑ふ声すなり谷一面の白百合の花　（北原白秋）（　　　　　　）
③ 金色の小さい鳥のいちょうの葉が散る。（　　　　　　）
④ どこまでもどこまでも続くんだね，この山道は。（　　　　　　）
⑤ まるで赤ちゃんの肌のようなやわらかな感触。（　　　　　　）
⑥ 波がざわざわと騒いで台風が迫っていることをおしえた。（　　　　　　）
⑦ 沖には平家，舟を一面に並べて見物す。陸（くが）には源氏，くつばみを並べてこれを見る。（平家物語）（　　　　　　）
⑧ バラは花壇の中でみずからの美しさを誇っていた。（　　　　　　）
⑨ 海恋し潮の遠鳴りかぞへては少女（をとめ）となりし父母の家（　　　　　　）
　　　　　　　　　　　　　　　　　　　　　　　（与謝野晶子）
⑩ 多くの星々の如き人の群れ。（　　　　　　）
⑪ 唯見る長江の天際に流るるを　（李白）（　　　　　　）
⑫ 江碧にして鳥いよいよ白く，山青くして花燃えんと欲す。（杜甫）（　　　　　　）
⑬ 一斉にスタートを切ったように花々が咲き始める。（　　　　　　）
⑭ 夜の星がお互いに話をして瞬いている。（　　　　　　）
⑮ 戻って来い，戻って来い，戻って来い。（　　　　　　）

（語群）	体言止め，	直喩(明喩)，	擬人法，	対句法，
	隠喩(暗喩)，	倒置法，	反復法	

---

5 和歌・俳句の修辞法（解説のみ）

□和歌には，多くの修辞技法が使われ，表現を深めています。

◎枕詞…通常五音で，特定の言葉を導き出す働きをする言葉のこと。元々は意
味があったが，現在では訳すことは必ずしも必要ではない。

「あしひきの(山)」「あらたまの(年月日)」「しきしまの(大和)」「しろたへの
(衣)」「たらちねの(母)」「ちはやぶる(神)」「ひさかたの(光)」など。

◎序詞…複数の語句で，ある言葉を導き出す働きをする文節のこと。枕詞より
も長いのが普通。

「風吹けば沖つ白波⇒　たつた山夜半にや君がひとり越ゆらむ」など

◎掛詞…同音のことばで，一つの表記で二つ以上の意味を持たせた表現技法。

「花の色は移りにけりないたづらに我が身世にふるながめせし間に」（小野小町）
　　…「ふる」は「花が降る」と「わが身が古くなる」を掛けている。

◎縁語…ある語と関連のある言葉を，意識的に用いる表現技法。

「唐衣着つつなれにしつましあればはるばるきぬる旅をしぞ思ふ」（伊勢物語）
　　…「なれ」「つま」「はる」「きぬ」は衣の縁語。

◎本歌取り…有名な和歌をもとにして，新しい和歌を詠む技法。

◎句切れ…和歌の意味上の切れ目のこと。和歌の五句のうち，初句切れ，二句
切れ，三句切れ，四句切れ，句切れなしがある。

◎体言止め…名詞(体言)で末尾を終わる表現技法。

◎折句…五文字の言葉を，和歌の五句それぞれの最初に詠みこむ表現技法。

□**俳句独特の修辞法があります**

◎季語・季題…有季定型をもとにする俳句には，必ず季節を表す言葉(季語)を
詠みこむ規則がある。言葉が表す季節は「歳時記」に分類され
ているものを原則として使う。「無季俳句」という考え方もあ
る。俳句・古文の世界では，1〜3月が春，4〜6月が夏，7
〜9月が秋，10〜12月が冬となる。

主な季題	自然現象	行事・生活	動物	植物
春	立春　山笑う	ひな祭り・針供養	蛙　蝶　雲雀	桜　菜の花
夏	新緑　五月雨	花火　田植え	蛍　ほととぎす	紫陽花　いちご
秋	野分　夜長	灯籠　夜なべ	秋刀魚　とんぼ	朝顔　西瓜
冬	小春　時雨	障子　たき火	鱈　鴨　狐	水仙　大根

◎切れ字…俳句の意味の切れ目を表し，感動・詠嘆を表す文字のこと。
「ぞ・かな・や・けり」などがある。

◎字余り・字足らず…定型の五七五の十七音の形をわざとくずし，足りない句
や字の多い句を作ることで，俳句の印象を強くする。

※無季自由律俳句…十七音の定型や季題を入れるという，俳句の規則をあえて
破ることにより，新しい表現を目指す考え方もある。

6　古文の問題①

解答は P. 222 に

《問題１》　次の傍線部を現代仮名遣いにしてすべてひらがなで答えてください。

◎歴史的仮名遣いを現代仮名遣いに直す問題です。以下の規則を覚えましょう。
①　語頭以外の「ハ行音」は，「ワ行音」に直す。
②　ゐ⇒い，ゑ⇒え　　③　む⇒ん　を⇒お　　④　くゎ⇒か，ぐゎ⇒が
⑤　ぢ⇒じ，づ⇒ず　（もともと「ぢ，づ」を使うものは除く。）
⑥　ア行音＋う（ふ）⇒オ行音＋う…　かうべ⇒こうべ
⑦　イ行音＋う（ふ）⇒イ行音＋ゅう…　きう⇒きゅう
⑧　エ行音＋う（ふ）⇒イ行音＋ょう…　てふてふ⇒ちょうちょう

A．いづれの御時にか　　　　　　　　　（　　　　　　　　）
B．あまたさぶらひたまひける　　　　　（　　　　　　　　）
C．いとやむごとなき際　　　　　　　　（　　　　　　　　）
D．思ひ上がりたまへる御方がた　　　　（　　　　　　　　）
E．なほ拠り所なく心細げなり　　　　　（　　　　　　　　）
F．世にもてかしづききこゆれど　　　　（　　　　　　　　）
G．心細くて残りゐたるを　　　　　　　（　　　　　　　　）
H．かしづき据ゑたりけむ名残なく　　　（　　　　　　　　）

Ｉ．をかしと思したり　　　　　　　　（　　　　　　　）
Ｊ．行きかふ年もまた旅人なり　　　　（　　　　　　　）

《問題２》　次の（　　　）の中に，右記の言葉を適切に活用させて入れてください。

◎係り結びの問題です。係り結びは，強調用法の１つで以下の規則があります。
　　す。
　①　「ぞ，なむ，や，か」の係助詞のときは，連体形で結ぶ。
　②　「こそ」の係助詞のときのみ，已然形（仮定形）で結ぶ。
　③　「ぞ，なむ，こそ」の３つは強意であり，現代語訳は特にしなくても
　　よい。
　④　「や，か」の２つは「疑問・反語」の意味で「～だろうか」という意
　　味になる。
　⑤　連体形は「ウ音（る，が多い）」で終わる。
　⑥　已然形は「エ音（れ，が多い）」で終わる。
　⑦　過去の助動詞「き」は，連体形は「し」，已然形は「しか」になる。

Ａ．雪なむ降り（　　　　　　）。　　けり（過去「～した」の助動詞）
Ｂ．雪こそ降り（　　　　　　）。　　けり（過去「～した」の助動詞）
Ｃ．雨ぞ降り（　　　　　　）。　　　き（過去「～した」の助動詞）
Ｄ．雨こそ降り（　　　　　　）。　　き（過去「～した」の助動詞）
Ｅ．花や咲き（　　　　　　）。　　　たり（完了「～した」の助動詞）
Ｆ．花こそ咲き（　　　　　　）。　　たり（完了「～した」の助動詞）
Ｇ．夜こそ明く（　　　　　　）。　　めり（婉曲「ようだ」の助動詞）

7　古文の問題②

解答は P. 222 に

《問題１》　次の傍線部の古語の意味を，選択肢の中から記号で選んでください。

◎動詞編…いくつかの動詞の意味は覚えておきましょう。
　いらふ（返事をする）　おどろく（目を覚ます，ハッとする）
　おこたる（油断する）　かしづく（大切に育てる）　かこつ（他のせいにする）
　具す（連れて行く，備える）　ことわる（判断する，説明する）
　時めく（寵愛される）　ながむ（ぼんやり物思いにふける）
　なまめく（上品で美しい）　なやむ（病気になる）　ののしる（大声で騒ぐ）

> まもる（じっと見つめる）　愛ず（愛する，心惹かれる）
> わぶ（心細く思う，困る）　　など

A．親たち<u>かしづきたまふ</u>ことかぎりなし　　　　　　（　　　　）
B．暮れがたき夏の日ぐらし<u>ながむれ</u>ば　　　　　　　（　　　　）
C．すぐれて<u>ときめき</u>給ふありけり　　　　　　　　　（　　　　）
D．限りなく来にけるものかなと，<u>わびあへる</u>に　　（　　　　）
E．をかしがりうたがるほどに，姉の<u>なやむこと</u>あるに（　　　　）
F．秋来ぬと目にはさやかに見えねども風の音にぞ<u>おどろかれぬる</u>（　　　）
G．ねじ寄り近寄り，あからめもせず<u>まもり</u>て　　　（　　　　）
H．犬どもの出で来て<u>ののしる</u>も　　　　　　　　　（　　　　）

ア　ハッと気づいたよ　イ　大事に育てる　ウ　お互いに嘆きあっていると
エ　物思いに沈んだよ　オ　大騒ぎをする　カ　見つめて
キ　寵愛を受けて　ク　病気になること

《問題2》　次の傍線部の古語の意味を，選択肢の中から記号で選んでください。

◎形容詞編…現代語と違う意味の形容詞に注意してください。
　あさまし（意外だ，驚いた）　あやし（身分が低い，いやしい）
　あらまほし（理想的だ）　ありがたし（珍しい）　いとほし（気の毒だ）
　いはけなし（幼い，あどけない）　今めかし（現代風だ）
　いみじ（程度がはなはだしい）　うたてし（いやだ，情けない）
　うつくし（かわいらしい）　おとなし（大人びている）　難し（むずかしい）
　さうざうし（さびしい）　まめまめし（実直だ）　なまめかし（優美だ）
　をかし（趣がある）　ゆかし（見たい，知りたい）　めでたし（すばらしい）
　　　　　　　　　　　　　　　　　　　　　　　　　　　　　　　　など

A．<u>あやし</u>のみには得がたきものにて　　　　　　　（　　　　）
B．<u>うつくし</u>きもの。瓜にかきたるちごの顔　　　　（　　　　）
C．忍びて寄する車どもの<u>ゆかし</u>きを　　　　　　　（　　　　）
D．この酒を独りたうべんが<u>さうざうし</u>ければ　　　（　　　　）
E．<u>ありがたき</u>もの。舅にほめられる婿。　　　　　（　　　　）
F．なかなか長きより，こよなう<u>いまめかし</u>きものかな（　　　　）
G．かかるついでに<u>まめまめしう</u>聞こえさすべきことなむ（　　　）
H．<u>あなうたて</u>，この人のたをやかならましかば　　（　　　　）

ア　身分が低いもの　イ　めったにないもの　ウ　現代風である
エ　知りたくて　オ　かわいいもの　カ　本気で　キ　ああいやだ
ク　物足りないので

8　漢文の問題①

解答は P. 223 に

◎漢文の基礎的な読み方の問題…

漢文は縦書き、右から左に行の読みを進めますので、**読み方は日本語と全く同じです**。ただし、漢字の左下に記号（返り点）がある場合は、その規則に従います。

① レ点…漢字にレ点が付いている時は、その字を飛ばして一字下の漢字を読んでから戻ってくる。

鉄則1　①③②

② 一・二点…漢字に一が付いている時はその字を飛ばして二が付いている字を読んでから戻ってくる。

鉄則2　①④②③

③ 上・下点…漢字に下が付いている時はその字を飛ばして上が付いている字を読んでから戻ってくる。
ただし、一二点をはさんでいる時に使う。

鉄則3　⑤③①②④

※一レ点は、一を読む前にレの下の文字を先に読んで戻ってくる。（上レ点も同様に読む。）

⑥下④二①③レ②⑤上

202

《練習》 次の○に漢文を訓読する順番を算用数字で書いて下さい。

① ○レ○○○レ○

② ○レ○二○○一

③ ○下○レ○二○○一上

④ ○二○○一○レ

⑤ ○レ○二○○一

⑥ ○下○○二○○一上○

（答）
① (2)(1)(3)(5)(4)(6)
② (4)(2)(1)(3)(5)(6)
③ (6)(4)(1)(2)(3)(5)
④ (6)(1)(2)(3)(5)(4)
⑤ (4)(3)(1)(2)(5)
⑥ (6)(3)(1)(2)(5)(4)

※レ点は下から読んで戻る。二点は一点から読んでから読む。下点は上点を読んでから読む、が鉄則！

《問題》 次の○に漢文を訓読する順番を算用数字で書いて下さい。

A ○二○○レ○○○一

B ○レ○○二○○○一

C ○下○○二○○一○上

D ○二○○レ○レ○○一

E ○レ○下○○二○○一上

F ○下○レ○○二○○一上

G ○三○○二○○一○○

H ○下○○三○○二○○一○○上

I ○レ○○三○○二○○一

J ○下○○三○○二○○一○上

K ○レ○○レ○下○二○○○一○○上

◎再読文字の問題…漢文の読みの問題でいちばん出題されるのが、再読文字のものです。再読文字は全部で十個あります。

① 未（助動詞〜しない）　いまだ〜（せ）ず　まだ〜していない

② 将（動詞〜する）　まさニ〜（ント）す　もうすぐ〜だろう

③ 且（動詞〜する）　まさニ〜（ント）す　もうすぐ〜だろう

④ 当（當）（助動詞〜すべき）　まさニ〜ベシ　〜するのが当然である

⑤ 応（應）　まさニ〜ベシ　きっと〜だろう

⑥ 宜　よろシク〜ベシ　〜するのがよい

⑦ 須　よろシク〜ベシ　是非〜する必要がある

⑧ 猶（助動詞〜ごとし）　なお〜（ガ）ごとシ　ちょうど〜のようだ

⑨ 由　なお〜（ガ）ごとシ　ちょうど〜のようだ

⑩ 蓋（助動詞〜しない）　なんゾ〜ざる　どうして〜しないのか　〜したらどうか

※再読文字は、一文字なのに二回読むという変わった文字です。漢文が出る時は覚えておいて損はありません。

《練習》　**次の漢文を「書き下し文」にしてください。**

※書き下し文とは、漢字はそのまま、漢字かな混じり文のことです。自立語は漢字のまま、付属語をひらがなにするのが基本的な約束です。

① 未レ有二封　侯之賞一。

　未ダ有ラ二封侯之賞一。
　（　　　　　　　　　　　）

② 今将レ奪二我此志一ヲ。

　今将ニ奪ハント二我ガ此ノ志一ヲ。
　（　　　　　　　　　　　）

③ 仁者宜レ在二高位一。

　仁者宜シク在ル二高位一ニ。
　（　　　　　　　　　　　）

① **未だ封侯の賞有らず。**
まだ諸侯は領地をもらっていない。

② **今将に我が此の志を奪はんとす。**
今まさに私のこの志を奪おうとしている。

③ **仁者のみ宜しく高位に在るべし。**
徳のあるものだけが高位にいるべきである。

※再読文字は、返り点を無視して、上から順番に一回読みます。その後返り点の指示通りに二回目を読みます。

《問題》　次の漢文の書き下し文を記号で選んでください。

A　若属皆且為レ所レ虜
なんじがぞく　みな　　　　ラントト　トスル
ニ　　　　ント

B　未レ聞レ好レ学者也
ダ　カ　このムヲト
シクル　　　　　すト　　ヲ　　　　　也

C　宜従二師之言一
シクフ
ベシ　　　　ニ　　　　　ニ

D　猶縁レ木而求レ魚也
なほ　よりテ　き　　　　　　　ムルガ　　ヲ
ことキ　ニ　　　レ　　レ　　ト

E　子蓋為レ我言レ之
し　なんゾ　　ハレ　　ハレヲ
ざル　　　二　　レ我　　言レ之

ア、未だ学を好む者を聞かざるなりと。

イ、猶ほ木に縁りて魚を求むるがごときなりと。

ウ、子、蓋ぞ我の為に之を言はざる。

エ、若が属皆且に虜とする所と為らんとすと。

オ、宜しく師の言に従ふべし。

〈国語─解答と解説〉

第1章　基礎国語1　漢字編

1　熟語の組み立て

解答　(1)　ウ　　(2)　イ　　(3)　ウ　　(4)　ウ

　　　(5)　エ　　(6)　ア　　(7)　イ

　　　(8)　①　オ　　②　イ　　③　エ　　④　ウ

　　　　　⑤　エ　　⑥　カ　　⑦　キ　　⑧　ア

　　　　　⑨　ア　　⑩　カ　　⑪　キ　　⑫　オ

　　　　　⑬　ウ　　⑭　イ

　　　(9)　イ　　(10)　ウ

解説

「二字熟語の組み立て」はいくつかのパターンを覚えておきましょう。

①　**対義語の組み合わせの熟語**…正誤，天地，長短，父母，男女，善悪，合否など

②　**同義語の組み合わせの熟語**…善良，天空，寒冷，温暖，岩石，河川，温和など

③　**1字目の漢字が2字目の漢字を修飾する熟語**…握力，東雲，温水，怪談，強風，親友など

④　**2字目の漢字が1字目の漢字の目的語になっている熟語**…育児，延期，開会，徹夜など

⑤　**1字目の漢字が主語，2字目の漢字が述語になっている熟語**…私立，市立，雷鳴，人造など

⑥　**1字目に否定語が付いている熟語**…非行，未婚，未熟，無益，不振，不審，否定など

⑦　**接尾語がついている熟語**…端的，酸性，天然，悪化，自然，漫然，炭化，良性など

※その他に，略語（国連＝国際連合，特急＝特別急行など）などもある。

(1)　ウは同義語，その他は対義語（反対語）の組み合わせ。

(2)　イは宿るための坊（部屋）で宿が修飾語，その他は同義語の組み合わせ。

(3) ウが幕を閉じるの意味で，幕が目的語，その他は修飾語と被修飾語の関係。

(4) ウは北の極みで北が修飾語，その他は動詞と目的語の関係。

(5) エが職に就くで，職が目的語，その他は，主語・述語の関係。

(6) アの落胆が胆を落とすで胆が目的語，その他は否定の接頭語が付いた形。

(7) イが曲がった線で曲がったが修飾語，その他は後に接尾語が付いた形。

(8) 反対語の組み合わせが出納と伸縮，同義語の組み合わせが温暖と要求，上が修飾語なのが汚点と早朝，下が目的語なのが決心と転職，主語・述語なのが市営と頭痛，否定語なのが不利と無情，接尾語が付いているのは美的と感性となる。

(9) 就職は，「職に就く」で職が目的語になっている熟語。アは回と転で同義語，イは声を発するで声が目的語，ウは府が立てるで主語・述語，エは往くと来るで対義語の組み合わせ。

(10) アは車をとめるで車が目的語，イは競うと争うで同義語，ウは密かな相談で密が修飾語，エは天と地で対義語の組み合わせとなる。

2 同訓異字の問題

解答 (1) ① ア ② エ ③ イ ④ ウ

(2) ① ウ ② ア ③ イ

(3) ① ウ ② ア ③ イ

(4) ① イ ② ア ③ ウ ④ エ

(5) ① ア ② ウ ③ イ ④ エ

(6) ① カ ② オ ③ イ ④ ア
⑤ エ ⑥ ウ

(7) ① ア ② オ ③ イ ④ エ
⑤ ウ ⑥ カ

3 同音異字の問題

解答 (1) ① ア ② イ ③ ウ ④ エ

(2) ① ア ② ウ ③ エ ④ オ
⑤ イ ⑥ カ

(3) ① ア ② エ ③ イ ④ ウ

(4) ① ア ② エ ③ ウ ④ イ

(5) ① ウ ② イ ③ エ ④ ア

(6) ① ア ② イ ③ ウ ④ オ
⑤ エ

(7) ① エ ② ウ ③ ア ④ オ
⑤ イ ⑥ カ

4 三字熟語の意味の問題

解答 (1) ウ (2) イ (3) ア (4) ウ
(5) ア (6) イ (7) ア (8) ウ
(9) ア

5 熟語の問題

解答 (1) ① 庭 ② 病 ③ 極 ④ 講
⑤ 間 ⑥ 護 ⑦ 題 ⑧ 断
⑨ 精 ⑩ 自 ⑪ 露 ⑫ 映
⑬ 利 ⑭ 発 ⑮ 結
(2) ① エ ② イ ③ ア ④ イ
⑤ ア ⑥ ア ⑦ イ ⑧ ウ
⑨ イ ⑩ エ ⑪ ウ ⑫ イ

6 四字熟語の問題

解答 (1) (いくどうおん) (①) (2) (きゅうたいいぜん) (②)
(3) (いちじつせんしゅう) (③) (4) (いしんでんしん) (④)
(5) (ぜんだいみもん) (①) (6) (ゆうじゅうふだん) (②)
(7) (じがじさん) (③) (8) (てっとうてつび) (④)
(9) (くうぜんぜつご) (①)

7 類義語の問題

解答 (1) ① 改良 ② 損傷 ③ 細心
④ 得手 ⑤ 気化 ⑥ 風聞
⑦ 気品 ⑧ 警備 ⑨ 安易
(2) ① 詳細 ② 便利 ③ 風潮
④ 特性 ⑤ 風景 ⑥ 風俗
⑦ 欠点 ⑧ 経験 ⑨ 関与
(3) ① 一生 ② 永久 ③ 野外
④ 意外 ⑤ 合点 ⑥ 帰郷
⑦ 期日 ⑧ 希望 ⑨ 脚本
(4) ① 出版 ② 無事 ③ 形見
④ 方法 ⑤ 用意 ⑥ 未来
⑦ 達成 ⑧ 注意 ⑨ 不安
(5) ① 郷 ② 論 ③ 理
④ 親 ⑤ 歩 ⑥ 未
⑦ 和 ⑧ 意 ⑨ 加

8 対義語の問題

解答　(1)　① 複雑　② 延長　③ 縦断
　　　　　④ 間接　⑤ 容易　⑥ 定例
　　　　　⑦ 供給　⑧ 消費　⑨ 成功
　　　(2)　① 強固　② 理性　③ 利益
　　　　　④ 必然　⑤ 創造　⑥ 特殊
　　　　　⑦ 浪費　⑧ 真実　⑨ 相対
　　　(3)　① 離陸　② 積極　③ 異常
　　　　　④ 好況　⑤ 肯定　⑥ 異質
　　　　　⑦ 低下　⑧ 服従　⑨ 慢性
　　　(4)　① 重厚　② 無理　③ 非凡
　　　　　④ 客観　⑤ 自立　⑥ 完敗
　　　　　⑦ 永遠　⑧ 寒冷　⑨ 過失
　　　(5)　① 集　② 概　③ 縮
　　　　　④ 潤　⑤ 危　⑥ 主
　　　　　⑦ 凶 (不)⑧ 穏　⑨ 現

9 四字熟語の問題 2

解答　(1)　① キ　② ウ　③ ア　④ イ
　　　　　⑤ コ　⑥ ケ　⑦ カ　⑧ エ
　　　　　⑨ オ　⑩ ク
　　　(2)　① カ　② ケ　③ サ　④ コ
　　　　　⑤ イ　⑥ ク　⑦ ウ　⑧ キ
　　　　　⑨ オ　⑩ エ
　　　(3)　① 一　② 三　③ 八
　　　　　④ 四　⑤ 一　⑥ 七
　　　(4)　① 承　② 若　③ 語
　　　　　④ 末　⑤ 沈　⑥ 奇

10 四字熟語の問題 3

解答　(1)　① イ　② ウ　③ ア　④ イ
　　　　　⑤ ウ　⑥ エ　⑦ ア　⑧ イ
　　　　　⑨ ウ　⑩ エ
　　　(2)　① ク　② ウ　③ カ　④ オ
　　　　　⑤ ア　⑥ エ　⑦ イ　⑧ キ
　　　(3)　① ケ　② キ　③ エ　④ ア
　　　　　⑤ ク　⑥ ウ　⑦ カ　⑧ イ

⑨ オ

解説　その他の四字熟語の意味。

自業自得	自分の責任で招いた結果	羊頭狗肉	見かけと中身が異なること
枝葉末節	全体を見ない細かなこと	意味深長	表現に深い意味があること
金科玉条	守らねばならない規則	支離滅裂	意味や筋道が立たないさま
暗中模索	あれこれやってみること	竜頭蛇尾	初めは良いが尻すぼみなさま
朝三暮四	目先にごまかされること	三寒四温	七日周期で寒暖が繰り返す
四面楚歌	周囲が皆敵で孤立する	大器晩成	晩年に才能が花開くこと
言語道断	もっての外であること	虎視眈々	油断なくねらっていること
本末転倒	大事と小事を取り違える	汗牛充棟	蔵書がとても多いこと
二律背反	同時には存在しえないこと	鶏口牛後	その他大勢より目立つべき
四分五裂	ばらばら，まとなりがない	平身低頭	ひたすら謝ること
人跡未踏	誰も足を踏み入れてないこと	群雄割拠	多くの英雄がいること
一喜一憂	喜んだり悲しんだりする	隔靴掻痒	はがゆくもどかしいこと
山紫水明	景色が美しいこと	孤軍奮闘	１人で闘うこと
馬耳東風	人の意見を聞き流すこと	神出鬼没	所在がわからないこと
質実剛健	心身共にたくましいこと	生者必滅	生あるものは必ず滅びる

11　部首の問題

解答　(1)　① シ　かくしがまえ　　② ア　のぎへん

③ サ　ひと（にんべん）　④ コ　おおがい

⑤ イ　かばね　　⑥ ケ　れっか，れんが

⑦ カ　てへん　　⑧ ク　ひとやね

⑨ キ　あなかんむり　⑩ エ　がんだれ

(2)　① シ　あくび　　② コ　こざとへん

③ イ　りっとう　　④ ケ　もんがまえ

⑤ ウ　ぎょうがまえ　⑥ オ　おおざと

⑦ エ　あみがしら　　⑧ ア　ぎょうにんべん

⑨ サ　くにがまえ　　⑩ ク　うかんむり

(3)　① キ　しんにょう　　② ケ　ふしづくり

③ カ　き，きへん　　④ コ　たくみへん

⑤ ク　いち　　⑥ イ　るまた

⑦ エ　のぶん　　⑧ サ　はばへん

⑨ シ　えんにょう　　⑩ ウ　こころ，したごころ

(3) ① ク　　② エ　　③ ア　　④ ケ
　　⑤ オ　　⑥ カ　　⑦ キ　　⑧ コ

第 2 章　基礎国語 2　言語の知識編

1　ことわざの問題 1

解答 (1) ① カ　　② ケ　　③ エ　　④ ウ
　　　⑤ コ　　⑥ ア　　⑦ キ　　⑧ オ
　　　⑨ イ　　⑩ ク
　　(2) ① ウ　　② ケ　　③ ク　　④ オ
　　　⑤ エ　　⑥ カ　　⑦ コ　　⑧ イ
　　　⑨ キ　　⑩ ア
　　(3) ① ク　　② ア　　③ エ　　④ コ
　　　⑤ イ　　⑥ ウ　　⑦ ケ　　⑧ オ
　　　⑨ シ　　⑩ キ　　⑪ サ　　⑫ カ

2　ことわざの問題 2

解答 (1) ① 三　　② 三　　③ 二　　④ 五
　　　⑤ 七　　⑥ 十八　　⑦ 九　　⑧ 三
　　　⑨ 千　　⑩ 七十五
　　(2) ① 馬　　② 狸(たぬき)　　③ 猫(ねこ)　　④ 犬
　　　⑤ 虎　　⑥ 狐(きつね)　　⑦ 猿(さる)　　⑧ 犬
　　　⑨ 牛　　⑩ 鳥
　　(3) ① 頭(こうべ)　　② 口　　③ 手　　④ 手
　　　⑤ 目　　⑥ 歯　　⑦ 腕(うで)　　⑧ 背, 腹
　　　⑨ 背　　⑩ 顔

3　ことわざの問題 3

解答 (1) ① カ　　② コ　　③ エ　　④ キ
　　　⑤ サ　　⑥ ケ　　⑦ ク　　⑧ イ
　　　⑨ シ　　⑩ オ　　⑪ ア　　⑫ ウ
　　(2) ① イ　　② ウ　　③ エ　　④ ケ
　　　⑤ ク　　⑥ ア　　⑦ カ　　⑧ サ
　　　⑨ コ　　⑩ オ　　⑪ シ　　⑫ キ
　　(3) ① 青　　② 朱　　③ 赤い　　④ 紅
　　　⑤ 白　　⑥ 白い　　⑦ 白

4 慣用句の問題1

解答 (1) ① 猫　② ねずみ　③ きつね　④ くも
　　　 ⑤ 鶴　⑥ たぬき　⑦ 馬　⑧ すずめ
　　　 ⑨ 蜂　⑩ 犬　⑪ うなぎ　⑫ 虫
　　　 ⑬ 猫　⑭ 魚　⑮ とら　⑯ 羽

　　 (2) ① 十　② 一　③ 八　④ 十
　　　 ⑤ 三　⑥ 四　⑦ 万　⑧ 一
　　　 ⑨ 七　⑩ 一　⑪ 一　⑫ 二
　　　 ⑬ 百　⑭ 一　⑮ 三　⑯ 一, 一

　　 (3) ① 頭　② 髪　③ つら　④ 目
　　　 ⑤ 足　⑥ 手　⑦ 手　⑧ 目 (もく)
　　　 ⑨ 目　⑩ 目　⑪ 口　⑫ 手
　　　 ⑬ 鼻　⑭ 腰　⑮ 歯　⑯ 顔

　　 (4) ① お茶　② さじ　③ くぎ　④ 板
　　　 ⑤ えり　⑥ 判　⑦ 図　⑧ 花
　　　 ⑨ 水　⑩ 身

5 慣用句の問題2

解答 (1) ① カ　② オ　③ ア　④ ウ
　　　 ⑤ ケ　⑥ コ　⑦ エ　⑧ ク
　　　 ⑨ キ　⑩ イ

　　 (2) ① オ　② コ　③ イ　④ ウ
　　　 ⑤ エ　⑥ ア　⑦ キ　⑧ ク
　　　 ⑨ ケ　⑩ カ

　　 (3) ① コ　② オ　③ キ　④ エ
　　　 ⑤ ケ　⑥ ク　⑦ カ　⑧ ウ
　　　 ⑨ イ　⑩ ア

6 慣用句の問題3

解答 (1) 【　　水　　】
　　　 ① ウ　② ア　③ イ　④ エ

　　 (2) 【　　腹　　】
　　　 ① エ　② ア　③ ウ　④ イ

　　 (3) 【　　胸　　】
　　　 ① ウ　② エ　③ ア　④ イ

　　 (4) 【　　手　　】
　　　 ① イ　② ア　③ エ　④ ウ

(5) 【　　身　　】

　　① エ　　② イ　　③ ウ　　④ ア

(6) 【　　口　　】

　　① ア　　② エ　　③ ウ　　④ イ

7　慣用句の問題4

解答 (1) 【　　足　　】

　　① エ　　② ア　　③ イ　　④ ウ

(2) 【　　鼻　　】

　　① エ　　② ア　　③ ウ　　④ イ

(3) 【　　目　　】

　　① エ　　② イ　　③ ウ　　④ ア

(4) 【　　目　　】

　　① ア　　② イ　　③ エ　　④ ウ

(5) 【　　顔　　】

　　① ウ　　② イ　　③ エ　　④ ア

(6) 【　　口　　】

　　① ア　　② イ　　③ ウ　　④ エ

8　故事成語の問題1

解答 (1) イ　　(2) ア　　(3) ウ　　(4) エ

(5) エ　　(6) イ　　(7) イ　　(8) イ

(9) イ　　(10) エ　　(11) ウ　　(12) エ

9　故事成語の問題2

解答 (1) オ　　(2) エ　　(3) ケ　　(4) ク

(5) キ　　(6) カ　　(7) ウ　　(8) イ

(9) ア　　(10) コ

10　文学史の問題1

解答 (1) ① ク　　② ウ　　③ コ　　④ キ

　　　⑤ カ　　⑥ ケ　　⑦ エ　　⑧ ア

　　　⑨ イ　　⑩ オ

(2) ① エ　　② ク　　③ オ　　④ カ

　　　⑤ ケ　　⑥ ウ　　⑦ キ　　⑧ イ

　　　⑨ コ　　⑩ ア

(3) ① 源氏物語　　② 平家物語　　③ 枕草子

　　　④ おくのほそ道　　⑤ 竹取物語　　⑥ 徒然草

　　　⑦ 方丈記

奈良	万葉集	700 代後半，大伴家持編とされる。現存する日本最古の和歌集。
平安	古今和歌集	905 年ごろ，紀貫之編。日本初の勅撰和歌集（醍醐天皇の命令）。
	竹取物語	900 年前後か。現存する日本最古の物語。物語の出で来はじめの祖。
	土佐日記	935 年ごろ，紀貫之作。土佐から帰京する旅の体験を日記形式にした。
	伊勢物語	900 代中ごろ，作者不詳。在原業平を主人公とする和歌による短編集。
	蜻蛉日記	900 代後半，藤原道綱の母作。夫兼家，子道綱への思い，愛情を綴る。
	枕草子	1000 年ごろ，清少納言作。中宮定子に仕えた宮中での生活を綴る。
	源氏物語	1000 年ごろ，紫式部作。五十四帖からなる長編恋愛小説。
	更級日記	1060 年ごろ，菅原孝標女（むすめ）作。一人の女性の一生を書いた秀作。
	今昔物語	1100 代初め，説話物語集，作者不明。多くの短編物語を集める。
	大鏡	1100 代初め，歴史物語，作者不詳。藤原氏を批判する立場にたつ。
鎌倉	新古今和歌集	1205 年ごろ，藤原定家編。後鳥羽院の勅撰集。和歌は技巧的で優雅である。
	方丈記	1212 年ごろ，鴨長明作。無常観に貫かれ京都の災害などのはかなさを言う。
	平家物語	作者不詳。源氏との争いを中心に平家滅亡をえがく。
	徒然草	1330 年ごろ，吉田兼好作。日本三大随筆の一つ。
室町	風姿花伝	1400 年ごろ成立，世阿弥作。能の演出法や演劇論をまとめた書。
	新撰菟玖波集	1495 年成立，宗祇ら。俳諧の元となる連歌をまとめた本。
	御伽草子	1400 年前後より，作者不詳。数百編にも及ぶ短編集。
江戸	日本永代蔵	1600 代後半，井原西鶴作。知恵と才覚により成功する町人を書く小説。
	おくのほそ道	1600 代後半，松尾芭蕉作。俳句をもとにして旅をする紀行文。
	曽根崎心中	1703 年成立，近松門左衛門作。浄瑠璃の台本。庶民の生活を描く。

雨月物語	1776 年成立，上田秋成作。怪奇な幻想の世界を描いた短編集。
玉勝間	1700 年代後半，本居宣長作。国学・古典の立場にたった随筆。
東海道中膝栗毛	1800 年代初め，十返舎一九作。当時の庶民の姿を描く滑稽本。
南総里見八犬伝	1800 年代初め，滝沢馬琴作。壮大な世界を描いた読本（よみほん）。
おらが春	1800 年代初め，小林一茶の句集。
東海道四谷怪談	1800 年代初め，鶴屋南北作。怪談として有名になった芝居の台本。

11 文学史の問題2

解答 (1) ① ク ② キ ③ オ ④ エ
⑤ ア ⑥ イ ⑦ ケ ⑧ カ
⑨ ウ ⑩ コ

(2) ① キ ② イ ③ オ ④ ウ
⑤ カ ⑥ コ ⑦ ク ⑧ エ
⑨ ケ ⑩ ア

(3) ① カ ② エ ③ オ ④ コ
⑤ キ ⑥ ウ ⑦ ク ⑧ ケ
⑨ サ ⑩ イ ⑪ ス ⑫ セ
⑬ シ ⑭ ソ ⑮ ア

解説 近代以降のおもな作家

坪内逍遥	1859-1935	「小説神髄」（評論）「当世書生気質」（小説）小説の草分け。
二葉亭四迷	1864-1909	「浮雲」（小説），翻訳家。言文一致運動をすすめる。
尾崎紅葉	1868-1903	「金色夜叉」（小説）など，硯友社を主宰。古典の復活。
幸田露伴	1867-1947	「五重塔」「風流仏」（小説）など，古典的知識が豊富。
樋口一葉	1872-1896	「にごりえ」「たけくらべ」（小説），浪漫主義，「文学界」客員
国木田独歩	1871-1908	「武蔵野」「牛肉と馬鈴薯」（小説）など，自然美の再発見。
島崎藤村	1872-1943	「破戒」（小説），自然主義文学の開幕，「若菜集」（詩集）
夏目漱石	1867-1916	「坊ちゃん」「吾輩は猫である」「草枕」「それから」（小説）など

森鴎外	1862-1922	「舞姫」「高瀬舟」(小説),「即興詩人」(翻訳)など
永井荷風	1879-1959	「あめりか物語」「ふらんす物語」など, 耽美派の先駆。
谷崎潤一郎	1886-1965	「細雪」「春琴抄」(小説),「源氏物語」(翻訳)など, 耽美派。
武者小路実篤	1885-1976	「友情」「真理先生」(小説)など, 白樺派。
志賀直哉	1883-1971	「城之崎にて」「暗夜行路」(小説)など, 白樺派。
有島武郎	1878-1923	「カインの末裔」「或る女」(小説)など, 白樺派。
芥川龍之介	1892-1927	「鼻」「芋粥」「羅生門」「藪の中」(小説)など, 理知派, 新思潮。
菊池寛	1888-1948	「恩讐の彼方に」「真珠夫人」(小説)など, 新思潮派。
山本有三	1887-1974	「路傍の石」「真実一路」(小説)など, 新思潮派。
高村光太郎	1883-1956	「智恵子抄」「道程」(詩集)など, 彫刻家としても有名。
石川啄木	1886-1912	「一握の砂」「悲しき玩具」(歌集)など, 三行短歌。
宮沢賢治	1896-1933	「銀河鉄道の夜」「セロ弾きのゴーシュ」(小説), 詩人。
与謝野晶子	1878-1942	「みだれ髪」(歌集)など, 雑誌「明星」に参加。
伊藤左千夫	1864-1913	「野菊の墓」(小説)など, 小説家, 歌人。
斎藤茂吉	1882-1953	「赤光」(歌集)など, 雑誌「アララギ」に参加。精神科医。
正岡子規	1867-1902	「ホトトギス」(俳句雑誌)を主宰, 近代俳句の革新を行う。
川端康成	1899-1972	「雪国」「伊豆の踊子」(小説)など, ノーベル文学賞受賞。
堀辰雄	1904-1953	「風立ちぬ」「菜穂子」(小説)など。
梶井基次郎	1901-1932	「檸檬」「冬の蠅」(小説)など。
小林多喜二	1909-1933	「蟹工船」(小説)など, プロレタリア文学。共産主義運動。
太宰治	1909-1948	「人間失格」「走れメロス」(小説)など。
三島由紀夫	1925-1970	「金閣寺」「仮面の告白」(小説)など。
大江健三郎	1935-	「飼育」(小説)など, ノーベル文学賞受賞。
中原中也	1907-1937	「山羊の歌」「在りし日の歌」(詩集)など。

第3章　国語文法編

1　文を文節に区切る問題

解答

【問題1】　① 会議の/途中だったので/スマホの/スイッチを/切った/（　五　）

② 風邪を/ひいて/熱が/あるので/学校を/早退する/　　（　六　）

③ 朝/早くからの/出張で/始発の/電車に/乗った/　　（　六　）

【問題2】　① 今日は/夕方から/三丁目自治会の/会合が/あります/

② カラスの/糞害に/ついて/皆さんの/意見を/伺います/

③ 今年度の/慰安旅行は/春の/沖縄旅行に/決定しよう/

④ クラブの/早朝練習の/ために/学校に/6時に/集合と/します/

⑤ 今晩の/我が家の/献立は/餃子と/アサリの/味噌汁です/

【問題3】　① それは/誰の/責任でも/ない　　　　　（ない　　　　　　　　　）

② 健康の/ため/食べ過ぎに/注意するように/しましょう/

（注意するように　）

③ 錦鯉の/品評会に/審査員と/して/参加して/ください/

（して　　　　　　）

④ 当分の/間，/この/食堂は/休業と/致します/

（食堂は　　　　　　）

2　主語と述語の問題　文節と文節の関係①

解答

【問題1】　① 主語（　あなたも　　　）　述語（　悪い　　　　　　）

② 主語（　明日は　　　　）　述語（　お休みです　　）

③ 主語（　私も　　　　　）　述語（　出かけます　　）

④ 主語（　文章は　　　　）　述語（　不自然だ　　　）

【問題2】　① 店頭で販売している<u>玉ねぎが</u><u>新鮮です</u>。

② いつもいっしょに行ってくれる<u>介護士さんは</u><u>風邪です</u>。

③ 事務室の無線ランの<u>具合が</u><u>良くない</u>。

④ エアコンのスイッチを入れたので，<u>温度は</u>もうすぐ<u>上がります</u>。

⑤ 笑顔で人と接していると相手の<u>表情が</u><u>明るい</u>。

3　修飾語・被修飾語の問題　文節と文節の関係②

解答

【問題1】　① <u>明るい</u>➡笑い声が教室に響いていた。　　（　笑い声が　　）

② 到着した時にはすでに商店はしまっていた。
➡

（　しまっていた　）

③ 今週は激しい雨が毎日続いた。　　　　（　続いた　　　）

④ 道路は学校帰りの生徒でひどく混雑していた。

（　混雑していた　）

※「混雑していた」は，「混雑して」と「いた」の二つの文節がつながった連文節で，まとまって一つの文節の役割をしています。

【問題2】　① きれいな百本のバラをプレゼントした。　（　バラを　　　）

② とても美しい景色が目の前に広がった。　（　美しい　　　）

③ 何度も何度も見直したがミスは無かった。（　見直したが　）

【問題3】　① ひどく今夜は静かです。静かです（形容動詞）　　　連用修飾語

② この俳優は名優だ。俳優（名詞）　　　　　　　　連体修飾語

③ 明るい未来がひらけるだろう。　未来（名詞）　　連体修飾語

④ 主人公はみすぼらしい男だった。男（名詞）　　　連体修飾語

⑤ みごとに梅が満開になる。　なる（動詞）　　　　連用修飾語

4　単語（品詞）の問題

解答

【問題1】　① エ　形容動詞　　他は形容詞。形容動詞は言い切りが「～だ」になる。

② ア　形容動詞　　他は連体詞。形容動詞は「～な人，もの」とも言える。

③ ア　動詞　　　　他は名詞。

④ ウ　副詞　　　　他は接続詞。「もし」は「～ならば」と呼応する副詞。

⑤ エ　接続詞　　　または助詞でもいい。他は感動詞。

⑥ ウ　形容詞　　　または助動詞。他は動詞。

⑦ イ　副詞　　　　他は連体詞。

⑧ ア　名詞＋助動詞　他は形容動詞。「～だ」と「～なもの」の両方言える。

【問題2】　① イ　　② ク　　③ ア　　④ エ

⑤ コ　　⑥ カ　　⑦ オ　　⑧ ケ

⑨ キ　　⑩ ウ

【問題3】　① ア　　② エ　　③ イ　　④ ア

⑤ エ　　⑥ ウ　　⑦ ウ　　⑧ イ

> ※名詞の種類
> 普通名詞…交換可能な事物
> 固有名詞…事物に付いた，決まった名前
> 代名詞…事物を指し示す代名詞，指示語
> 数詞…数字とその単位

5 　助動詞の問題

解答

【問題】　①　エ　　②　カ　　③　ウ　　④　イ
　　　　　⑤　ア　　⑥　オ

6 　助詞の問題

解答

【問題１】　①　イ　　②　エ　　③　ア　　④　ウ

【問題２】　①　イ　　②　エ　　③　ウ　　④　ア
　　　　　　※①〜③は名詞に付く格助詞，④は「暑い」という形容詞に付く順接
　　　　　　の接続助詞として区別します。

7 　言葉の識別の問題

解答

【問題１】　①　ア　と　オ　補助形容詞。イは「無い」の形容詞。ウは「少な
　　　　　　　　　　　　　　い」という形容詞の一部。エは「〜しない」とい
　　　　　　　　　　　　　　う意味の助動詞。
　　　　　②　ウ　と　エ　形容詞「無い」。アは補助形容詞。イは「うしな
　　　　　　　　　　　　　　う」という動詞の連用形。オは打消しの助動詞。
　　　　　③　ウ　と　エ　断定の助動詞「〜である」。アは場所をしめす助詞。
　　　　　　　　　　　　　　イは原因を示す助詞。オは形容動詞の活用語尾。
　　　　　④　ア　と　エ　例示の助動詞。イはたとえ（比喩）の助動詞。ウは
　　　　　　　　　　　　　　推定の助動詞「ようだ」。オは勧誘の助動詞「よ
　　　　　　　　　　　　　　う」＋終助詞「ね」
　　　　　⑤　ア　と　エ　主語を示す格助詞。イは連体修飾語をつくる格助
　　　　　　　　　　　　　　詞。ウは体言の代用。オは並立。
　　　　　⑥　ウ　と　エ　自発の助動詞。アは可能の助動詞。イは受身の助
　　　　　　　　　　　　　　動詞。オは尊敬の助動詞。

【問題２】　①　エ　伝聞の助動詞。ア・イ・ウは推定の助動詞。
　　　　　②　ア　断定の助動詞。イは道具を示す格助詞。ウは形容動詞の活
　　　　　　　　　　用語尾。エは原因を示す格助詞。オも道具を示す格助詞。
　　　　　③　ウ　形容詞「無い」。アは補助形容詞。イとエは打消しの助動詞。
　　　　　④　エ　引用の格助詞「〜と」。アは名詞をつなぐ格助詞。イとウは
　　　　　　　　　　結果を示す格助詞。
　　　　　⑤　ウ　尊敬の助動詞。アは自発の助動詞。イは可能の助動詞。エ
　　　　　　　　　　が受身の助動詞。

8　敬語の問題

解答

【問題1】 ① 尊敬　おっしゃる　　　　　謙譲　申す，申し上げる
② 尊敬　召し上がる　　　　　謙譲　いただく
③ 尊敬　いらっしゃる　　　　謙譲　参る
　　　　おいでになる
④ 尊敬　される，なさる　　　謙譲　いたす
⑤ 尊敬　御覧になる　　　　　謙譲　拝見する

【問題2】 ① ご覧になった。
② 申しておりました。
③ 外出しております。
④ 参ります。
⑤ 拝見します。拝見いたします。

【問題3】 ① いただき
② うかがい
③ もうし
④ 致し
⑤ a　いらっしゃる，おいでになる　　b　参り
⑥ お召し上がり，召し上がって

【問題4】 ① し　　　　　（～する）の謙譲表現
② 行き　　　　（行く）の謙譲表現
③ 来　　　　　（来る）の尊敬表現
④ もらった　　（もらう）の謙譲表現

第4章　発展国語編

1　四字熟語の問題4

解答

《問題1》 A. 誤（　因　）　正（　引　）　　がでんいんすい
B. 誤（　段　）　正（　断　）　　ゆうじゅうふだん
C. 誤（　我　）　正（　画　）　　じがじさん
D. 誤（　対　）　正（　体　）　　ぜったいぜつめい
E. 誤（　償　）　正（　賞　）　　しんしょうひつばつ
F. 誤（　縁　）　正（　援　）　　こりつむえん
G. 誤（　古　）　正（　故　）　　おんこちしん

H．誤（　夢　）　正（　霧　）　　ごりむちゅう

Ｉ．誤（　護　）　正（　語　）　　ごんごどうだん

Ｊ．誤（　発　）　正（　髪　）　　ききいっぱつ

《問題2》　Ａ．転倒　（本末転倒　ほんまつてんとう）

　　　　　Ｂ．二律　（二律背反　にりつはいはん）

　　　　　Ｃ．森羅　（森羅万象　しんらばんしょう）

　　　　　Ｄ．潔白　（清廉潔白　せいれんけっぱく）

　　　　　Ｅ．無常　（諸行無常　しょぎょうむじょう）

　　　　　Ｆ．一心　（一心同体　いっしんどうたい）

　　　　　Ｇ．発起　（一念発起　いちねんほっき）

2　対義語・類義語・三字熟語の問題②

解答

《問題1》　Ａ．特殊　　　　　　　　Ｂ．相対的

対義語　　Ｃ．急性　　　　　　　　Ｄ．抽象的

　　　　　Ｅ．複雑　　　　　　　　Ｆ．形式

　　　　　Ｇ．創造　　　　　　　　Ｈ．需要

　　　　　Ｉ．感性　　　　　　　　Ｊ．容易

《問題2》　Ａ．蒸発　　　　　　　　Ｂ．詳細

同義語　　Ｃ．便利　　　　　　　　Ｄ．厳密，精密

　　　　　Ｅ．特性　　　　　　　　Ｆ．得意

　　　　　Ｇ．風評　　　　　　　　Ｈ．向上

　　　　　Ｉ．出版　　　　　　　　Ｊ．興味

《問題3》　Ａ．おうじょうぎわ　　　Ｂ．えそらごと

三字熟語　Ｃ．きちょうめん　　　　Ｄ．けれんみ

　　　　　Ｅ．じたんだ　　　　　　Ｆ．せけんてい

　　　　　Ｇ．だいごみ　　　　　　Ｈ．ちょこざい

　　　　　Ｉ．どたんば　　　　　　Ｊ．なまびょうほう

3　同音異義語・同訓異字の問題②

解答

《問題1》　Ａ．①　恒星　　②　公正　　③　構成　　④　校正　　⑤　厚生

同音異義　Ｂ．①　成果　　②　聖火　　③　生家

　　　　　Ｃ．①　異議　　②　異義　　③　意義　　④　威儀

　　　　　Ｄ．①　気管　　③　機関　　③　帰還　　④　基幹　　⑤　既刊

　　　　　　　⑥　季刊　　⑦　器官

　　　　　Ｅ．①　過程　　②　課程　　③　家庭　　④　仮定

《問題2》　Ａ．①欠ける　　②掛ける　　③架ける　　④駆ける　　⑤懸ける

同訓異義　Ｂ．①裁つ　　②発つ　　③経つ　　④建つ　　⑤絶つ　　⑥断つ

4　韻文の修辞技法の問題

解答

《問題1》　① 直喩法(明喩法)　② 擬人法

　　　　　③ 隠喩法(暗喩法)　④ 反復法

　　　　　⑤ 対句法　　　　　⑥ 体言止め

　　　　　⑦ 倒置法

《問題2》　① 対句法　　　　　② 体言止め

　　　　　③ 隠喩(暗喩)法　　④ 倒置法

　　　　　⑤ 直喩(明喩)法　　⑥ 擬人法

　　　　　⑦ 対句法　　　　　⑧ 擬人法

　　　　　⑨ 体言止め　　　　⑩ 直喩(明喩)法

　　　　　⑪ 倒置法　　　　　⑫ 対句法

　　　　　⑬ 直喩(明喩)法　　⑭ 擬人法

　　　　　⑮ 反復法

6　古文の問題①

解答

《問題1》　Ａ．いずれの　　　　　Ｂ．さぶらいたまいける

　　　　　Ｃ．やんごとなき　　　Ｄ．たまえる

　　　　　Ｅ．なお　　　　　　　Ｆ．もてかしずき

　　　　　Ｇ．のこりいたる　　　Ｈ．かしずきすえたりけん

　　　　　Ｉ．おかしとおぼしたり　Ｊ．い（ゆ）きこうとしも

《問題2》　Ａ．ける　　　　　　　Ｂ．けれ

　　　　　Ｃ．し　　　　　　　　Ｄ．しか

　　　　　Ｅ．たる　　　　　　　Ｆ．たれ

　　　　　Ｇ．めれ

7　古文の問題②

解答

《問題1》　Ａ．イ　親たちが大事に育て申し上げること，限りがない。

　　　　　Ｂ．エ　なかなか暮れない夏の暑く長い日を，一日中もの思いにふ
　　　　　　　　　けってぼんやりしていると

　　　　　Ｃ．キ　際だって帝（みかど）の寵愛を受けて栄えていらっしゃる
　　　　　　　　　方があった。

　　　　　Ｄ．ウ　この上もなく遠くまでもまあ来てしまったものだなあと，

互いに嘆き合っていると

E．ク　おもしろがりかわいがっているうちに，姉が病気になることがあって

F．ア　秋が来たと目でははっきりとはしないけれど，風の音にはっとすることだ。

G．カ　にじり寄って近寄り，わき見もしないで見つめて。

H．オ　犬が何匹か出て来てほえたてるのも。

《問題2》　A．ア　身分が低い者の身には，手にいれにくい物で。

B．オ　かわいらしいのは，瓜にかいた子供の顔。

C．エ　目立たないようにそっとやって来る牛車（ぎっしゃ）の主が知りたくて。

D．ク　この酒を一人でいただくのがさみしいので。

E．イ　めったにないもの。（それは）舅にほめられる婿。

F．ウ　かえって，長い髪よりも，（この方が）この上なく現代風であることよ。

G．カ　このような機会に本気で申し上げなければならないこと

H．キ　ああいやだ，この人が物やわらかであったならよいのに。

8　漢文の問題①

解答

《問題》の解答一覧（列：K J I H G F E D C B A、返り点・送り仮名付き）

K	J	I	H	G	F	E	D	C	B	A
⑧	⑧	⑤	⑧	⑧	⑥	⑥	⑥	⑥	⑥	⑥
⑦レ	⑦	④	下①	①	③	⑤	④	⑤	⑤	②
⑥下レ	①	⑤	⑥	⑥	⑦	③二	③	③	③	レ①
レ①	⑤	③	④	③	①二	①	②	①	②レ	④
二④	③	②④	③	④	②レ	②レ④	①二	②二	①レ④	レ③
⑤上	②④	⑦上	②⑤	②⑤	⑤レ④	二	⑤上	⑤一	一	⑤
	⑤上	⑥	⑦一	レ⑦一	上	④上				

9　漢文の問題②

解答

《問題》　A．エ　**(読み)** なんじがぞく，みなまさにとりことするところとならんとす，と。

　　　　　　　(意味) 君の仲間全てがきっと捕虜になってしまうであろう，と。

B．ア　**(読み)** いまだがくをこのむものをきかざるなり，と。

（意味）まだ，学問を好む者のことを聞いたことがない。
C．オ　(読み)よろしく，しのげんにしたがうべし。
　　　　(意味)師の言葉に従う方が良い。
D．イ　(読み)なほ，きによりてうおをもとむるがごときなり，と。
　　　　(意味)ちょうど木に縁りかかって魚を捕ろうとするようなも
　　　　　　　のである。
E．ウ　(読み)し，なんぞ，われのためにこれをいわざる。
　　　　(意味)あなたが，どうして私の為に之を言わないことがあろ
　　　　　　　うか，いやない。

一般教養試験によく出題される

理　科

　理科については，次の3つの特徴を持たせました。

　1つ目は，問題を解きながら知識を整理できるようにしたという点です。もしかしたらそのために答えにくさが生じたかもしれませんが，自ら調べるなどして理科の知識を整理してみて下さい。

　2つ目には，できるだけ生活の中にある理科の知識を意識してもらえるようにしました。これを機会に，身の回りのことやニュースを観たときに興味が出て，知識が加わってくれることを期待しています。

　3つ目として，人体や医療に関することを生物とは別に独立して扱いました。将来医療に関わる仕事をする皆さんが，「常識」として知ってもらいたい内容を集めたつもりですので，今まで勉強したことを確認するつもりで取り組んで下さい。

　そして何より，この章を通じて皆さんが理科について興味・関心を深めてくれることを祈っています。また，それが将来の勉強に良い影響を与えるものと確信しています。

第1章　物理分野

光と音 ──

《レベルA―基礎問題》

⑴　光が物質の境界面で折れ曲がって進む現象を何というか。

⑵　平行な光を凸レンズに垂直に当てたとき，光が集まる点を何というか。またレンズの中心からその点までの距離を何というか。

⑶　次の文の空欄に適語を入れよ。

　　弦を用いて音を出す場合，音の大小は（　①　）の大小によって決まり，音の高低は（　②　）の大小によって決まる。

⑷　空気中を伝わる音の速さは毎秒約何mか。

⑸　光の速さは次のうちどれか。

　㋐　１秒間に東京からニューヨークまで行く速さ
　㋑　１秒間に地球を１周する速さ
　㋒　１秒間に地球を７周半する速さ
　㋓　１秒間に地球を15周する速さ

⑹　近年電球に代わって使われるようになったＬＥＤとは何の略か。

⑺　次の文の空欄に適語を入れよ。

　　プリズムに光をあてると，赤色から紫色までの連続した色の光の帯ができる。この赤色から紫色の帯の中にある光を（　①　）という。しかし太陽光には（　①　）以外にも目に見えない光が含まれている。物を温める性質がある（　②　）や，物を変化させる性質，例えば皮膚にあたると日焼けを起こすなどの性質を起こす（　③　）などがそれにあたる。

《レベルB—発展問題》

(8) 19世紀末，真空放電の研究からX線を発見したのは誰か。

(9) 光には一見すると相反する2つの性質をあわせ持つ二重性があるが，それはどんな性質とどんな性質か。

(10) 車のサイレンや電車に乗りながら聞く踏切の警報機の音は，近付くとときは高く，遠ざかるときは低く聞こえる。これは音源や観測者が動くことにより，もとの振動数と異なった振動数が観測されるためであるが，この現象を何というか。

力と運動

《レベルA—基礎問題》

(1) 力を矢印で表すとき，力の働く点すなわち矢印のもとを何点というか。

(2) 水平な面に物体があるとき，面から物体に垂直に働き重力とつり合う力を何というか。

(3) 面の上にある物体に水平に力が加わったとき，物体が動こうとする向きと逆向きに働く力を何というか。

(4) 3辺が，30cm，15cm，7cmの直方体が机の上に置かれており，この物体に働く重力は9Nである。縦横が30cm，15cmの長方形が机に接しているとき，この物体が机に加える圧力は何 N/m^2 か。

(5) 地球上では，空気に働く重力による圧力が生じている。この圧力を何というか。

(6) 次の文の空欄に適語を入れよ。
　　てこの原理において，てこを支える点を（ ① ），力を加える点を（ ② ），物体に力が作用する点を（ ③ ）という。てこの原理においては，（ ① ）から（ ② ）までの長さが（ ④ ）ほど，（ ① ）から（ ③ ）までの長さが（ ⑤ ）ほど小さな力で大きな効果を得られる。

(7) 鉄の棒の一方に支点から 40cm のところに 60g のおもりがついている。これがつり合うためには反対側の 30cm のところに何 g のおもりをつければよいか。

(8) 17 世紀にアイザック・ニュートンが発見した質量を持つすべての物体が互いに引き合う力のことを何というか。

(9) ばねが受けた力の大きさとバネの伸びの長さには比例関係がある。この法則を何というか。

(10) 水中に物体を沈めたとき，その物体が押しのけた水が受けている重力の大きさに等しい大きさの浮力を受ける。これを何の原理というか。

(11) 一直線上を一定の速さで進む運動を何というか。

(12) 物体がその運動の状態を続けようとする性質を何というか。

(13) 30km を 45 分かけて一定の速さで進んだ。このときの速さは時速何 km か。

(14) 時速 36km は分速何 m か。

(15) 速さが変化しているとき，全体の距離をかかった時間の合計で割ったものを何というか。

(16) A 地点を通過するときの自動車 P の速さは 2 m/s であり，その 2 秒後に B 地点を通過するときの速さは 12m/s であった。このとき，P の AB 間における加速度はいくらか。単位を含めて答えよ。

(17) 物体が重力だけの影響で自由落下するときの加速度を何というか。また，地球上におけるそれはおよそ何 m/s^2 か。

《レベル B─発展問題》

(18) 力の大きさを F，加速度を α，質量を m として，運動方程式を表せ。

(19) 質量を m，速さを v とするとき，次の式の K は何を表すか。

$$K = \frac{1}{2}mv^2$$

⑳　物体系が外力の影響を受けないとき，その系内全体での運動量は変化しない，という法則を何というか。

㉑　次の文の空欄に適語を入れよ。
　　　物体が円周上を一定の速さで回る運動を（　①　）といい，その物体の単位時間あたりの回転角を（　②　）という。また，この運動をしている物体は円の中心に向かう向きに一定の力を受けているがこの力を（　③　）といい，さらにその反対向きに働く力を（　④　）という。（　①　）をする物体においては，（　③　）と（　④　）はつり合っている。

㉒　振り子の周期は糸の長さの重力加速度の大きさだけで決まり，振幅に無関係である。振り子のこの性質と何と呼ぶか。

㉓　次の文の空欄に適語を入れよ。
　　　おもりや物体が1回の振動に要する時間を（　①　），1秒辺りの振動回数を（　②　）という。（　①　）をT（秒），（　②　）をf（回／秒）とするとその関係式は（　③　）となる。なお（　②　）の単位は（　④　）を用いる。

㉔　次の文の空欄に適語を入れよ。
　　　波の性質を，水面にできる波から考える。まず，波には重なって強めあったり弱めあったりする性質がある。これを波の（　①　）という。また壁のような障害物に波を送ると（　②　）する。さらに水槽に浅い部分と深い部分を作って波を送ると，波の進む向きが変わる。これを波の（　③　）という。さらに波が障害物の背後にまわりこむ現象を波の（　④　）という。

電流と磁界

《レベルA─基礎問題》

⑴　普通は電気を通さない物体どうしを擦り合せたときに物体が帯びる電気を何というか。

⑵　次の文の空欄に適語を入れよ。
　　　電流が流れる道すじを（　①　）という。（　①　）には，枝分かれのない（　②　）と枝分かれしている（　③　）がある。

⑶　電流の流れにくさを表す量を何というか。またその単位は何か。

⑷　電圧を E(V)，電流を I(A)，抵抗を R(Ω)とするとき，オームの法則を式で表せ。

⑸　ある電熱線に 0.2A の電流を流したところ 3 V の電圧が生じた。この電熱線の抵抗は何Ωか。

⑹　抵抗が 10 Ωの電熱線に 0.4A の電流を流したときの電圧は何 V か。

⑺　次の文の空欄に適語を入れよ。
　　　抵抗が小さく電流を通しやすい物質を（　①　）と呼び，その逆に，抵抗が大きく電流を通しにくい物質を（　②　）または（　③　）と呼ぶ。

⑻　電力を P(W)，電流を I(A)，電圧を E(V)とするとき，P，I，E の関係式で表せ。

⑼　300W の電熱線に 20 秒間電流を流したとき発生する熱量は何 J か。

⑽　次の文の空欄に適語を入れよ。
　　　磁力が働いている空間を（　①　）という。（　①　）の中にある導線に電流を流すと，電流が（　②　）を受ける。一方でコイルの中の（　①　）が変化すると電圧が生じ電流が流れる。この現象を（　③　）という。

⑾　磁界の中に電流を流すと，磁界の向きと電流の向きによって力の働く向きが決まる。この関係を表す法則を何というか。

⑿　導線に電流を流すと，同心円状に磁界ができる。このときの電流の向きと磁界の向きについての法則を何というか。

《レベルＢ─発展問題》

⒀　回路に 2 つの抵抗 R_1，R_2があるとき，合成抵抗 R についての関係式を次の 2 つについて示せ。
　　　①直列接続の場合　　②並列接続の場合

物質の性質とエネルギー

《レベルA—基礎問題》

(1) 次の文の空欄に適語を入れよ。

　　高いところにある物体が持つエネルギーを（　①　），運動している物体が持つエネルギーを（　②　）という。また（　①　）と（　②　）の和を（　③　）という。摩擦や空気の抵抗がなければ，（　③　）はつねに（　④　）に保たれる。

(2) ある物質は 48cm³で 120g であった。この物質の密度を単位を含めて答えよ。

(3) 次の文の空欄に適語を入れよ。

　　物質は（　①　），（　②　），（　③　）のの3つの状態をとる。これを物質の三態という。例えば，（　①　）が（　②　）に変化することを（　④　）といい，このときの温度を（　⑤　）という。さらに（　②　）が（　③　）に変化するとき，（　②　）の内部から泡が出て（　③　）に代わっていく現象を（　⑥　）といい，このときの温度を（　⑦　）という。純粋な物質であれば（　⑤　）や（　⑦　）は一定であり，その物質の固有である。（　⑦　）のこの性質を利用して，いろいろな液体が混合したものから特定の物質を取り出す操作を（　⑧　）という。また，通常は（　①　）が（　②　）へ変化し，その後（　②　）が（　③　）へ変化するが，（　①　）が直接（　③　）へ変化することがある。これを（　⑨　）という。

(4) 二酸化炭素を液体窒素で冷やし直接個体にしたものを何というか。

(5) 水の比熱を1とするとき，30g の水の温度を 20℃上げるために必要な熱量は何 cal か。

(6) 次の文の空欄に適語を入れよ。

　　水 100g に溶ける物質の限界量を（　①　）という。（　①　）は温度によって変化するが，それをグラフにしたものを（　②　）という。また，（　①　）いっぱいまで物質を溶かしそれ以上溶けなくなった溶液を（　③　）という。

《レベルB─発展問題》

(7) 線香の煙を顕微鏡で見ると，煙の微粒子が揺れ動くように運動している様子が見えるが，これは空気中の分子が不規則な運動をし煙の微粒子に衝突するために生じている現象である。この運動を何というか。

(8) 次の文の空欄に適語を入れよ。

天然に存在する原子核の中の不安定なものが，（　①　）と呼ばれる高エネルギーの粒子や電磁波を出しながら別の原子核に変わってゆく現象を（　②　）といい，（　①　）を出す性質を（　③　）という。また，（　③　）を持つ同位体を（　④　），（　③　）を持つ物質そのものを（　⑤　）という。

第2章　化学分野

物質の性質

《レベルA—基礎問題》

(1) 次の文の空欄に適語を入れよ。

　　物質は大きく分けて純粋な物質と（　①　）に分けられるが，純粋な物質はさらに銀，酸素，水素のようにそれ以上分解することができない（　②　）と，酸化銀や水のように2種類以上の別の物質に分解できる（　③　）に分けられる。

(2) 次の文の空欄に適語を入れよ。

　　物質を作る最小の粒を（　①　）という。（　①　）は（　②　）でそれ以上分けることができず，種類によって（　③　）や大きさが決まっている。（　①　）がいくつか結びついて物質の性質を示す最小の粒を（　④　）という。

(3) ある液体に青いリトマス紙を浸すと赤くなった。この液体は何性か。また，この液体に赤いリトマス紙を浸すとどうなるか。

(4) 次の液体は，酸性・中性・アルカリ性のいずれであるか。
　　①砂糖水　②石灰水　③酢　④炭酸水　⑤ホウ酸の水溶液　⑥塩酸
　　⑦水酸化ナトリウムの水溶液　⑧食塩水

(5) 試料をろ紙に付着させてそのろ紙の一端を溶媒に浸すと，試料中の物質はろ紙への吸着のしやすさの違いにより分離される。この操作を何というか。

(6) 次の文の空欄に適語を入れよ。

　　ナトリウムや銅などの元素を含んだ物質は，炎の中に入れると特有の色を示す。これを（　①　）という。ナトリウムは（　②　），カルシウムは（　③　），銅は（　④　）を示す。

(7) 金属に共通な性質を述べよ。

⑻　次の①～⑧に該当する金属名を㋐～㋗から選べ。また，その元素記号を記せ。

　　　①銀白色で，全ての金属の中で電気伝導性と熱伝導性が最大である。フィルムの感光材や食器・装飾品などに使用される。

　　　②灰白色の光沢を持ち，湿った空気の中に放置すると赤さびを生じる。鉄道のレールや建物の鉄筋や鉄骨など幅広く使用される。

　　　③銀白色で，常温で唯一の液体の金属である。多くの金属とアマルガムと呼ばれる合金を作る。

　　　④銀白色で，トタンや黄銅に使われる。ボルタの電池の負極になる。

　　　⑤銀白色で，ブリキやはんだに使われる。銅との合金は青銅と呼ばれる。

　　　⑥銀白色の軽く，表面に人工的な酸化物の丈夫な膜を作ることができる。住宅のサッシやジェラルミンのような軽合金の材料に使われる。

　　　⑦赤色の光沢があり，湿った空気の中に長期間置くと緑青と呼ばれるさびを生じる。熱や電気をよく通し加工もしやすいので，電線や調理器具に使われる。

　　　⑧黄金色の光沢を持ち，化学的に非常に安定でさびを生じない。古くから貴重な金属として知られ，装飾品や電子機器材料としての価値が高い。

　　　㋐鉄　　　㋑アルミニウム　　　㋒銅　　　㋓銀　　　㋔金　　　㋕水銀
　　　㋖亜鉛　　　㋗スズ

《レベルB─発展問題》

⑼　次の文の空欄に適語を入れよ。

　　　原子は（　①　）とその周囲を回る（　②　）からなる。さらに（　①　）は（　③　）と（　④　）からなる。（　②　）は（　⑤　）の電気量を持ち，（　③　）は（　⑥　）の電気量を持つ。（　④　）は電気的には中性である。原子の種類（元素）は（　③　）の数で決まり，その数を（　⑦　）といい，（　③　）と（　④　）の総数を（　⑧　）という。すると，同じ元素でも（　④　）の数が異なるため（　⑧　）が異なるものが存在することになるがそれを（　⑨　）という。この（　⑨　）に対し，同じ元素からなる単体で性質が異なる者どうしを（　⑩　）という。

⑽　1869年，当時知られていた約60種類の元素を，性質が似たようなものを同じ列にくるようにして原子量の順に並べた周期表を発表したのは誰か。

(11) 次の文の空欄に適語を入れよ。

原子は電気的中性であるが，電子を放出したり受け取ったりして電気を帯びるようになる。これを（　①　）という。原子は電子を放出すると正の電荷を帯びるがこれを（　②　），電子を受け取り負の電荷を帯びたものを（　③　）という。

(12) 次の①〜⑥に該当する物質名を㋐〜㋔から選べ。またその化学式を答えよ。

①重曹とも呼ばれ，加熱すると分解し二酸化炭素を発生する。ベーキングパウダーや入浴剤などに使われる。

②生石灰とも呼ばれ，石灰石を焼いて作る。カーバイドや水酸化カルシウムの製造や乾燥剤などに使用する。

③食塩の主成分で，生物の生命維持に重要な物質。

④消石灰とも呼ばれ，水溶液は石灰水である。酸性土壌の中和剤や，さらし粉や漆喰（しっくい）として使われる。

⑤石灰石や大理石として天然に存在する。貝殻や卵の殻の主成分でもある。

⑥空気中の水分を吸収して溶ける（潮解）。石ケン・紙・化学薬品の製造など，化学工業で大量に使用。

㋐塩化ナトリウム　　㋑炭酸水素ナトリウム　　㋒炭酸カルシウム

㋓水酸化ナトリウム　　㋔水酸化カルシウム　　㋕酸化カルシウム

(13) 次の文の空欄に適語を入れよ。

水溶液の酸性や塩基性の強さを表すための数値を（　①　）という。（　①　）が7近辺のとき，その水溶液の性質は（　②　），7より小さく0に近づくほど強い（　③　）を示し，7より大きく14に近づくほど強い（　④　）を示す。

気体の性質

《レベルA─基礎問題》

(1) 空気中に含まれる気体の中で最も多いものは何か。

(2) 石灰水に通すとそれを白く濁らせる気体は何か。化学式で答えよ。

(3) 次の製法によってできる気体の名前を述べよ。

　　①二酸化マンガンにオキシドール（うすい過酸化水素水）を加える。

　　②石灰石にうすい塩酸を加える。

　　③亜鉛や鉄などの金属にうすい塩酸や硫酸を加える。

(4) 次のうち，アンモニアの性質として正しいものはどれか。

　　㋐臭いはない。

　　㋑空気より重い。

　　㋒水によく溶ける。

　　㋓水溶液は酸性である。

(5) 次のうち，発生した水素を集めるのに最も適した方法はどれか。

　　㋐水上置換法　　㋑上方置換法　　㋒下方置換法

(6) 次の①～⑥に該当する気体名を㋐～㋕から選べ。

　　①無色でゆで卵の臭いの刺激臭がある気体で，火山や温泉地帯で発生することが多い。

　　②黄緑色で刺激臭のある気体で，各種の洗剤や洗浄剤を混ぜて使ったことにより発生する。鼻・のどの粘膜を傷つける。

　　③無色無臭で，炭素を含む物質が不完全燃焼するときに発生する。ストーブや湯沸かし器を使用する際に換気をしないことにより，気づかないうちに中毒になっていることがある。

　　④無色で刺激臭のある気体で，硫黄を燃やすとできる。別名亜硫酸ガスと呼ばれ大気汚染の原因となっている。

　　⑤窒素が酸素と結びついてできた物質で，日本の大気汚染の主な原因になっている。自動車の排ガスに含まれる。

　　㋐二酸化硫黄　㋑塩素　㋒硫化水素　㋓窒素酸化物　㋔一酸化炭素

(7) 次の①～⑧に該当する気体名を㋐～㋘から選べ。

　　①無色・無臭で空気の約78%を占め，液体は冷却剤に使用される。

　　②無色・無臭で天然ガスの主成分であり，都市ガスとして使用される。

　　③無色で刺激臭があり，硝酸や窒素肥料などの原料となっている。

　　④無色・無臭で最も軽く，燃料電池の原料でもある。

　　⑤無色で甘い臭いを持ち，石油化学製品の原料である。

　　⑥無色・無臭で空気の約21%を占め，製鉄・溶接に利用される。

　　⑦無色・無臭で固体はドライアイスとして利用される。

⑧無色で刺激臭があり，水溶液は塩酸となる。
　㋐水素　　㋑酸素　　㋒窒素　　㋓塩化水素　　㋔アンモニア
　㋕二酸化炭素　　㋖メタン　　㋗エチレン

《レベルB─発展問題》

⑻　ヘリウムやネオンのように電子配置が安定で反応性が乏しいため，他の原子と結びつきにくく，空気中に気体としてわずかに存在するものを何というか。

⑼　気体の体積と分子の数について，「同温・同圧・同体積の気体には，その種類によらず同じ数の分子が含まれる」という法則が成り立つが，これを何というか

⑽　0℃，1気圧を，気体の何状態というか。またそのときの気体 1 mol の体積は何 ℓ か

⑾　気体の体積について，「一定量の気体の体積は，圧力に反比例し，絶対温度に比例する」という法則が成り立つが，これを何というか

化学反応

《レベルA─基礎問題》

⑴　2種類以上の物質が結び付いて，性質の違う別の物質ができる化学変化を何というか。

⑵　次の化学変化について，空欄にあてはまるものを㋐～㋔から選べ。
　　炭酸水素ナトリウム　→　炭酸ナトリウム　＋　水　＋　　①
　　酸化銀　→　銀　＋　　②
　　水　＋　酸素　→　　③
　　マグネシウム　＋　酸素　→　　④
　　鉄　＋　硫黄　→　　⑤

⑺硫化鉄　　⑷二酸化炭素　　⑼水　　⑽酸素
⑽酸化マグネシウム

(3) 次の①〜④の元素記号を答えよ。
　　　①酸素　　②窒素　　③ナトリウム　　④銅

(4) 次の①〜④が表す物質名を答えよ。
　　　① H　　② Mg　　③ C　　④ Ag

(5) 次の化学反応式の空欄を埋めよ。
　　　$2\,H_2\ +\ O_2\ \rightarrow$　①
　　　$Fe\ +\ S\ \rightarrow$　②
　　　$2\,Cu\ +$　③　$\rightarrow\ 2\,CuO$

(6) 化学変化の前後で物質全体の質量は変わらないという法則を何というか。

(7) 銅と酸素は 4：1 の割合で化合し酸化銅を作る。銅 16g を使うと酸化銅は何 g できるか。

(8) 次の文の空欄に適語を入れよ。
　　　物質が酸素と化合して酸化物になることを（　①　）という。特に激しく光と熱を出しながら（　①　）することを（　②　）という。その逆に，酸化物から酸素を取り除く化学変化を（　③　）という。（　①　）と（　③　）は同時に起こる。例えば，酸化銅と炭素を混ぜて熱を加えると，炭素は（　①　）されて（　④　）になり，酸化銅は（　③　）されて（　⑤　）になる。

(9) 水を電気分解すると何と何が発生するか。

⑽ 酸とアルカリが互いの性質を打ち消し合う反応を何というか。

⑾ 自身が化学変化を起こすわけではないが，化学反応の速さを劇的に早くする物質を何というか。

《レベルB─発展問題》

(12) 次の物質の構造式を示せ。
　　①水 H_2O　　②二酸化炭素 CO_2　　③窒素 N_2　　④メタン CH_4

(13) 化学では，原子や分子の 6.02×10^{23} 個の集団を1つの単位として扱うが，このときの単位は何か。またこの数を何というか。

(14) 次の①～④の法則の名前と発見者名を答えよ。
　　①化学変化の前後で，物質全体の質量の和は変わらない。
　　②物質の成分元素の質量組成はつねに一定である。
　　③A，B 2元素からなる化合物が2種類以上あるとき，一定量のAと化合しているBの質量は，これらの化合物間では簡単な整数比になる。
　　④気体どうしが反応したり，反応によって気体が生成したりするとき，それらの気体の体積間には簡単な整数比が成り立つ。

生活の中の化学

《レベルA─基礎問題》

(1) 化石燃料を燃やしたときに出る熱を利用する発電を何というか。

(2) ダムに貯めた水が持つ位置エネルギーを利用する発電を何というか。

(3) 熱や摩擦に強く，これまでの陶磁器にはない優れた性質を持つ素材を何というか。

(4) 紙おむつなどに使われていて，その物質自身の質量の数十～数百倍の質量の水を吸収できる物質を何というか。

(5) 製品を回収し，再利用して新しい製品を作ることを何というか。

(6) 戦後最大の公害事件である水俣病の原因となった物質名は何か。

(7) 大気中のオゾン層を破壊するスプレー缶のガスや冷蔵庫・エアコンの冷却用ガスとして使われてきた気体は何か。

(8) 工場や車から排出された窒素酸化物や硫黄酸化物が溶け込んだ雨で、生物・森林・土壌・建造物などに悪影響を与える物を何というか。

(9) 鉄の粉が空気中の酸素に触れると酸化して赤い酸化鉄になるが、このとき熱を発する。この熱を利用して作られる日常生活用品は何か。

(10) ペットボトルの材料となるもので、略して PET と呼ばれる物質は何か。

《レベルB―発展問題》

(11) エチレンが長くつながってゆくことによって作られる合成高分子化合物でプラスチックのバケツや包装用フィルム、ポリ袋などに使われるものは何か。

(12) 塩化ビニルが長くつながってゆくことによって作られる合成高分子化合物で工業用ビニルシートや水道管などに使われるものは何か。

(13) 金属の腐食を防ぐために表面を別の金属で覆う方法をメッキというが、次のようにメッキされたものをそれぞれ何というか。
　　①鋼鈑（Fe）の表面にスズ（Sn）をメッキしたもの
　　②鋼鈑（Fe）の表面に亜鉛（Zn）をメッキしたもの

第3章　生物分野

植物のつくりとはたらき ─────────────────

《レベルA─基礎問題》

(1) アサガオを構成する4つの部分を答えよ。

(2) 次の文の空欄に適語を入れよ。

種子植物には，（　①　）と（　②　）がある。（　①　）では（　③　）がめしべの子房に包まれているが，そのめしべの柱頭に（　④　）がつくとやがて子房が成長して（　⑤　）になり，（　③　）は（　⑥　）になる。一方，（　②　）は子房がなく（　③　）むき出しである。

(3) 道管と師管をまとめた部分を何というか。

(4) 道管と師管のうち，葉で作られた栄養分が通る管はどちらか。

(5) 植物が日光を利用して栄養分（デンプンなど）を作る働きを何というか。また，それは植物細胞中のどこで行われるか。

(6) (5)とは逆の反応で，糖から酸素を利用して生活のためのエネルギーを取り出す反応を何というか。

(7) 次の文の空欄に適語を入れよ。

葉の裏側に多くある小さな穴を（　①　）という。（　①　）からは水蒸気が出されるがこの現象は（　②　）と呼ばれる。また光合成や呼吸が行われているときの酸素や（　③　）も出入りする。

(8) デンプンがあるか調べるために使う試薬は何か。またその試薬はデンプンがあると何色に変化するか。

(9) 種子が発芽するために必要な3つの条件を挙げよ。

⑽ 花粉が柱頭に着くことを受粉というが，
① 昆虫が花粉を運んでくることにより受粉する花
② 風が花粉を運んでくることにより受粉する花
をそれぞれ何というか。

⑾ 次の①～⑨の植物は㋐～㋔のどの植物に分類されるか
① ゼンマイ　② エンドウ　③ ミカヅキモ　④ ゼニゴケ　⑤ マツ　⑥ アブラナ
⑦ ワカメ　⑧ イチョウ　⑨ ベニシダ

　　㋐ソウ類　　㋑コケ植物　　㋒シダ植物　　㋓裸子植物　　㋔被子植物

⑿ 春の七草を全て挙げよ。

⒀ 日本の植物学の父と言われ，自らの観察記録やスケッチをもとにして「新日本植物図鑑」などの図鑑を残した人はだれか。

《レベルＢ─発展問題》

⒁ 次の①～⑨にあてはまるバイオーム（生物群系）名を㋐～㋘から，代表的な植物を(A)～(I)から選べ。
① 温帯の中でも年平均気温が比較的低い地域に分布し，落葉広葉樹からなり季節による変化が激しい。
② 北極圏などの寒帯に分布し，地下には永久凍土が存在する。
③ 熱帯・亜熱帯で年降水量が少ない地域に分布する草原で，草本が中心であるが樹木も見られる。
④ 温帯の中で，地中海沿岸のような夏乾燥し冬雨が多い地位に分布する。
⑤ 熱帯の降水量の多い地域に分布し，常緑広葉樹林からなる。
⑥ 熱帯や温帯で降水量の極端に少ない地域に分布する。
⑦ ユーラシア大陸から北米の北部に広がる亜寒帯に帯状に分布し，主に常緑針葉樹からなる。
⑧ 温帯の内陸部に分布する草原で，樹木はほとんど存在しない。
⑨ 温帯の中でも年平均気温が比較的高い地域に分布し，常緑広葉樹林から成る。

〈バイオーム名〉
(ア)熱帯多雨林　　(イ)照葉樹林　　(ウ)硬葉樹林　　(エ)夏緑樹林
(オ)針葉樹林　　(カ)サバンナ　　(キ)ステップ　　(ク)砂漠
(ケ)ツンドラ

〈植物〉
(A)地衣類・コケ類　　(B)トウヒ，モミ　　(C)サボテン，トウダイグサ
(D)オリーブ，コルクガシ　　(E)フタバガキ，ヤシ　　(F)ブナ，ナラ
(G)イネ科の草本　　(H)シイ，カシ　　(I)イネ科の草本や木本

動物の種類

《レベルA—基礎問題》

(1)　哺乳類や魚類など背骨を持つ動物を何というか。

(2)　動物のふえ方のうち，子が母親の体内で育ってから生まれることを何というか。

(3)　動物のふえ方のうち，卵を産んで卵から子が孵ることを何というか。

(4)　周囲の温度に応じて体温が変化する動物を何というか。

(5)　周囲の温度が変化しても体温をほぼ一定に保つことができる動物を何というか。

(6)　次の文の空欄に適語を入れよ。
　　　草食動物と肉食動物には様々な違いがあるが，歯にはその違いが顕著に表れている。草食動物では（　①　）が大きく丈夫にできていて，草を（　②　）のに適している。それに対し，肉食動物では（　③　）が大きく鋭くできていて，獲物を捕えるときや肉を（　④　）のに適している。

(7)　脊椎動物のうち，陸上で生活するものは肺で呼吸するが，水中で生活するものはどこで呼吸するか。

(8) 次の①～⑩の生物は，⑦～㋔のいずれの仲間に属するか。

    ①カメ   ②キツネ   ③コイ   ④イモリ   ⑤ペンギン   ⑥クジラ

    ⑦サケ   ⑧ワシ   ⑨ワニ   ⑩サンショウウオ

    ㋐魚類   ㋑両生類   ㋒爬虫類   ㋓鳥類   ㋔哺乳類

(9) 無脊椎動物のうち，節足動物の仲間であるザリガニ・エビ・カニなどを総称して何というか。

(10) 次の文の空欄に適語を入れよ。

モンシロチョウは，卵から成虫になるまでに卵→（ ① ）→（ ② ）→成虫の順に変化する。また，成虫の体は頭・胸・腹に分かれるが，翅や足がついている身体の部分は（ ③ ）で，触角がついているのは（ ④ ）である。

《レベルB―発展問題》

(11) 体外環境の変化に対し，体液の状態を一定の範囲内に保とうとする仕組みや働きなどを通して体内環境が一定に維持されている状態を何というか。

細胞・生殖・遺伝

《レベルA―基礎問題》

(1) 次の①～④の名称を㋐～㋓から選べ。

    ①細胞質をとり囲んでいるうすい膜

    ②１個の細胞に普通１個ある球状の粒

    ③植物細胞にある光合成を行う緑色の粒

    ④植物細胞の①の外側にある丈夫な仕切り

    ㋐細胞壁   ㋑葉緑体   ㋒核   ㋓細胞膜

(2) からだが1個の細胞でできている生物を何というか。

(3) 次の①～⑤を細胞分裂が行われる順に並べよ。

①各染色体が2組に分かれ，両極に移動する。
②核が現れ，2つの細胞になる。
③核が消え，染色体が現れる。
④細胞の中央に仕切りができる。
⑤各染色体が細胞の中央に並び，縦に2つに分かれる。

(4) 次の文の空欄に適語を入れよ。

生物が子孫を残す働きを（ ① ）という。（ ① ）のうち，メスとオスの生殖細胞の核が合体することによって子ができるふえ方を（ ② ）といい，メスとオスの生殖細胞の核が合体すること自体を（ ③ ）という。一方，メスとオスに関係なくからだの一部が分かれて子ができるふえ方を（ ④ ）といい，代表的なものとしてアメーバの（ ⑤ ）が挙げられる。

(5) 受精卵が新しい個体へと成長してゆく過程を何というか。

(6) 次の文の空欄に適語を入れよ。

生物が持つ形や性質を（ ① ）といい，親の持つ（ ① ）が子に伝わることを（ ② ）という。また，形質を表すもとになるもので核の染色体に含まれるものを（ ③ ）という。

(7) 生殖細胞がつくられるときに行われるもので，染色体の数がからだの細胞の半分になるような特別な細胞分裂を何というか。

(8) 遺伝情報の本体である DNA を日本語で言うとどうなるか。

(9) 何らかの理由で DNA の一部が突然変化し，それにより遺伝する形質が変化してしまうことを何というか。

(10) コルクを顕微鏡で観察し，拡大すると小さな部屋のようなものがありそれを cell（＝小部屋）と名付けた科学者は誰か。

(11) 次の文の空欄に適語を入れよ。

同じ種類の細胞が多数集まった部分を（ ① ）という。さらに違った種類の（ ① ）がいくつか組み合わさり身体の中で特定の働きするまとまりを（ ② ）という。

《レベルB―発展問題》

⑿　次の細胞小器官について，植物細胞のみに存在するものには A，動物細胞のみに存在するものには B，両方の細胞に存在するものには C を記せ。

①ミトコンドリア　②核　③細胞膜　④葉緑体　⑤液胞　⑥中心体
⑦細胞壁

⒀　細胞内での代謝によるエネルギーのやり取りを担う物質で，エネルギーの通貨と呼ばれる物資は何か。

⒁　タンパク質からできていて，生体内における生命活動に必要な化学反応を速やかに進行させるための触媒作用を担うものを何というか。

⒂　遺伝情報の本体である DNA は，全体的にねじれてらせん状になっている。この構造を何というか。

⒃　たんぱく質を構成する物質で，これが違った配列で鎖状につながることによって様々なたんぱく質ができる物質を何というか。

生物間の関係と環境

《レベルA―基礎問題》

⑴　次の文の空欄に適語を入れよ。

生物間の食べる・食べられるの関係を（　①　）という。（　①　）において，光合成によって無機物から有機物をつくる植物を（　②　）といい，（　②　）が作った有機物を直接的・間接的に食べて生きている動物を（　③　）という。通常，食べる生物の数は食べられる生物の数よりも（　④　）。自然界では，生物の数量が増減することがあるが，（　①　）の中で（　⑤　）が保たれている。

(2) 食物連鎖における①〜④を数量の多い順に並べよ。

    ①草食動物　　②大型の肉食動物　　③植物　　④小型の肉食動物

(3) 土の中の食物連鎖の中で，枯れた植物や動物の死骸やふんに含まれる有機物を無機物に分解する菌類・細菌類を何と呼ぶか。

(4) 有機物は生物の呼吸によって何と何に分解されるか。

(5) 次の文の空欄に適語を入れよ。

    文明が発展するにつれて，人間の生活が自然環境に悪い影響を及ぼし始めている。二酸化炭素の（　①　）により気温が上昇したり，硫黄酸化物や窒素酸化物が溶け込んだ（　②　）が降ったり，フロンなどにより上空の（　③　）が破壊されるなどが報告されている。

(6) 有害物質が食物連鎖の過程で濃縮され，高濃度に蓄積されることを何というか。

(7) プランクトンの異常増殖により海や湖沼などの色が変わり，酸素不足により魚介類が死亡するなどの影響が出る現象を何というか。

(8) 植物や農作物を人間にとって都合のいいものに変えてゆくことを何というか。

(9) 正式名称を「外因性内分泌かく乱化学物質」といい，生体内のバランスを崩し，生殖障害や奇形などの影響を与える化学物質を何というか。

(10) 1975 年に発行された次の 2 つの条約は通称で何と呼ばれているか。

    ①「絶滅のおそれのある野生動植物の種の国際取引に関する条約」
    ②「特に水鳥の生息地として国際的に重要な湿地に関する条約」

(11) 1859 年にチャールズ・ダーウィンが出版した，自らの考えた自然淘汰の理論をまとめた代表的な本の名前を答えよ。

(12) 魚類から両生類，両生類から爬虫類，爬虫類から鳥類というように，長い時間をかけて生物が変化してゆくことを何というか。

理科

《レベルB―発展問題》

(13) 地球上の生物は次のように段階的に分類されている。①〜⑤にあてはまる名称を答えよ。

界 → ① → ② → ③ → 科 → ④ → 種

(14) 生物が二酸化炭素を取り込み，炭水化物などの有機物に作りかえる働きを総称して何というか。

(15) 植物（生産者）が土の中の硝酸イオンやアンモニウムイオンを根から吸収し，これをもとにして窒素を含有する有機物を合成する働きを総称して何というか。

第4章　地学分野

地殻・岩石と地震

《レベルＡ―基礎問題》

(1)　岩石が温度変化や水の働きなどで表面から崩れてゆく現象を何というか。

(2)　水などが陸地を削る働きを何というか。

(3)　次の文の空欄に適語を入れよ。

流水によって運ばれた土砂は，海や湖に堆積するが，この堆積の繰り返しによって（　①　）ができる。（　①　）は層と層の（　②　）がはっきりしており，各層を作る（　③　）の大きさがそろっていることが多い。また，火山灰の層や化石を含む層などは（　①　）のつながりを知る目印となることがあり，（　④　）と呼ばれることがある。

(4)　火山の噴出物（火山灰や軽石など）が堆積してできた堆積岩の名称を答えよ。

(5)　生物体や海水中の石灰分が堆積してできたもので，うすい塩酸をかけると二酸化炭素が発生する堆積岩の名称を答えよ。

(6)　次の文の空欄に適語を入れよ。

地層中に残された生物の死骸や生活の跡を（　①　）という。（　①　）のうち，堆積当時の環境が分かるものを（　②　），堆積した時代が分かるものを（　③　）という。

(7)　次の文の空欄に適語を入れよ。

マグマが冷えて固まってできた岩石を（　①　）という。（　①　）は（　②　）と（　③　）の２種類があるが，（　②　）はマグマが地表や地表付近で急に冷えてできたもので（　④　）組織を持つのが特徴であり，代表的なものとして安山岩がある。また，（　③　）はマグマが地下の深いところでゆっくり冷えてできたもので（　⑤　）組織を持つのが特徴であり，代表的なものとして花こう岩がある。

(8)　地震が発生した場所を何というか。また，その真上の地表上の地点を何というか。

(9) 次の文の空欄に適語を入れよ。

地震の揺れは速さの違う2種類の波，（ ① ）と（ ② ）によって伝わってゆく。初めの小さな揺れは（ ① ）によるもので（ ③ ）と呼ばれる。その後の大きな揺れは（ ② ）によるもので（ ④ ）と呼ばれる。

(10) 震源から40kmの地点で初期微動継続時間が6秒であった。このとき震源から60kmの地点では何秒か。

(11) 海底の地形で，特に深くなり溝のように伸びているところを何というか。

(12) 地球の表面にある厚さ数km〜数十kmの固い岩板で，1年間に数cmの割合で動き，火山活動や地震の発生に関係するものを何というか。

(13) 日本の阿蘇山のように，一度に大量に溶岩や火山灰が噴出したことにより地下に空洞ができ，そこに火山の頂上部分が落ち込んでできるくぼんだ地形のことを何というか。

(14) 川が平地に出るところを中心に，土砂を扇状に堆積させることでできる地形を何というか。

(15) 川が海に流れ込むところで，細かい砂や泥が河口に堆積してできる地形を何というか。

(16) 次の文の空欄に適語を入れよ。

地震そのものの大きさ（規模）を表した数値で，地震が発したエネルギーを表す数値を（ ① ）という。（ ① ）の数値が1違うと地震のエネルギーは（ ② ）倍違う。これに対し，観測地点での地震の揺れの強弱を表す数値を（ ③ ）という。

(17) 地震の原因となる断層で，約200万年前から現在までに動いたと考えられ，現在も突然動く可能性のあるものは何か。

(18) 普段は砂と水の重さによる力で安定している地盤が，地震の強い振動で砂粒どうしの接触が失われ砂粒が水中に浮いたような状態になることを何というか。

⑲　次の表の①～⑥にあてはまる堆積岩を㋐～㋕から選べ。

堆積岩名	主　な　堆　積　物
①	粒は丸みを帯びていて，直径が 2 mm 以上のれき
②	粒は丸みを帯びていて，直径が 0.06～2 mm の砂
③	粒は丸みを帯びていて，直径が 0.06mm 未満の泥
④	火山の噴出物で，火山灰・火山れき・軽石
⑤	生物体や海水中の石灰分
⑥	生物体や海水中のケイ酸質

㋐泥岩　　㋑チャート　　㋒砂岩　　㋓れき岩　　㋔石灰岩
㋕凝灰岩

⑳　ドイツのウェゲナーが 1912 年に発表した，世界の陸地は約 3 億年前まで 1
つの陸地であり，その後分裂と移動を繰り返して現在の大陸分布になった，と
する説を何というか。

大気の様子と気象

《レベルＡ─基礎問題》

⑴　空気 1 m³中に含むことのできる水蒸気の最大限度の質量を何というか。

⑵　空気中の水蒸気が凝結して水滴に変わり始めるときの温度を何というか。

⑶　16℃における飽和水蒸気量は 13.6g/m³である。16℃で 10.2g/m³の水蒸気
を含む空気があるとき，その湿度は何％であるといえるか。

⑷　次の文の空欄に適語を入れよ。
　　雲は小さな（　①　）や氷の粒が上空に浮かんだもので，上昇気流の中で
空気中の水蒸気が（　②　）してできる。雲は（　③　）などの層状の雲
と（　④　）などの垂直に発達する雲とに大別できる。降水は主に
（　③　）と（　④　）によるが，このうち広い範囲に長時間雨を降らせ
るのは（　⑤　）である。

理
科

(5) 次の文の空欄に適語を入れよ。

　　各地で観測された気象の記録を，図や記号を使って地図上に記入したものを（　①　）という。そして，（　①　）で各地の気圧の値を等しいところをなめらかな線で結んだものを（　②　）といい，この図で示された周りより気圧の高いところを（　③　），低いところを（　④　）という。

(6) 次の①〜⑤の記号が表す天気を答えよ。

　　①◎　　②●　　③○　　④⊗　　⑤①

(7) 次の文の空欄に適語を入れよ。

　　暖かい空気のかたまりと冷たい空気のかたまりは，互いに接してもすぐには混じり合わず境の面を作る。この面と地表面の交わるところを（　①　）という。このうち，暖かい空気が冷たい空気の上をはい上がるように進んで行くものを（　②　），冷たい空気が暖かい空気を押し上げるように進んでいくものを（　③　）といい，通常（　③　）の方が（　②　）よりも早く進む。また，暖かい空気と冷たい空気の勢力がほぼ同じでほとんど動かないでいるものを（　④　）という。

(8) 気圧を表す単位は何か。また，その単位を使って1気圧を表せ。

(9) 次の文の空欄に適語を入れよ。

　　気温を計るときは，周りがよく開けた（　①　）の良く，地面から1.2〜1.5mあり，（　②　）が直接温度計にあたらない場所ではかるように注意する。

(10) 湿った空気塊が山脈にあたって上昇し，山脈を越えて吹き下りると山のふもとから先では高温で乾燥した風になる。この現象を何というか。

(11) 雲のない晴れた日の夜に，熱が宇宙空間に逃げることにより地面の温度や気温が普段よりも下がり，一層冷え込む現象のことを何というか。

(12) 日本が位置する北半球の中緯度地方の上空では強い西風が吹いているが，この風を何というか。

(13) 冬の日本における気圧の配置は，西には大陸に高気圧が東には太平洋に低気圧がくることが多いが，これを漢字4字で何というか。

⑭　次の定義にあてはまる気象用語を答えよ。
　　①最高気温が 35℃ 以上の日
　　②最高気温が 30℃ 以上の日
　　③最高気温が 25℃ 以上の日
　　④最低気温が 25℃ 以上の夜
　　⑤最低気温が 0℃ 未満の日
　　⑥最高気温が 0℃ 未満の日

《レベルB—発展問題》

⑮　地上から 10km くらいまでの大気の層で，気象の変化に大きく影響する層を何と呼ぶか。

⑯　地上から 10〜50km くらいの大気の層で，気温が一定でオゾン層を含む層を何と呼ぶか。

⑰　大都会の都心部の気温が郊外よりも明らかに高くなる現象を指す言葉で，周辺に比べて高温になっている地域の名称を何というか。

天体の動きと宇宙

《レベルA—基礎問題》

⑴　太陽が真南にくることを何というか。またそのときの太陽の高度を何というか。

⑵　星は東から西へ 1 時間に約何度動くか。

⑶　地球が地軸を回転の軸として 1 日に 1 回西から東へ回転することを何というか。

⑷　地球が 1 年に 1 回太陽の周りを回る運動を何というか。

⑸　1 月のある日に南の空にオリオン座を観測した。2 月の同じ日の同じ時刻にオリオン座は 1 月の位置から約何度西へ動いているか。

(6)　地軸は公転面に対して何度傾いているか。

(7)　地球が地軸を一定方向に傾けたまま公転していることにより何の変化が生じるか。

(8)　次の文の空欄に適語を入れよ。

　　　太陽の南中高度が最も高くなり昼間の時間が最も長くなる日を（　①　）といい，逆に南中高度が最も低く昼間の時間が最も短い日を（　②　）という。また，日の出が真東に日の入りが真西になり，昼の長さと夜の長さがほぼ同じになる日を3月では（　③　）の日，9月では（　④　）という。

(9)　天球上を太陽が動く見かけ上の通り道を何というか。

(10)　太陽の表面で黒い斑点のように見える部分を何というか。

(11)　次の文の空欄に適語を入れよ。

　　　太陽のように自ら光を出している天体を（　①　）といい，（　①　）の周りを公転している天体を（　②　）という。さらに（　②　）の周りをまわっている天体を（　③　）という。また，（　①　）が集まったものを（　④　）と呼ぶ。

(12)　太陽系の惑星のうち，夕方の西の空か，明け方の東の空に見え，真夜中には見えないのは何か。

(13)　光が1年に進む距離を何というか。

(14)　恒星の見かけの明るさは何で表されるか。

(15)　太陽系の惑星のうち，直径が最も大きい惑星はどれか。

(16)　隕石の衝突などによってできた月の表面のくぼみを何というか。

(17)　地球と月の間の距離はおよそ38万kmである。では，地球と太陽の間の距離はおよそ何kmであるか。次の中から選べ。

　　　㋐ 150万km　　　㋑ 1500万km　　　㋒ 1億5000万km
　　　㋓ 15億km

⒅ 太陽系の惑星を太陽に近い順に並べると，次のようになる。①～⑦にあてはまる名称を答えよ。但し，冥王星は準惑星としてこの中には加えないものとする。

(太陽)→ ① → ② →地球→ ③ → ④
→ ⑤ → ⑥ → ⑦ →(冥王星)

⒆ 次の文の空欄に適語を入れよ。

夏の大三角とは，こと座の（　①　），わし座の（　②　），白鳥座の（　③　）を結んだものをいい，全て１等星である。

⒇ 次のうち，夏の南の空に見えるものはどれか。

㋐カシオペア座　　㋑北斗七星　　㋒さそり座　　㋓オリオン座

《レベルB─発展問題》

(21) 16世紀半ば，それまでの地動説に対して，地球も他の惑星も太陽を中心に円運動するという地動説を唱えた人は誰か。

(22) 「惑星は太陽を１つの焦点とする楕円上を運動する」という法則を発見した人は誰か。

第5章　人体・医療関連分野

《レベルA—基礎問題》

(1) 養分を，消化液に含まれる消化酵素の働きによって，体の中に取り入れやすい形に変える働きを何というか。

(2) 次の文の空欄に適語を入れよ。

デンプンはだ液の中に含まれる（　①　）によって分解される。その後，すい液や小腸の壁の酵素などによって最終的に（　②　）にまで分解され，小腸の柔毛から吸収され（　③　）に入る。タンパク質は胃液の中の（　④　）によって分解され，その後，すい液や小腸の壁の酵素などによって最終的に（　⑤　）にまで分解され，やはり小腸の柔毛から吸収されて（　③　）に入る。さらに脂肪は胆汁やすい液によって（　⑥　）と（　⑦　）に分解され，小腸の柔毛から吸収されるが，再び脂肪となり（　⑧　）に入る。

(3) 有害な物質を無害な物質にし，アンモニアを尿素に変える臓器は何か。

(4) 血液中の尿素などの不要物をこし取り，尿として排出するのはどの臓器か。

(5) 次の文の空欄に適語を入れよ。

血管には心臓から出ていく血液が流れる（　①　）と，心臓へ戻る血液が流れる（　②　）があるが，更に（　①　）には心臓から身体の各所へ向かって血液が流れる（　③　）と肺へ向かって血液が流れる（　④　）があり，（　②　）には身体の各所から心臓へ向かって血液が流れる（　⑤　）と肺から心臓へ向かって流れる（　⑥　）がある。

(6) 血液の流れる順になるように，次の空欄に合うものを(ア)～(カ)から選べ。

大静脈→（　①　）→（　②　）→（　③　）→肺→（　④　）→
（　⑤　）→（　⑥　）→大動脈

(ア)肺動脈　(イ)左心室　(ウ)右心房　(エ)左心房　(オ)肺静脈　(カ)右心室

(7) 心臓が縮んだりゆるんだりする動きを何というか。

(8) 次の①〜⑩の説明に該当する臓器の名前を下の⑦〜㋙から選べ。

①養分の一部を貯えたり，胆汁を作ったり，アンモニアを尿素に変えたりする。

②血液を循環させるポンプの役割を担う。

③口や鼻と肺を結ぶ空気の通り道になっている。

④排出された尿を一時的にためる。

⑤酸素を体内に取り入れて二酸化炭素を排出する。

⑥口から入った食物を胃へ送る通り道になっている。

⑦消化された食物から養分を吸収する。

⑧血液中の尿素などの不要物をこし取り，尿として排出する。

⑨強い酸性の消化液を出し，食べた物を消化する。

⑩消化された食物から主に水分を再吸収し，便を形成する。

⑦小腸　　㋑肺　　㋒肝臓　　㋓気管　　㋔腎臓　　㋕心臓

㋖大腸　　㋗膀胱　　㋘食道　　㋙胃

(9) 次の①〜④に該当するものを⑦〜㋓から選べ。

①ヘモグロビンと呼ばれる鉄分を含むたんぱく質があり酸素の運搬と関係する。

②栄養分や不要物などを溶かして運び，一部は細胞を浸す組織液にもなる。

③身体に侵入してきた細菌を食べたり，病気を防いだりする役目を持つ。

④出血したときに血液を固める働きを持つ。

⑦赤血球　　㋑白血球　　㋒血小板　　㋓血しょう

(10) 病原体や有害物質などの異物が体内へ侵入することを阻止したり，侵入した異物を排除したりする仕組みを何というか。

(11) 次の文の空欄に適語を入れよ。

神経系のうち，脳や脊髄のように命令を出す部分を（　①　）神経といい，そこから細かく枝分かれして全身に行き渡っているものを（　②　）神経という。（　②　）神経のうち，感覚器官からの刺激を（　①　）神経に伝えるものを（　③　）神経，（　①　）神経からの命令を運動器官に伝えるものを（　④　）神経という。

(12) 次の①〜⑤の働きをする脳の部位の名称を⑦〜㋔から選べ。

①体温を一定に保つ

②呼吸・血液の循環を調節する
　　③理解・記憶・感情・感覚・運動の命令などを司る
　　④身体の平衡を保つ
　　⑤瞳の収縮・散大の反射や姿勢の反射の中枢がある

　　㋐大脳　　㋑間脳　　㋒中脳　　㋓小脳　　㋔延髄

⒀　柳の皮から痛み止めの作用のある成分として分離された物質であるサリチル酸から胃を荒らすなどの副作用を減らし，現在でも鎮痛剤・解熱剤などとして広く使われている薬は何か。

⒁　青カビの作りだす物質にブドウ球菌を殺す作用があることから，抗菌作用がある物質として抽出され，その後人工的に合成された抗生物質を何というか。

⒂　赤血球に含まれ，酸素と結合して身体の組織に酸素を運搬する役目を負うたんぱく質の名称は何か。

⒃　エイズ（後天性免疫不全症候群）の原因となるウイルスを何というか。

⒄　疲労やストレスなどにより免疫の働きが低下し，健康な人であれば通常発病しない病原性の低い病原体感染し発病することを何というか。

⒅　古代ギリシャの医師で，医学を原始的な呪術から切り離し合理的な医術を始め，「医学の父」と呼ばれる人は誰か。

⒆　日本の医学者で，ドイツ留学中に破傷風菌の純粋培養に成功し，後にペスト菌を発見した人は誰か。

《レベルB―発展問題》

⒇　次の文の空欄に適語を入れよ。
　　　血管が傷つくとその部分に（　①　）が集まり，（　①　）から放出される血液凝固因子の働きで（　②　）が（　③　）になる。（　③　）は（　④　）を（　⑤　）に変化させ，（　⑤　）は繊維状となって血球成分をからめ取って（　⑥　）を作り血液の流出を阻止する。

(21)　次の文の空欄に適語を入れよ。
　　　末梢神経系には，感覚神経や運動神経などの（　①　）系のほかに，内臓や心臓などに分布し体温調整・呼吸・消化など身体の基本的な働きを調整する（　②　）系がある。（　②　）系には，活発な状態や興奮したとき

に働く（　③　）と休息時やリラックスしたときに働く（　④　）がある。例えば，（　③　）は血圧を（　⑤　）が，（　④　）は血圧を（　⑥　）。また，（　③　）は心臓の拍動を（　⑦　）するが，（　④　）は（　⑧　）する。

⑵⑵　次の①〜⑥の働きをするホルモン名を㋐〜㋕から，それを分泌する内分泌腺名を(A)〜(F)から選べ。
　　①血液中のカルシウムイオンの濃度を増加させる。
　　②グリコーゲンの合成と，組織での糖の消費を促進し，血糖濃度を減少させる。
　　③生体内の化学反応を促進し，成長と分化を促進する。
　　④血圧上昇を促進し，腎臓での水分の再吸収を促進する。
　　⑤細尿管でのナトリウムイオンの再吸収とカリウムイオンの排出を促進する。
　　⑥グリコーゲンの分解を促進し，血糖濃度を増加させる。
　　〈ホルモン名〉
　　㋐インスリン　　㋑チロキシン　　㋒鉱質コルチコイド
　　㋓バソプレシン　　㋔パラトルモン　　㋕アドレナリン
　　〈内分泌腺名〉
　　(A)脳下垂体後葉　　(B)甲状腺　　(C)副甲状腺　　(D)副腎髄質
　　(E)副腎皮質　　(F)すい臓ランゲルハンス島

⑵⑶　フランスの細菌学者で，生命の自然発生説を実験的に否定したのは誰か。

⑵⑷　ドイツの細菌学者で，結核菌やコレラ菌を発見したのは誰か。

⑵⑸　イギリスの細菌学者で，アオカビから抗生物質であるペニシリンを発見したのは誰か。

⑵⑹　DNA の化学構造を解明し，それが二重らせん構造になっていることを提唱したのは誰と誰か。

⑵⑺　天然痘に対する種痘法を確立し，「現代免疫学の父」と呼ばれる人は誰か。

⑵⑻　赤痢菌の発見者として知られる日本の医学者は誰か。

⑵⑼　日本の農芸化学者で，脚気の原因を研究し後にビタミン B_1 と呼ばれる物質を発見した人は誰か。

《理科—解答》

第1章　物理分野

光と音

《レベルA—基礎問題》

(1)　（光の）屈折　　(2)　焦点，焦点距離　　(3)　①振幅　②振動数

(4)　毎秒約 340 m　　(5)　(ウ)　　(6)　発光ダイオード

(7)　①可視光線　②赤外線　③紫外線

《レベルB—発展問題》

(8)　レントゲン

(9)　粒子性（粒子としての性質）と波動性（波としての性質）

(10)　ドップラー効果

力と運動

《レベルA—基礎問題》

(1)　作用点　(2)　垂直抗力　(3)　摩擦力　(4)　200N/㎡　(5)　大気圧

(6)　①支点　②力点　③作用点　④長い　⑤短い　　(7)　80g

(8)　万有引力　　(9)　フックの法則　　(10)　アルキメデスの原理

(11)　等速直線運動　(12)　慣性　(13)　時速40km　(14)　分速600m

(15)　平均の速さ　(16)　$5m/S^2$　(17)　重力加速度，$9.8m/S^2$

《レベルB—発展問題》

(18)　$F = m\alpha$　(19)　運動エネルギー　(20)　運動量保存則

(21)　①等速円運動　②角速度　③向心力　④遠心力　(22)　等時性

(23)　①周期　②振動数　③$f = \dfrac{1}{T}$　④ヘルツ（Hz）

(24)　①干渉　②反射　③屈折　④回折

電流と磁界

《レベルA─基礎問題》

(1) 静電気 　(2) ①回路　②直列回路　③並列回路

(3) （電気）抵抗，Ω（オーム）

(4) $E = IR$ 　(5) 15 Ω　(6) 4 V

(7) ①導体　②不導体　③絶縁体

(8) $P = IE$ 　(9) 6000J 　(10) ①磁界　②力　③電磁誘導

(11) フレミングの左手の法則　　(12) 右ねじの法則

《レベルB─発展問題》

(13) ① $R = R_1 + R_2$ 　② $\dfrac{1}{R} = \dfrac{1}{R1} + \dfrac{1}{R2}$

物質の性質とエネルギー

《レベルA─基礎問題》

(1) ①位置エネルギー　②運動エネルギー　③力学的エネルギー
④一定

(2) 2.5g/cm^3

(3) ①固体　②液体　③気体　④融解　⑤融点　⑥沸騰　⑦沸点
⑧蒸留　⑨昇華

(4) ドライアイス　　(5) 600cal

(6) ①溶解度　②溶解度曲線　③飽和溶液

《レベルB─発展問題》

(7) ブラウン運動

(8) ①放射線　②放射性崩壊　③放射能
④放射性同位体（ラジオアイソトープ）　⑤放射性物質

第2章　化学分野

物質の性質

《レベルA—基礎問題》

⑴　①混合物　②単体　③化合物　⑵　①原子　②化学変化　③質量　④分子

⑶　酸性　変わらない

⑷　①中性　②アルカリ性　③酸性　④酸性　⑤酸性　⑥酸性　⑦アルカリ性　⑧中性

⑸　ペーパークロマトグラフィー　⑹　①炎色反応　②黄色　③橙色　④緑色

⑺　特有の光沢がある，熱や電気をよく通す，細い線状や薄い板状になる，など

⑻　①(エ) Ag　②(ア) Fe　③(カ) Hg　④(キ) Zn　⑤(ク) Sn　⑥(イ) Al　⑦(ウ) Cu　⑧(オ) Au

《レベルB—発展問題》

⑼　①原子核　②電子　③陽子　④中性子　⑤マイナス（負）　⑥プラス（正）　⑦原子番号　⑧質量数　⑨同位体　⑩同素体

⑽　メンデレーエフ　⑾　①イオン　②陽イオン　③陰イオン

⑿　①(イ) $NaHCO_3$　②(カ) CaO　③(ア) $NaCl$　④(オ) $Ca(OH)_2$　⑤(ウ) $CaCO_3$　⑥(エ) $NaOH$

⒀　① pH（ペーハー，水素イオン指数）　②中性　③酸性　④塩基性

気体の性質

《レベルA—基礎問題》

⑴　窒素　⑵　CO_2

⑶　①酸素　②二酸化炭素　③水素　⑷　(ウ)　⑸　(ア)

⑹　①(ウ)　②(イ)　③(オ)　④(ア)　⑤(エ)

⑺　①(ウ)　②(キ)　③(オ)　④(ア)　⑤(ク)　⑥(イ)　⑦(カ)　⑧(エ)

《レベルB—発展問題》

⑻　不活性ガス（希ガス）　⑼　アボガドロの法則　⑽　標準状態，22.4ℓ

⑾　ボイル・シャルルの法則

化学反応

《レベルＡ―基礎問題》

(1) 化合　　(2) ①(イ) ②(エ) ③(ウ) ④(オ) ⑤(ア)

(3) ① O　② N　③ Na　④ Cu

(4) ①水素　②マグネシウム　③炭素　④銀

(5) ① 2 H_2O　② FeS　③ O_2

(6) 質量保存の法則　　(7) 20g

(8) ①酸化　②燃焼　③還元　④二酸化炭素　⑤銅　　(9) 水素と酸素

(10) 中和（反応）　　(11) 触媒

《レベルＢ―発展問題》

(12) ① H―O―H　② O＝C＝O　③ N≡N　④

$$\begin{array}{c} H \\ | \\ H-C-H \\ | \\ H \end{array}$$

(13) mol（モル），アボガドロ数

(14) ①質量保存の法則，ラボアジェ　②定比例の法則，プルースト
③倍数比例の法則，ドルトン　④気体反応の法則，ゲーリュサック

生活の中の化学

《レベルＡ―基礎問題》

(1) 火力発電　　(2) 水力発電　　(3) ファインセラミックス

(4) 吸水性ポリマー(高分子吸収体)

(5) リサイクル　　(6) メチル水銀（有機水銀）

(7) フロン　　(8) 酸性雨　　(9) 携帯（使い捨て）カイロ

(10) ポリエチレンテレフタラート

《レベルＢ―発展問題》

(11) ポリエチレン　　(12) ポリ塩化ビニル　　(13) ①ブリキ　②トタン

第3章　生物分野

植物のつくりとはたらき

《レベルA―基礎問題》
(1)　めしべ，おしべ，がく，花びら
(2)　①被子植物　②裸子植物　③胚珠　④花粉　⑤果実　⑥種子
(3)　維管束　(4)　師管　(5)　光合成，葉緑体　(6)　呼吸
(7)　①気孔　②蒸散　③二酸化炭素　(8)　ヨウ素液，青紫色
(9)　空気，水，（適切な）温度　(10)　①虫媒花　②風媒花
(11)　①(ウ)　②(オ)　③(ア)　④(イ)　⑤(エ)　⑥(オ)　⑦(ア)　⑧(エ)　⑨(ウ)
(12)　せり・なずな・ごぎょう・はこべら・ほとけのざ・すずな・すずしろ
(13)　牧野富太郎

《レベルB―発展問題》
(14)　①(エ)(F)　②(ケ)(A)　③(カ)(I)　④(ウ)(D)　⑤(ア)(E)　⑥(ク)(C)
　　　⑦(オ)(B)　⑧(キ)(G)　⑨(イ)(H)

動物の種類

《レベルA―基礎問題》
(1)　脊椎動物　(2)　胎生　(3)　卵生
(4)　変温動物　(5)　恒温動物
(6)　①臼歯　②すりつぶす　③犬歯　④引き裂く　(7)　えら
(8)　①(ウ)　②(オ)　③(ア)　④(イ)　⑤(エ)　⑥(オ)　⑦(ア)　⑧(エ)　⑨(ウ)　⑩(イ)
(9)　甲殻類　(10)　①幼虫　②さなぎ　③胸　④頭

《レベルB―発展問題》
(11)　恒常性（ホメオスタシス）

細胞・生殖・遺伝

《レベルA―基礎問題》
(1)　①(エ)　②(ウ)　③(イ)　④(ア)　(2)　単細胞生物
(3)　③→⑤→①→④→②
(4)　①生殖　②有性生殖　③受精　④無性生殖　⑤分裂
(5)　発生　(6)　①形質　②遺伝　③遺伝子　(7)　減数分裂
(8)　デオキシリボ核酸　(9)　突然変異

⑽　（ロバート）フック　　⑾　①組織　②器官

《レベルB―発展問題》

⑿　①C　②C　③C　④A　⑤A　⑥C　⑦A

⒀　ATP（アデノシン三リン酸）　　⒁　酵素

⒂　二重らせん構造　　⒃　アミノ酸

生物間の関係と環境

《レベルA―基礎問題》

⑴　①食物連鎖　②生産者　③消費者　④少ない　⑤つり合い

⑵　③→①→④→②　　⑶　分解者　　⑷　水と二酸化炭素

⑸　①温室効果　②酸性雨　③オゾン層

⑹　生物濃縮　　⑺　赤潮　　⑻　品種改良　　⑼　環境ホルモン

⑽　①ワシントン条約　②ラムサール条約　　⑾　種の起源　　⑿　進化

《レベルB―発展問題》

⒀　①門　②綱　③目　④属　　⒁　炭酸同化　　⒂　窒素同化

第4章　地学分野

地殻・岩石と地震
────────────────────────────

《レベルA―基礎問題》

(1)　風化　　(2)　浸食　　(3)　①地層　②境目　③粒　④かぎ層

(4)　凝灰岩　　(5)　石灰岩　　(6)　①化石　②示相化石　③示準化石

(7)　①火成岩　②火山岩　③深成岩　④斑状　⑤等粒状　　(8)　震源，震央

(9)　①P波　②S波　③初期微動　④主要動　　(10)　9秒　　(11)　海溝

(12)　プレート　　(13)　カルデラ　　(14)　扇状地　　(15)　三角州

(16)　①マグニチュード　②32　③震度　　(17)　活断層　　(18)　液状化現象

《レベルB―発展問題》

(19)　①エ　②ウ　③ア　④カ　⑤オ　⑥イ　　(20)　大陸移動説

大気の様子と気象
────────────────────────────

《レベルA―基礎問題》

(1)　飽和水蒸気量　　(2)　露点　　(3)　75%

(4)　①水滴　②凝結　③乱層雲　④積乱雲　⑤乱層雲

(5)　①天気図　②等圧線　③高気圧　④低気圧

(6)　①曇り　②雨　③快晴　④雪　⑤晴れ

(7)　①前線　②温暖前線　③寒冷前線　④停滞前線

(8)　hPa（ヘクトパスカル）　1気圧＝約1013hPa

(9)　①風通し　②日光　　(10)　フェーン現象　　(11)　A　放射冷却

(12)　偏西風　　(13)　西高東低

(14)　①猛暑日　②真夏日　③夏日　④熱帯夜　⑤冬日　⑥真冬日

《レベルB―発展問題》

(15)　対流圏　　(16)　成層圏　　(17)　ヒートアイランド

天体の動きと宇宙
────────────────────────────

《レベルA―基礎問題》

(1)　南中，南中高度　　(2)　15°　　(3)　（地球の）自転　　(4)　（地球の）公転

(5)　30°　　(6)　66.6°　　(7)　四季・季節（の変化）

(8)　①夏至　②冬至　③春分　④秋分

(9)　黄道（こうどう）　　(10)　黒点　　(11)　①恒星　②惑星　③衛星　④銀河

(12)　金星　　(13)　光年　　(14)　等級　　(15)　木星　　(16)　クレーター

(17) (ウ)

(18) ①水星　②金星　③火星　④木星　⑤土星　⑥天王星　⑦海王星

(19) ①ベガ　②アルタイル　③デネブ　　(20) (ウ)

《レベルB―発展問題》

(21) コペルニクス　　(22) ケプラー

第5章　人体・医療関連分野

《レベルA―基礎問題》

(1) 消化

(2) ①アミラーゼ　②ブドウ糖（グルコース）　③毛細血管　④ペプシン
⑤アミノ酸　⑥脂肪酸　⑦グリセリン　⑧リンパ管

(3) 肝臓　　(4) 腎臓

(5) ①動脈　②静脈　③大動脈　④肺動脈　⑤大静脈　⑥肺静脈

(6) ①(ウ)　②(カ)　③(ア)　④(オ)　⑤(エ)　⑥(イ)　　(7) 拍動

(8) ①(ウ)　②(カ)　③(エ)　④(ク)　⑤(イ)　⑥(ケ)　⑦(ア)　⑧(オ)　⑨(コ)　⑩(キ)

(9) ①(ア)　②(エ)　③(イ)　④(ウ)　　(10) 免疫

(11) ①中枢　②末梢　③感覚　④運動　　(12) ①(イ)　②(オ)　③(ア)　④(エ)　⑤(ウ)

(13) アスピリン　　(14) ペニシリン　　(15) ヘモグロビン

(16) HIV（ヒト免疫不全ウイルス）　　(17) 日和見感染　　(18) ヒポクラテス

(19) 北里柴三郎

《レベルB―発展問題》

(20) ①血小板　②プロトロンビン　③トロンビン　④フィブリノーゲン
⑤フィブリン　⑥血ぺい

(21) ①体性神経　②自律神経　③交感神経　④副交感神経　⑤上げる
⑥下げる　⑦促進　⑧抑制

(22) ①(オ)(C)　②(ア)(F)　③(イ)(B)　④(エ)(A)　⑤(ウ)(E)　⑥(カ)(D)

(23) パスツール　　(24) コッホ　　(25) フレミング

(26) ワトソンとクリック　　(27) ジェンナー　　(28) 志賀潔

(29) 鈴木梅太郎

一般教養試験によく出題される

社 会

　ご存知の通り，社会は「地理」「歴史」「公民」に分野が分かれます。それぞれの分野の一般教養で問われるものは基本的に中学校レベルのものです。まれに高校の教科書に載っているレベルの語句が顔を出しますが，解答に直接関係ないものがほとんどであり，皆さんは中学校レベルの知識を身につければ十分クリアできます。つまり，難しそうな語句に惑わされずに基本の語句知識をしっかり身につけてください。

　ただし，中学校レベルの物といっても語句の意味を理解していないと答えられないものもあります。そこで本書の社会編では前半に問題，後半に解答を記載し，解答編では可能な限り語句に対する説明をつけました。解答を見るだけではなく，語句の意味も理解しながら本書を活用してください。

第1章　地　理

解答は P. 283～

　一般教養の地理分野は出題比率としては多くなく内容もそれほど深いものではありません。久しぶりに地理の問題をご覧になる方の中には「ああ，中学校のときにこういうことをやったな」と思い出される方もいらっしゃると思います。世界地理，日本地理とも基本語句を問うものがほとんどですからまず問題を見て記憶を呼び起こしてください。もし地図帳をお持ちならば位置を確認するのも記憶するのに有効な手段となります。

〈確認問題〉

(1)　都道府県から権限の委譲を受ける市として政令で指定される人口 30 万人以上の市をなんと言いますか。

(2)　現在世界で最も人口が多い国は中国ですが，二番目に人口が多い国はどこですか。

(3)　全長約 6550㎞と世界でもっとも長い河川は次のうちどれですか。
　　ア　ミシシッピ川　　　イ　長江
　　ウ　ナイル川　　　　　エ　アマゾン川

(4)　次のうち海に面している国はどれか。
　　ア　スイス　　　　　　イ　ドイツ
　　ウ　オーストリア　　　エ　ハンガリー

(5)　2011 年 6 月にユネスコが世界自然遺産として新たに認定したわが国の自然遺産はどれですか。
　　ア　岩手県平泉　　　イ　小笠原諸島
　　ウ　屋久島　　　　　エ　富士山

(6)　次の農作物と主要産地との組み合わせで間違っているものを選びなさい。
　　ア　小麦…北海道　　　イ　桃…岡山
　　ウ　甘藷…鹿児島　　　エ　黄桃…山形

(7)　次の地名と地形の組み合わせで誤っているものを選びなさい。
　　ア　秋吉台…カルスト地形　　　イ　甲府盆地…扇状地

ウ　三陸海岸…フィヨルド　　エ　阿蘇山…カルデラ

(8) 次の河川と流域の平野の組み合わせとして間違っているものを選びなさい。
ア　木曽川…濃尾平野　　イ　淀川…大阪平野
ウ　利根川…関東平野　　エ　筑後川…宮崎平野

(9) 日本の国土面積に対する山地の面積の割合はおよそ次のうちのどれですか。
ア　2分の1　　イ　3分の2
ウ　4分の3　　エ　5分の4

(10) 日本の国土の総面積は次のうちのどれですか。
ア　約28万km^2　　イ　約38万km^2
ウ　約48万km^2　　エ　約58万km^2

(11) 日本の2014年現在の総人口は次のうちどれですか。
ア　約1億人　　　　　　イ　約1億2000万人
ウ　約1億3000万人　　エ　約1億5000万人

(12) 北方領土とは択捉島，国後島，歯舞諸島と（　　　）です。
ア　樺太島　　イ　礼文島
ウ　色丹島　　エ　利尻島

(13) 地球儀で東京から経線と直角に東へ進むと着くのはどの国ですか。
ア　アメリカ　　イ　カナダ　　ウ　ペルー　　エ　チリ

(14) 世界四大宗教の一つで東南アジアにも信者が多く，インドネシアでは世界
でも最大規模の信者数を有するものは次のうちのどれですか。
ア　キリスト教　　イ　仏教
ウ　イスラム教　　エ　ヒンドゥー教

(15) 0度の経線を通る場所はどこですか。
ア　バチカン市国　　イ　ロンドン
ウ　赤道　　　　　　エ　ニューヨーク

(16) 2014年現在の世界の総人口はおよそ何人ですか。
ア　約65億人　　イ　約70億人　　ウ　約75億人　　エ　約80億人

(17) 地球儀で距離を測るのに便利なものは次のうちどれですか。
ア　コンパス　　イ　定規
ウ　テープ　　　エ　測距儀

第2章 歴史

歴史編も一般教養の試験では分量はそれほど多くを占めません。出題されるものはやはり中学校教科書レベルの基本的なものが多いようです。中学校の時に何か聞いたことがあるな，という語句をしっかり思い出すようにしてください。

〈確認問題〉

(1) 山上憶良の『貧窮問答歌』が収められた日本最古の歌集はどれですか。
　　ア　古事記　　イ　日本書紀
　　ウ　万葉集　　エ　古今和歌集

(2) 次のうち聖徳太子が定めたとされる物はどれですか。
　　ア　大宝律令　　　イ　十七条憲法
　　ウ　武家諸法度　　エ　御成敗式目

(3) 15世紀，足利義政の頃に栄えた，禅宗と明朝文化の影響を受けた文化をなんと言いますか。
　　ア　西山文化　　イ　北山文化
　　ウ　東山文化　　エ　南山文化

(4) 江戸幕府5代将軍徳川綱吉と最も関連の深いものは次のうちどれですか。
　　ア　享保の改革　　イ　生類憐れみの令
　　ウ　寛政の改革　　エ　武家諸法度

(5) 1858年，大老井伊直弼のときに，江戸幕府とアメリカの総領事ハリスとの間で結ばれ，神奈川・兵庫・長崎・新潟・函館の開港が決まった条約をなんといいますか。
　　ア　日米修好通商条約　　イ　日米和親条約
　　ウ　日米安全保障条約　　エ　下関条約

(6) 幕末に坂本竜馬の仲立ちで結ばれた同盟はどれですか。
　　ア　日英同盟　　イ　日中同盟
　　ウ　薩長同盟　　エ　三国同盟

(7) 次のうち大日本帝国憲法が手本としたものはどれか。
　　ア　人権宣言　　　　　　　イ　ワイマール憲法
　　ウ　アメリカ合衆国憲法　エ　プロシア憲法

(8) 明治時代に大日本帝国憲法が発布されました。この憲法では主権は（　　）
　　にあると定められました。

(9) 次にあげた人物のうち，第二次世界大戦後に内閣総理大臣に就任した人物
　　を選びなさい。
　　ア　近衛文麿　　イ　東条英機
　　ウ　広田弘毅　　エ　吉田茂

(10) 次のうち4大文明でないものはどれですか。
　　ア　黄河文明　　　　　　イ　インダス文明
　　ウ　メソポタミア文明　エ　アンデス文明

(11) 1642年のイギリスの清教徒革命において国王軍を破り，のち独裁政治を
　　行った人物はだれですか。
　　ア　ディズレーリ　　　イ　グラッドストン
　　ウ　クロムウェル　　　エ　ウォルポール

(12) 1688年に起きた名誉革命について正しく説明している文を選びなさい。
　　ア　イギリスで起こった市民革命で，翌年に議会の権利を認めた権利章典が
　　　　発布された。
　　イ　イギリスで起こった市民革命で，翌年にマグナ・カルタが発布され，立
　　　　憲政治の基礎が築かれた。
　　ウ　フランスで起こった市民革命で，翌年に議会の権利を認めた権利章典が
　　　　発布された。
　　エ　フランスで起こった市民革命で，翌年にマグナ・カルタが発布され，立
　　　　憲政治の基礎が築かれた。

(13) 国際連盟事務局次長などを務め，『武士道』の著作でも知られる人物はどれ
　　ですか。
　　ア　清水幾多郎　　イ　倉田百三
　　ウ　新渡戸稲造　　エ　松岡洋介

(14) 『英雄』『運命』などの交響曲や『月光』『エリーゼのために』などのピアノ
　　曲を作曲で知られている作曲家は次のうちどれですか。

社会

273

ア　ベートーベン　　　イ　ショパン
　　ウ　バッハ　　　　　　エ　モーツアルト

⒂　プラトンを師とする古代ギリシャの哲学者で，『形而上学』や『アテナイ人
　の国政』などを著し，哲学だけでなく広範な学問を集大成した人物はだれです
　か。
　　ア　ソクラテス　　　　イ　デモクリトス
　　ウ　ヘラクレイトス　　エ　アリストテレス

第3章　現代社会

　一般教養試験では現代社会の出題割合がもっとも高いようです。単に語句を知っているかどうかが問われるもののありますが，語句の意味まで問われる問題も多くあります。解説編ではできる限り語句の意味まで記載してありますので「覚える」にとどまらず「理解する」ことを心がけてください。

〈確認問題〉

(1)　日本国憲法は国の（　）として定められ（第98条），国の法は憲法を頂点として定められています。

(2)　日本国憲法に定められている天皇の国事行為にあたるものを一つ選びなさい。

　　ア　条約の締結　　イ　内閣総理大臣の指名
　　ウ　国会の召集　　エ　国務大臣の任命

(3)　日本国憲法における3つの基本原理とは，国民主権，基本的人権の尊重とあと一つは何ですか。

(4)　日本国憲法の原理の一つが「国民（　）」である。この（　）に当てはまる語句を漢字2字で書きなさい。

(5)　日本国憲法では第11条で「侵すことのできない永久の権利」と定め，また第12条で「（　）のために」自由と権利を利用する責任を定めています。この（　）に当てはまるものを次から選びなさい。

　　ア　正義と秩序　　イ　公共の福祉
　　ウ　社会的身分　　エ　思想および良心の自由

(6)　日本国憲法で定められている国民の義務は，子供に普通（　）を受けさせる義務，勤労の義務，納税の義務です。

(7)　憲法改正の要件について述べた文として最も適切なものを選びなさい。

　　ア　内閣が発案し，各議院の過半数の賛成で天皇の承認を得る。
　　イ　内閣が発案し，各議員の過半数の賛成で国民に提案し，その承認を得る。

社会

ウ　内閣が発案し，国民投票で３分の２の承認を必要とする。

エ　各議院の３分の２以上の賛成で国会が発議し，国民に提案し，その承認
を得る。

⑻　**憲法改正の発議を行う機関は次のうちどれですか。**

ア　国民　　イ　国会

ウ　内閣　　エ　裁判所

⑼　**日本国憲法は議会制民主主義の仕組みをとっているが，国民投票によって
国民が直接意思を表すことができるとも定めています。その具体的な内容とし
て最も適するものを選びなさい。**

ア　憲法の改正　　イ　内閣の不信任

ウ　条約の承認　　エ　国の歳入と歳出

国会・内閣・裁判所・三権分立

⑽　**国会に関して述べた文のうち，正しいものを２つえらびなさい。**

①　衆議院と参議院は内閣不信任の決議を行なうことができる。

②　参議院議員の任期は６年であり，３年ごとに議員の半数が改選される。

③　国務大臣は内閣総理大臣が任命し，その全員が国会議員でなければなら
ない。

④　国会は，内閣が外国と結ぶ条約を承認する。

⑾　**議院議員の選挙は，１選挙区から１名の当選者を出す制度と比例代表制の
組み合わせで行なわれています。このうち，１選挙区から１名の当選者を出す
制度を何といいます。**

⑿　**衆議院議員の被選挙権は，何歳以上の者に認められていますか。**

⒀　**衆議院と参議院で異なった議決をした場合，意見を調整するために開かれ
ることのある機関を何といいますか。**

⒁　**衆議院と参議院で異なった議決をした場合，衆議院の優越が認められてい
るものを一つ選びなさい。**

ア　弾劾裁判所の設置　　イ　予算の議決

ウ　憲法改正の発議　　　エ　国政調査権の行使

⒂　**政治上同じ考えを持つ人々が政権の獲得や政策の実現を目指す政治団体の
ことをなんと言いますか。**

(16)　医師に関する事務を所掌するのは国の行政機関のうちどの省ですか。

(17)　内閣について述べた文として最も適切なものを選びなさい。
　　①　内閣総理大臣は，国会議員の中から天皇によって指名され，国会が任命する。
　　②　内閣の構成員である国務大臣は，内閣総理大臣によって指名されるが，すべて衆議院議員または参議院議員の中から選出されなければならない。
　　③　内閣は，内閣不信任案が衆議院で可決されたときには，ただちに総辞職し，同時に衆議院の解散を行わなければならない。
　　④　内閣の方針は，内閣総理大臣をすべての国務大臣が参加する閣議によって決定される。

(18)　最高裁判所の長たる裁判官を指名する国家機関はどこですか。

(19)　衆議院が（　　）されたときは，（　　）の日から 40 日以内に，衆議院議員の総選挙をおこなひ，その選挙から 30 日以内に，国会を召集しなければならない。（第 54 条①）
　　（　　）に共通してはいる適切な語句をかきなさい。

(20)　衆議院の解散による総選挙ののち，新しい内閣が組織されるまでの手続きを順に並べたものとして最も適するものを一つ選びなさい。
　　ア　内閣総理大臣が指名される→国務大臣が任命される→特別国会が召集される
　　イ　内閣総理大臣が指名される→特別国会が召集される→国務大臣が任命される
　　ウ　特別国会が召集される→国務大臣が任命される→内閣総理大臣が指名される
　　エ　特別国会が召集される→内閣総理大臣が指名される→国務大臣が任命される

(21)　次の文の下線部(1)～(3)が正しければ○，間違っていれば×をつけなさい。ただし，下線部(2)は 2 か所あります。
　　　民主主義の要請に基づき，議会の信任を政府存立の必須条件とする制度を(1)議院内閣制という。日本国憲法はこれを採用しており，内閣は(2)参議院が不信任の決議案を可決し，または信任の決議案を否決した時には(3)7 日以内に(2)参議院が解散されない限り総辞職することになっている。

(22)　裁判所について述べた文章中の（　　）に当てはまる語句を語群よりえらび

なさい。

① 最高裁判所の長官は（ ）の指名に基づいて（ ）が任命し，その他の裁判官は（ ）が任命する。

② 下級裁判所の裁判官は（ ）の指名した者の名簿によって内閣が任命する。

③ 裁判官は，心身の故障があって職務をとりえないと判断される場合を除いては，（ ）が組織する（ ）の裁判によらなければ罷免されない。

ア 最高裁判所　イ 人事院　ウ 弾劾裁判所　エ 内閣
オ 衆議院　カ 国会　キ 内閣総理大臣　ク 天皇

(23) 刑事訴訟手続きに一般の国民が参加し，裁判官とともに裁判内容を決定する制度を何といいますか。

(24) 高等裁判所（支部をのぞく）は，全国で何箇所ありますか。

(25) 刑事未成年とは何歳未満の者をいいますか。

(26) 国の統治機構における「三権」とは行政権，司法権とあと一つは何ですか。

(27) 都道府県の首長をなんと言いますか。

(28) 医療法人の設立を認可する権限を持つものは次のうちどれですか。

ア 厚生労働大臣　イ 都道府県知事
ウ 市区町村長　エ 内閣総理大臣

家族関係

(1) 夫婦と未婚の子供からなる家族を何といいますか。

(2) 父または母と生計を同じくしていない児童が育成される家庭の生活の安定と自立の促進に寄与するため，当該児童に支給される手当をなんと言いますか。

(3) 現在のわが国における女性の婚姻適齢は何歳ですか。

(4) 高齢化の進展により増大する介護ニーズのたかまりに応じて，必要な保健医療サービスおよび福祉サービス給付を行なうために平成12年に施行された制度を何といいますか。

(5) 生産の三要素とは，資本，労働力と（ ）です。

ア 設備　イ 原料　ウ 土地

(6) 消費支出（生活費）に対し食費が占める割合をなんといいますか。

(7) 日本国憲法が保障している労働三件とは団体交渉権，団体行動権とあとひ
とつはなにですか。

税金・金融・労働

(1) 固定資産税は国税と地方税のうちどちらに分類されますか。

(2) 消費税は直接税と間接税のどちらに分類されますか。

(3) 土地や家屋を所有している事にたいして課せられる地方税をなんといいま
すか。

(4) 税金などの収入をもとに国や地方公共団体が行なう経済活動を何と言いま
すか。

(5) 日本銀行は，日本銀行券の発行が唯一認められている（　①　）銀行であ
り，市中銀行やその他の金融機関から預金を受け入れたり資金を貸し出したり
する（　②　）の銀行であり，国家財政の収入と支出を扱う（　③　）の銀行
です。
　　ア　発券　　イ　銀行　　ウ　政府

(6) 日本銀行は，通貨量や市中銀行に貸し出すときの（　①　）を操作するこ
とによって景気や物価の安定をはかる金融政策を行なっています。
　異なる通貨を交換するときの交換比率を外国（　②　）相場といいます。外国
通貨に対して日本円の価値が上がることを（　③　）と言います。日本では
1980 年代以降の急激な（　③　）によって輸出が（　④　）になり，海外の
国々に生産拠点を移す企業が増え，日本国内での製造業の生産能力の低下や雇
用の減少が問題になる産業の（　⑤　）化が進行しています。
　　ア　株式　　イ　為替　　ウ　金利　　エ　円安
　　オ　円高　　カ　独占　　キ　高度　　ク　空洞　　ケ　不利　　コ　有利

(7) 商品の不足や通貨の供給量が増えるなどの原因で物価がおおきく上昇する
ことで，好景気のときに起こりやすい現象をなんといいますか。
　　ア　インフレーション　　　イ　デフレーション
　　ウ　スタグフレーション　エ　デノミネーション

(8) 景気停滞のなかで物価の上昇が続くことを何といいますか。

(9) 昭和20年代に成立した福祉三法とは，児童福祉法，身体障害者福祉法と（　　）です。

(10) 主に自営業者などが加入する公的健康保険は（　　）健康保険です。

(11) 特定非営利活動促進法に基づいて設立される法人をアルファベット略称で（　　）法人と言います。

(12) 高齢化社会とは65歳以上の人口比率が何％を超えた社会をいいますか。

(13) 高齢社会とは65歳以上の人口比率が何％を超えた社会をいいますか。

(14) 次の説明文にもっともふさわしい語句を語群より選び記号を書きなさい。
① 賃金の最低額を保障して労働者の生活安定をはかる制度。
② 労働組合と使用者の間の，労働条件などについての協約。
③ 国家公務員の労働条件について国会・内閣に勧告する機関。
④ 国全体の国民所得を人口で割ったもの。国と国との生活水準の比較などに用いる。
ア　会計検査院　　イ　人事院　　ウ　中央労働委員会　　エ　労働協約
オ　平均国民所得　　カ　最低賃金制度　　キ　一人当たりの国民所得

(15) 労働者一人当たりの労働時間を短縮し，その分雇用を増やす仕組みは次のうちどれですか。
ア　ワーカーズ・コレクティブ　　イ　ワークホリック
ウ　ワーク・シェアリング　　エ　ワークショップ

(16) 現在，国から委任・委託を受け，公的年金に関する一連の運営業務を担っている公益法人をなんといいますか

(17) 金融破たんの際に預金者一人当たり元本1000万円とその利息等を限度に預金が払い戻されることをなんといいますか。

(18) 2010年から施行された改正臓器移植法に関して，誤っているものをえらびなさい。
① 本人の意思表示がなくても，家族の同意だけで臓器提供できる。
② 本人の書面による意思表示があれば，親子と配偶者に限り，親族への優先提供が認められる。
③ 虐待を受けた児童は，診療過程で虐待を確認し，疑いがあると判断された場合は臓器提供は行われない。

④　6歳未満の臓器提供は禁止されている。

⑲　ごみを減らすための３Ｒで間違っているのは次のうちどれですか。
　　①　recycle　製品を生まれ変わらせて使う
　　②　reuse　　使われなくなったものを再利用する
　　③　reverse　壊れたものを再生して使う

⑳　わが国の人口や世帯の実態を明らかにするために５年ごとに行われている
　　国の基本的な統計調査をなんと言いますか。

国際関係

⑴　次のアルファベット略称で表される国際機関の名称を日本語で答えなさい。
　　①　EU　　　　②　ILO
　　③　WHO　　　④　OECD

⑵　ILO とは次のうちどれの略称ですか。
　　ア　国際通貨基金　　イ　国際労働機関　　ウ　国際赤十字

⑶　次の文章に最も関連の深い言葉を選びなさい。
　　環太平洋パートナーシップと呼ばれ，太平洋を取り囲む国々の間で，輸入品
　　の関税をゼロにするなど経済のさまざまな面で結びつきを強めるための取り決
　　めである。
　　わが国では，平成23年11月10日の時点で参加すべきかどうかが議論され
　　ているが，自動車や電気製品などの輸出産業は参加を求めているのに対し，農
　　家等からは海外の安い商品が大量に入ってくることのなどの影響から強硬な反
　　対意見も出されている。
　　ア　APEC　　イ　WTO
　　ウ　TPP　　　エ　IAEA

⑷　次の略称についてその意味を表すものを下の語群よりえらびなさい。
　　①　GDP　　②　NPT　　③　ASEAN　　④　NATO
　　⑤　FTA　　⑥　IMF　　⑦　OPEC　　　⑧　APEC
　　⑨　EEZ　　⑩　IAEA
　　語群
　　ア　核拡散防止条約　　イ　国際通貨基金　　ウ　国際原子力機関
　　エ　国内総生産　　オ　アジア太平洋経済協力会議
　　カ　北大西洋条約機構　　キ　石油輸出国機構　　ク　排他的経済水域

社
会

281

ケ　東南アジア諸国連合　　コ　自由貿易協定

(5) **次の諸機関の略称を語群より選びなさい。**
　　①　経済協力開発機構　　②　国際原子力機関
　　③　国際通貨基金　　　　④　国連教育科学文化機関
　　⑤　北米自由貿易協定
　　ア　IMF　　イ　NAFTA　　ウ　UNESCO　　エ　IAEA
　　オ　OECD

(6) **「政府開発援助」の略称は次のうちどれですか。**
　　ア　ODA　　イ　NGO　　ウ　IMF　　エ　YMO

(7) **国際原子力機関は，原子力の平和利用を促進するとともに原子力の軍事転用を防止する目的で，1957年に国連の下に設立された機関であるが，この国際原子力機関の略称を次の中から選びなさい。**
　　ア　WHO　　イ　APEC　　ウ　EPA　　エ　IAEA

《社会—解答・解説》

第1章　地　理

(1)　**中核市**

(2)　**インド**　下記に主な世界一を一覧にしておきます。

名称	項目	
ロシア	最大国土面積	
バチカン市国	最小国土面積	イタリアのローマ市の中にあります。
ナイル川	世界最長の川	アフリカ大陸
アマゾン川	最大流域積面	南アメリカ大陸
ユーラシア大陸	面積最大の大陸の	

(3)　**ウ**

(4)　**イ**　海に面していない国を内陸国といいます。内陸国には他にモンゴル・アフガ
　　ニスタン・（アジア）スイス・オーストリア（ヨーロッパ）・ボリビア（南アメリ
　　カ）などがあります。

(5)　**イ**　以下は近年日本国内で世界遺産に登録されたものです。

	区分	登録年
熊野古道	文化遺産	2004
知床	自然遺産	2005
石見銀山	文化遺産	2007
小笠原諸島	自然遺産	2011
平泉	文化遺産	2011
富士山	自然遺産	2013
富岡製糸場	文化遺産	2014

(6)　**イ**　日本の農産物上位3県を示しておきます。

	米	小麦	茶	みかん	ぶどう
1位	新潟	北海道	静岡	和歌山	山梨
2位	北海道	福岡	鹿児島	愛媛	長野
3位	秋田	佐賀	三重	静岡	山形

	もも	甘藷	黄桃	肉牛	乳牛
1位	山梨	鹿児島	山梨	北海道	北海道
2位	福島	茨城	山形	鹿児島	茨城
3位	長野	千葉	青森	宮崎	岩手

(7)　**ウ**　以下は基本的な地形とそれが見られる日本国内の地名です。

カルスト台地	山口県秋吉台などに見られる石灰岩台地
扇状地	河川が山地から平地に流出するときにできる扇形の地形。中部日本の盆地
リアス海岸	山地が海に沈んでできた出入りの複雑な海岸。三陸海岸・志摩半島
カルデラ	火山の噴火跡にできる巨大なくぼ地。阿蘇山のカルデラは世界最大。
三角州	河川が海に流れ出るときに形成される平地。
シラス	九州南部の鹿児島県・宮崎県に広がる火山灰地。
関東ローム	関東地方一円に広がる火山灰地。
フィヨルド	氷河が流れた後に海水が入ってできた長い入り江。北欧などに見られる

(8) **エ** 平野には大きな川が流れているところが多いです。以下が日本国内の平野と川の組みあわせです。

石狩平野　石狩川	仙台平野　北上川	秋田平野　雄物川
越後平野　信濃川	関東平野　利根川	濃尾平野　木曽・揖斐・長良川
大阪平野　淀川	筑紫平野　筑後川	宮崎平野　大淀川

(9) **ウ**

(10) **イ**

(11) **ウ**

(12) **ウ** 北方領土とはロシアと日本とロシアの間で領有権を争っている北海道の北東にある島のことです。日本は他にも以下の領土問題を抱えています。

日本―ロシア	北方領土（国後島・択捉島・歯舞諸島・色丹島）
日本―大韓民国	竹島
日本―中国	尖閣諸島

(13) **ア** 経線とは地図上でイギリスのロンドンを基準に東西 180 度ずつに分けた時に引いた線です。つまり，地球儀や地図上に縦に引いてある線です。それに対し，赤道と平行に南北 90 度ずつ引いた線を緯線といいます。こちらは地球儀や地図や上の横線です。

　　問題では「経線に直角に」とありますから，それぞれの経線をまたぐときに直角に進路をとれば同じ緯度の場所に着きます。つまり，日本で北緯 40 の地点で出発すればアメリカでも北緯 40 の地点に着きます。ただし，「真東に直進」すれば，行き先は着く先は南アメリカ大陸になります。

(14) **ウ** 東アジア・東南アジアでは仏教を信じる人が多いですが，インドネシア・マレーシアではイスラム教を信じる人が多くすんでいます。また，フィリピンではキリスト教を信じる人が多いです。

(15) **イ** 経線とは地図や地球儀の縦線のことです。本初子午線ともいい東経・西経の基準になっています。

(16) **ウ**

(17) **ウ** 球面の上を図るわけですからテープが一番便利ですね。

第 2 章　歴　史

(1) **ウ** 万葉集は奈良時代に成立した日本最古の歌集です。古事記と日本書紀は奈良時

代に書かれた歴史書です。古今和歌集は平安時代に書かれた和歌集です。

(2) **イ**

(3) **ウ**

(4) **イ**

時代	時期	文化的特長	遺跡
旧石器時代	一万年前まで	打製石器	野尻湖遺跡・岩宿遺跡
縄文時代	一万年前〜BC 4 世紀	縄文土器・竪穴住居・土偶	三内丸山遺跡・大森貝塚
弥生時代	BC 4 世紀〜AD 3 世紀	弥生土器・高床倉庫・銅鐸・銅鏡	吉野ヶ里遺跡・登呂遺跡
古墳時代	AD 4 世紀〜AD 6 世紀	はにわ・氏姓制度	大仙古墳

時代区分	時期	政策・法令	主な人物	文化呼称	外交関係
飛鳥時代	7 世紀前半	十七条憲法	聖徳太子	飛鳥文化	遣隋使
	7 世紀後半	大化の改新	中大兄皇子・中臣鎌足		遣唐使
奈良時代	8 世紀	大宝律令	聖武天皇	天平文化	
平安時代	9 世紀前半		桓武天皇		
	10〜11 世紀		藤原道長・頼道	国風文化	遣唐使停止
	11 世紀		白河上皇		
	12 世紀		平清盛		日宋貿易
鎌倉時代	13〜14 世紀	御成敗式目		鎌倉文化	元寇
室町時代	15 世紀前半 15 世紀後半		足利義満 足利義政	北山文化 東山文化	勘合貿易
安土桃山時代	16 世紀後半		織田信長・豊臣秀吉	桃山文化	南蛮貿易
江戸時代	17 世紀前半	徳川家康			朱印船貿易
		武家諸法度	徳川秀忠・家光		鎖国
	17 世紀後半	生類憐みの令	徳川綱吉	元禄文化	
	18 世紀前半	享保の改革	徳川吉宗		
	18 世紀後半	寛政の改革	松平定信	化政文化	
	19 世紀前半	天保の改革	水野忠邦		諸外国の接触

(5) **ア** よく似た時期に結ばれた日米和親条約はアメリカ船に燃料や食糧を供給するもので貿易を開始するものではありません。

近世以降日本が外国と締結した基本的な条約は以下の通りです。

条約名	相手国	年代	内容
日米和親条約	アメリカ	1854 年	アメリカ船に薪水を供給
日米修好通商条約	アメリカ	1858 年	アメリカとの通商条約
日英通商航海条約　※	イギリス	1894 年	治外法権撤廃
下関条約	中国（清）	1895 年	日清戦争の講和条約
日英同盟	イギリス	1902 年	対ロシア軍事同盟
ポーツマス条約	ロシア	1905 年	日露戦争講和条約
日米通商航海条約　※	アメリカ	1911 年	関税自主権の回復
ワシントン条約	アメリカ・イギリスなど	1921 年	海軍主力艦の制限
ロンドン条約	アメリカ・イギリスなど	1931 年	海軍補助艦の制限
日独伊三国軍事同盟	ドイツ・イタリア	1940 年	対米英軍事同盟
サンフランシスコ平和条約	連合国 51 カ国	1951 年	第二次世界大戦の講和条約
日米安全保障条約	アメリカ	1951 年	アメリカ軍の日本駐留を許可
日ソ共同宣言	ソビエト連邦	1956 年	国交回復宣言
日韓基本条約	大韓民国	1965 年	大韓民国との国交回復
日中平和友好条約	中華人民共和国	1978 年	中華人民共和国との国交回復

※はやや難度が高いものです。

(6) **ウ**

(7) **エ**　当時中央集権を目指していた明治政府は，ヨーロッパ諸国の憲法のうち，君主権の強いプロシア（後にドイツ帝国）を手本にして大日本帝国憲法を作りました。

(8) **天皇**　主権とは国の方針を最終的に決定する権限のことです。

(9) **エ**　吉田茂首相は 1951 年に日米安全保障条約を結んだときの内閣総理大臣です。

(10) **エ**　四大文明とは今から 5000 年〜1500 年前に人類史で初めて栄えた文明で，中国の**黄河文明**，現在のパキスタンににあった**インダス文明**，現在のイラクにあった**メソポタミア文明**，**エジプト文明**を指します。

(11) **ウ**　清教徒革命とは，イギリスでは 1642 年から 1649 年にかけて国王の圧制に対して起こった革命です。このときの革命側の指導者がクロムウェルです。

(12) **ア**　清教徒革命の後，イギリスでは 1688 年に名誉革命が起こりました。やはり，国王の圧制に対する革命で，1689 年には国王の権利を制限する権利章典が出されました。

　　アメリカでは 1775 年にイギリスの支配に対する独立戦争が始まり，1776 年に

独立宣言を発表しました。さらに 1789 年にはフランス革命が起こり，人々の自由・平等をうたった人権宣言が発表されました。

(13) ウ

(14) ア

(15) エ

第 3 章　現代社会

(1) 最高法規

(2) ウ

(3) 平和主義（戦争放棄）

(4) 主権

憲法とは ─────────────────────────

下の条文は日本国憲法の第九十八条の一部です。

第九十八条【憲法の最高法規性，条約・国際法規の遵守】
１　この憲法は，国の最高法規であつて，その条規に反する法律，命令，詔勅及び国務に関するその他の行為の全部又は一部は，その効力を有しない。

ここには憲法は「国の最高法規」とありますね。憲法はほかの法律と違って一段高いところにある決まりなのです。また「その条規に反する法律…の効力を有しない。」とあります。これは新しい法律などを決めるときには憲法に書いてあることに反しないように決めなさい，ということなのです。ですから，国会で法律を制定するときも必ず憲法に反しないように決めるのです。

天皇の国事行為

第七条【天皇の国事行為】
天皇は，内閣の助言と承認により，国民のために，左の国事に関する行為を行ふ。
一憲法改正，法律，政令及び条約を公布すること。
二国会を召集すること。
三衆議院を解散すること。
四…

国事行為とは天皇が行う形式的・儀礼的行為のことです。さらに国事行為には上記のとおり内閣の助言と承認が必要なのです。つまり，天皇が国事行為を行うといっても天皇が自分で決められるわけではなく実際には内閣が決めたことを形式的に行う行為のこと

を言います。たとえば，最高裁判所の長官は「内閣が指名し，天皇が任命する」と憲法では定められていますが，実際に内閣が決めた最高裁判所長官を国民の象徴である天皇が形式的に任命するのです。

第六条【天皇の任命権】
1　天皇は，国会の指名に基いて，内閣総理大臣を任命する。
2　天皇は，内閣の指名に基いて，最高裁判所の長たる裁判官を任命する。

日本国憲法の三大原則　「国民主権」「基本的人権の尊重」「平和主義」のことです。

まず国民主権ですが，下の憲法の第一条の条文を見て下さい。

第一条【天皇の地位・国民主権】
天皇は，日本国の象徴であり日本国民統合の象徴であつて，この地位は，主権の存する日本国民の総意に基く。

「主権」とは国の政治を決定する力のことです。この条文では「主権の存する日本国民」とありますが，これは国の政治を決定するのは国民である，ということなのです。しかし，日本国民は1億2700万人もいますから，国民が選挙で代表者をえらんでその人たちが話し合って政治をきめます。これが国会です。

次に基本的人権です。下の条文を読んでみてください。

第十一条【基本的人権の享有と性質】
国民は，すべての基本的人権の享有を妨げられない。この憲法が国民に保障する基本的人権は，侵すことのできない永久の権利として，現在及び将来の国民に与へられる。

「基本的人権」とは「人が生まれながらに持っている当然の権利」のことです。例えば，赤ちゃんだっておじいちゃんだってあなただって叩かれたら痛いですよね。誰でも「理由もなく叩かれずに痛い目にあわない」権利を持っているのです。このようなものが基本的人権です。
次の条文も基本的人権に関するものです。

(5) **イ**

> 第十二条【自由・権利の保持義務，濫用の禁止，利用の責任】
> この憲法が国民に保障する自由及び権利は，国民の不断の努力によつて，これを保持しなければならない。又，国民は，これを濫用してはならないのであつて，常に公共の福祉のためにこれを利用する責任を負ふ。

この条文では「これ（＝自由と権利）を濫用してはならないのであつて，常に公共の福祉のためにこれを利用する責任を負ふ。」とあります。濫用とはみだりに使うことであり，自由と権利は保障されているけれどもめちゃくちゃに使ってはならない，といっています。また「公共の福祉」とは社会全体の利益のことであり，これは「自由と権利は保障するけれども他人の迷惑にならないようにしなさい」ということです。

最後は「平和主義」です。これは説明するまでもありません。外国と戦争をしないということです。

> 第九条【戦争放棄，軍備及び交戦権の否認】
> 1　日本国民は，正義と秩序を基調とする国際平和を誠実に希求し，国権の発動たる戦争と，武力による威嚇又は武力の行使は，国際紛争を解決する手段としては，永久にこれを放棄する。
> 2　前項の目的を達するため，陸海空軍その他の戦力は，これを保持しない。国の交戦権は，これを認めない。

(6) **教育**

日本国憲法における国民の三大義務とは「納税の義務（第三十条）」「勤労の義務（第二十七条）」「子女に普通教育を受けさせる義務（第二十六条）」のことです。このうち教育の義務についてですが，これは「自分の子供には必ず義務教育を受けさせなさい」ということです。つまり，この「義務」は子供を持つ親の義務を指しています。

(7) **エ**

(8) **イ**

(9) **ア**

憲法改正の手続き

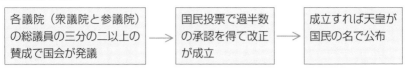

| 各議院（衆議院と参議院）の総議員の三分の二以上の賛成で国会が発議 | → | 国民投票で過半数の承認を得て改正が成立 | → | 成立すれば天皇が国民の名で公布 |

法律をきめるときには衆議院と参議院で出席している（つまり全員の議員ではない）議員の半分以上の賛成で成立します。しかし，憲法改正では各議院のすべての議員の三分の二の賛成が必要です。さらに国民に変えていいかどうかを国民に聞くために国民投票を行って半分以上の国民の承認が必要なのです。つまり，普通の法律に対し，憲法は簡単には改正できないようになっています。このような憲法を「硬性憲法」といいます。

国会・内閣・裁判所・三権分立

⑽　②と④　①…参議院は内閣不信任決議はできません。

③…国務大臣は，過半数は国会議員の中から選ばれますが，その他は国会議員でなくても良いのです。

国会

現在の日本国会は衆議院と参議院からなりたっています。まず，両議院の違いを下の表に簡単にまとめておきます。

	衆議院	参議院
定数	475 人	242 人
任期	4 年（ただし解散あり）	6 年（三年毎に半数を改選）
被選挙権	25 歳	30 歳
選挙方式	小選挙区制＋比例代表並立制	選挙区制＋比例代表制

小選挙区制に対し，選挙区制とは一つの選挙区から複数の当選者をだす方式です。

また，比例代表制とは政党の得票数に応じて議席を配分する方式です。つまり，たくさん票を獲得した党からたくさんの議員が当選するのです。

⑾　**小選挙区制**

⑿　**25 歳以上**

議院が 2 つあるのはひとつの事案を 2 回審議して慎重に決めるためです。しかし，両方の意見が食い違った時には両院協議会を開くことがあります。両院協議会とは，衆議院と参議院から 10 名前後の代表者を選んで話し合いをすることです。それでもなお決まらなかった時には審議する内容によって次のように決められています。

⒀　**両院協議会**

法律案の場合　衆議院で可決，参議院で否決の場合，衆議院でもう一度審議をします。

社会

解答と解説

その衆議院の話し合いで出席議員の三分の二以上が賛成すれば法律として成立します。

内閣総理大臣の指名・予算案の議決・条約の承認の場合　法律案の時のような衆議院での再審議は行いません。衆議院の決定が国会の決定になります。

上記のように衆議院の決定が参議院の決定より優先されます。このことを「衆議院の優越」と呼びます。これは，参議院議員の任期が6年であるのに対し，衆議院議員の任期が4年でさらに解散もある，つまり衆議院の方がより多く選挙を行い，その分国民の意見をより反映していると考えられるためです。

(14)　**イ**

しかし次の場合は衆議院と参議院の間に優劣はありません。

憲法改正の発議　前にも触れましたが，憲法は国の基本法であり，改正は慎重にしなければならないという理由によるものです。

弾劾裁判所の設置　弾劾裁判所（だんがいさいばんしょ）とは裁判官を裁判する裁判です。

国政調査　国の政治その他で国会が証人を呼んで調査することです。5年に一回行われる国勢調査と区別してください。

(15)　**政党**

内閣 ────────────────

議院内閣制　国会がいろいろなことを決める役割をするのに対し，内閣は国会で決まったことを実行する機関です。このように内閣は国会の信任を受けて政治を実行する制度を議院内閣制と言います。

内閣の長は内閣総理大臣です。前に触れたように内閣総理大臣は国会の指名に基づき天皇が任命します。選ばれた内閣総理大臣は自分の補佐役である国務大臣を任命します。このとき，過半数は国会議員の中から選ばなければなりませんが，残りは国会議員でなくてもかまいません。選ばれた国務大臣は省庁を監督します。例えば財務大臣は財務省を，文部科学大臣は文部科学省を，厚生労働大臣は厚生労働省を監督します。

(16)　**厚生労働省**

このように，内閣の仕事は国会の決定したことを実行する仕事をしますが，他にも以下のような仕事をします。

・天皇の国事行為に助言と承認を行う。

・外交関係の処理をする。外国と条約の締結を行う。

・予算案や法律案を作り，国会に提出する。などです。

(17)　④　①　天皇と国会が逆になっています。正しくは「国会が指名，天皇が任命する」です。

②　前述の通り，国務大臣は過半数は国会議員から選ばれますが，残りは国会議員でなくてもよいのです。

③　正しくは「10日以内に総辞職するか衆議院を解散しなければならない」
　　です。

⑱　**内閣**

ここで内閣と衆議院の関係を述べておきます。

衆議院解散後の特別国会

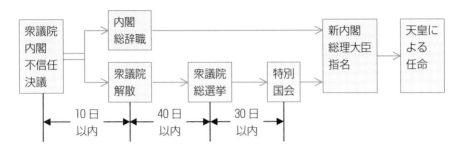

この制度は内閣と衆議院の意見が対立したときに衆議院の解散総選挙を行って国民の意見を聞き，国民の意思を政策の決定に取り入れる仕組みです。例えば内閣はＡ案に賛成，衆議院はＡ案に反対と意見が食い違い，内閣の不信任案を可決したとします。そのときに内閣は総辞職（全員辞める）か衆議院を解散する（議員を全員やめさせる）かのどちらかを選びます。解散したときには選挙を行い，新しく議員を選びます。この選挙で国民の意見を聞くのです。新しく選ばれた衆議院は特別国会（特別会ともいいます）を開き，新しく内閣総理大臣を選びます。ここで再び解散前と同じ人が総理大臣に選ばれたら国民はＡ案を支持したということになります。別の人が総理大臣に選ばれたら国民はＡ案に反対だったということになります。なお，特別国会で指名された内閣総理大臣は国務大臣を自分の意思で選ぶことができます。

⑲　**解散**

⑳　**エ**

㉑　(1)　**○**　(2)　**衆議院**　(3)　**10日**

日本には最高裁判所・高等裁判所・地方裁判所・家庭裁判所・簡易裁判所の五種類の裁判所があります。

また，裁判の種類には人々の間のもめごとをあつかう民事裁判と犯罪をあつかう刑事裁判があります。

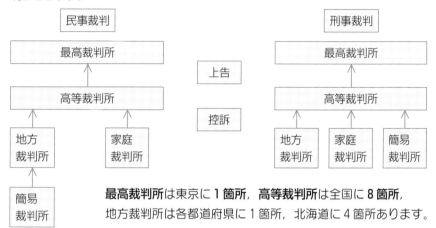

最高裁判所は東京に**1箇所**，**高等裁判所**は全国に**8箇所**，
地方裁判所は各都道府県に1箇所，北海道に4箇所あります。

上記の図は一般的な裁判の流れです。左側の民事裁判は，例えば土地の所有権争いなど犯罪が行われたわけではないがもめごとが起こったときに裁判所に判断してもらう裁判です。この場合には**原告（訴える人）**が**被告（訴えられた人）**を裁判所に訴えて裁判が始まります。通常は地方裁判所から裁判は始まります。

控訴・上告と三審制　もし，地方裁判所の判決に不服があるときには上級の裁判所である高等裁判所に訴えなおすことができます。このことを**控訴（こうそ）**と言います。高等裁判所の判決に不服があるときはさらに上級の裁判所である最高裁判所に訴えることができます。このことを**上告（じょうこく）**といいます。つまり，ひとつの件につき三回まで裁判を受けることができます。このことを**三審制**と言います。

一方の刑事裁判は窃盗や傷害など犯罪を裁く裁判です。この場合，訴えるのは被害者ではなく**検察官**が**被告人**を訴えます。民事裁判同様に三審制が認められています。

裁判員制度　2009年より刑事裁判の第一審（最初の裁判）では殺人罪などの重大事件に対し，裁判員制度が実施されました。これは裁判官ではない人たちの意見を裁判に取り入れるために一般の人たちが裁判に参加する制度です。

⑵ ①　**（順に）エ　／　ク　／　エ**

　　②　**ア**

　　③　**（順に）カ　／　ウ**

⑵ **裁判員（参審）制度**

⒂　14歳未満　　刑事未成年とは，心身とも未成熟とみなされ刑事罰を受けない者のことです。

三権分立　国会の持つ法律を制定する力のことを立法権，内閣のもつ政治を実行する力のことを行政権，裁判所の持つ裁判をする力のことを司法権と言います。この三つの力のことを三権と言い，現在の日本ではそれぞれが独立をしてお互いが暴走しないように抑制しあっています。このことを三権分立といいます。

例えば，国会が憲法に違反するような法律を制定したときは裁判所が違憲（憲法違反であること）判決を出します。内閣が国民の意にそぐわない政策を実行しようとしたときには国会は内閣不信任を議決することができ，また内閣は国会のうち衆議院を解散することができます。こうしてお互いが暴走して独裁政治にならないようにお互いを抑制しているのです。下にそれぞれの抑制手段を図にしておきます。

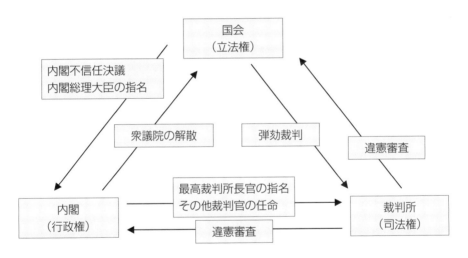

⒃　**立法権**

地方自治

地域の住民が自分の手で政治を行うことを地方自治といいます。実際に住民の意思を地方自治に反映させて政治を行う機関を**地方自治体**あるいは**地方公共団体**といいます。地方自治体は皆さんが住んでいる都道府県や市町村のことです。

それぞれの地方自治体には国会や内閣にあたる**地方議会**や**執行機関**があります。地方議会は地方自治体の**予算**の使い道や**条例**を決めることが主な役割です。

条例　条例とは地方自治体の範囲内で決められた決まりです。法律に反しない範囲で地方自治体が決めることができます。例えば滋賀県では，琵琶湖の汚染防止のために「リンを含む合成洗剤の使用を禁止」する条例があります。

執行機関　執行機関とは地方公共団体の**首長**（都道府県知事や市町村長のこと）を長とした機関のことです。実際に地方自治に必要な業務を行います。内閣と違って首長は地方自治体内の住民の選挙で選ばれます。

⑵　**知事**

⑵　**イ**

家族関係

⑴　**核家族**

⑵　**児童扶養手当**

⑶　**16 歳**　現在の日本では男子は 18 歳，女子は 16 歳以上で結婚できます。ただし，未成年の結婚は保護者の同意が必要です。

⑷　**介護保険制度**

⑸　**ウ**

⑹　**エンゲル係数**　各家庭の収入から税金や貯蓄を除き，生活に使ったお金のことを消費支出といいます。その消費支出に対する食料費がしめる割合をエンゲル係数といいます。これは各家庭のゆとりの大小を表します。エンゲル係数が低い家庭ほど食費以外（娯楽や教育費など）に回せるお金が多いということであり，ゆとりがあるということになります。

⑺　**団結権**　団結権・団体交渉権・団体行動権をあわせて労働三権といいます。団結権とは企業に雇われた労働者が労働組合を作れる権利，団体交渉権とは労働組合が賃金や労働時間などの労働条件を使用者と交渉できる権利，団体行動権（争議権）とは労働条件の要求を通すためにストライキなどができる権利のことです。

財政

政府が行う経済活動を**財政**といいます。政府の収入を歳入，政府の支出を歳出といいます。歳入は主に租税収入（税金）と公債（借金）から成り立っています。政府の収入は税金の納め方によって**直接税と間接税**，納める先によって**国税と地方税**に分類されます。

	直接税		間接税	
国税	所得税 法人税 相続税	個人の収入にかかる 企業の収入にかかる 遺産相続分にかかる	消費税 関税	
地方税	固定資産税 都道府県民税 市民税	土地や家屋にかかる	入湯税 ゴルフ場利用税	

上記のとおり，消費税は間接国税ということになります。また，土地家屋にかかる税金

の固定資産税は直接地方税ということになります。

財政は単に政府のお金の出し入れということではありません。政府は集まった税金を使っていろいろな政策を行っています。たとえば景気対策などです。

景気対策は日本の中央銀行である日本銀行も行っています。**日本銀行**はその性質から**政府の銀行・銀行の銀行・発券銀行**と呼ばれています。

下記に好景気・不景気時の政府・日本銀行の経済政策をまとめておきます。

	政策	好況時	不況時
政府	公共事業	減らす	増やす
	税金	増税	減税
日本銀行	金利	上げる	下げる
	公開市場操作	売りオペレーション	買いオペレーション
	預金準備操作	預金率を上げる	預金率を下げる

一般に不景気の時には市場に貨幣の流通量が少ない状態です。つまり，人々が余り物を買わずに世の中のお金のめぐりが悪い状態です。そこで政府や日本銀行は不景気の時には世の中にお金が多くめぐるような政策を実行します。

たとえば，上の表では不況時の政府は減税とありますが，これは世の中にお金が余り巡っていないので税金をあまり徴収せずに流通するお金を増やそうということです。

日本銀行の金融政策のほうにはすこし聞きなれない言葉が並んでいますね。これらの政策に共通しているのも不況時には流通しているお金の量を増やそうというものです。

・**公開市場操作**　日本銀行と市中銀行（一般の銀行）との間で国債などの有価証券の売り買いをすることです。

たとえば，不況時には日本銀行は持っている有価証券を市中銀行から買います。すると市中銀行は代金として現金を受け取ります。すると市中銀行にはお金が回ります。

銀行はそのお金を一般の企業や家庭に貸し出し，流通するお金が増えるということになります。右は買いオペレーションのイメージ図です。

・**金利操作**　日本銀行は市中銀行にお金を貸し出します。

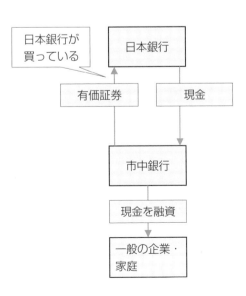

その際金利（お金を返すときの利息）を下げると市中銀行はお金を借りやすくなります。すると日本銀行から市中銀行に流れるお金の量が増え，世の中のお金の流通量も増えると考えられます。

預金準備操作　日本銀行は市中銀行にお金を貸すだけではなく，お金を預かります。つまり，市中銀行は日本銀行にお金を預けるのです。そのとき，日本銀行が預かる量を少なくすれば市中銀行のもとに多くのお金が残り，市中銀行は多くのお金を世の中に回すことができます。このように日本銀行が市中銀行から預かるお金の量を調節することを預金準備操作といいます。

このように政府や日本銀行は景気に対して財政政策・金融政策を行っています。景気は好景気→景気の後退→不景気→景気の回復というように循環します。好景気では企業の生産活動が活発で市場の購買意欲も高く，商品やサービスの売買が活発です。**インフレーション**はこの好景気のときに見られる物価が継続的に上昇する，つまり物の値段が上がり続ける現象です。逆に不景気の時には物価が下がり続ける**デフレーション**が見られます。また，**スタグフレーション**とは不景気であるのに物価が上昇を続ける現象です。日本では 1973 年の石油ショックの直後の不況時に見られました。デノミネーションとは通貨の単位を変更することです。たとえば，インフレーションによって物価が極端に上がり 10000000000 円札が必要になったりしたら不便ですね。そこで旧 1000000 円を 1 円と名前を変更し 10000 札にするとゼロの計算の複雑さが省かれます。ちなみに日本では近代に入ってデノミネーションが行われたことはありません。

(1)　地方税　　　　　(2)　間接税

(3)　固定資産税　　　(4)　財政

(5)　① ア　　② イ　　③ ウ

(6)　① ウ　　② イ　　③ オ　　④ ケ　　⑤ ク

(7)　ア

(8)　スタグフレーション

(9)　生活保護法

(10)　国民

(11)　NPO

(12)　7 ％

(13)　14％

(14)　① カ　　② エ　　③ イ　　④ キ

(15)　ウ　ア…「共同出資した人々が自ら労働して報酬を得る企業形式」

　　　　　　イ…「仕事中毒」

　　　　　　エ…「事前研究を持ち寄って討議を行う研修会」

(16)　日本年金機構

(17) ペイオフ

(18) ①

(19) ③　3 R とは Reduce（資源の使用量を減らす），Reuse，Recycle のことです。

(20) **国勢調査**

国際関係に限らず略号は頻出事項です。下記にまとめておきます。

国内関係

GDP	国内総生産	NPO	非営利法人
NNP	国民純生産	NGO	非政府組織
IN	国民所得		

軍備に関する用語

PTBT	部分的核実験禁止条約	CTBT	包括的核実験禁止条約
NPT	核拡散防止条約	NATO	北大西洋条約機構
START	戦略兵器削減条約	PKO	平和維持活動
INF	中距離核戦力	PKF	平和維持軍

国連関係

WTO	世界貿易機関	IMF	国際通貨基金
UNICEF	国連児童基金	IBRD	世界銀行(世界復興開発銀行)
UNESCO	国連教育科学文化機関	UNEP	国連環境計画
IAEA	国際原子力機関	UNCTAD	国連貿易開発会議
WHO	世界保健機関	FAO	国連食糧農業機関

国際経済関係

EZZ	排他的経済水域	ASEAN	東南アジア諸国連合
FTA	自由貿易協定	OECD	経済協力開発機構
NAFTA	北米自由貿易協定	EU	ヨーロッパ（欧州）連合
OPEC	石油輸出国機構	TPP	環太平洋パートナーシップ
APEC	アジア太平洋経済協力会議	ODA	政府開発援助

(1)　①　欧州（ヨーロッパ）連合　　②　国際労働機関

　　③　世界保健機関　　④　経済協力開発機構

(2)　イ

(3)　ウ

(4)　①　エ　　②　ア　　③　ケ　　④　カ　　⑤　コ

　　⑥　イ　　⑦　キ　　⑧　オ　　⑨　ク　　⑩　ウ

(5)　①　オ　　②　エ　　③　ア　　④　ウ　　⑤　イ

(6)　ア

(7)　エ

おわりに

　看護学校や医療系学校の多くが社会人入試制度を取り入れるようになりました。
　社会人入試の多くは面接・小論文・一般教養（一般常識）などを総合的に評価して合否を判定しますが，この試験で受験生の皆さんは『実際に社会で活躍している人物』としての考え方や素養，あるいは常識や知識がどれだけ備わっているかが問われるのです。
　短時間にペーパーテストでその人の『教養力』をはかろうとするわけですから，受験生の皆さんが不安になるのも無理はありません。この本を勉強していただくことで，少しでもその不安を取り除ければこれほどうれしいことはありません。

　『教養』とは本来，奥が深いもので，けっして「入試を突破するための暗記作業」ではありません。教養を身につけてゆくことは一生続くものだと考えます。
　志望校に入学されたあとはぜひとも専門分野の習得に邁進してください。そして，今度はじっくり時間をかけ，丸暗記でない本当の『教養力』に磨きをかけてください。

著者一同

著者一覧
山本　靖（英語）
谷　達海（数学）
梅田義則（国語）
泉　清人（理科）
岡崎信彦（社会）
以上　看護学校受験スクール　アルファゼミナール講師

アルファゼミナール
　　http://alpha-seminar.ac

よくわかる！看護・医療系学校社会人入試の一般常識・一般教養

| 著　　　者 | アルファゼミナール |
| 印刷・製本 | 亜細亜印刷株式会社 |

| 発 行 所 | 株式会社 弘 文 社 | 〒546-0012 大阪市東住吉区
中野 2 丁目 1 番 27 号
☎　　　(06) 6797-7441
FAX　　(06) 6702-4732
振替口座 00940-2-43630
東住吉郵便局私書箱 1 号 |
| 代 表 者 | 岡﨑　靖 | |